产教融合·职业创新能力数字化运营系列教材

电子商务文案创意与撰写
（第2版）

付珍鸿　主　编

电子工业出版社
Publishing House of Electronics Industry
北京·BEIJING

内 容 简 介

全书分为 5 个项目 17 个任务。项目 1 介绍电子商务文案的基础知识；项目 2 从文案用字、用词、组句和修辞技巧入手，重点训练广告语、标题、推送消息和文案金句的基本写作方法；项目 3 介绍创意类文案，包括广告文案、裂变海报、商品详情页文案及直播脚本等的撰写技巧；项目 4 介绍编辑类文案，包括微信公众号文案、活动类新闻稿、软文、小红书笔记等的内容规划与写作；项目 5 介绍活动类文案，包括活动策划案、创业策划案与商业计划书、直播带货策划案等的撰写。

本书可作为普通高等院校和高等职业院校电子商务类相关专业"电子商务文案创意与撰写"课程的教材，也可作为电子商务企业新媒体运营、网络推广、文案策划及相关人员的参考用书。

未经许可，不得以任何方式复制或抄袭本书之部分或全部内容。
版权所有，侵权必究。

图书在版编目（CIP）数据

电子商务文案创意与撰写 / 付珍鸿主编 . -- 2 版 . --
北京 : 电子工业出版社，2024. 10. -- ISBN 978-7-121-
48961-7
Ⅰ. F713.36；H152.3
中国国家版本馆 CIP 数据核字第 202481W5T5 号

责任编辑：朱干支
印　　刷：三河市龙林印务有限公司
装　　订：三河市龙林印务有限公司
出版发行：电子工业出版社
　　　　　北京市海淀区万寿路 173 信箱　邮编　100036
开　　本：787×1 092　1/16　印张：13.75　字数：352 千字
版　　次：2019 年 11 月第 1 版
　　　　　2024 年 10 月第 2 版
印　　次：2024 年 10 月第 1 次印刷
定　　价：52.80 元

凡所购买电子工业出版社图书有缺损问题，请向购买书店调换。若书店售缺，请与本社发行部联系，联系及邮购电话：（010）88254888，88258888。
质量投诉请发邮件至 zlts@phei.com.cn，盗版侵权举报请发邮件至 dbqq@phei.com.cn。
本书咨询联系方式：（010）88254573，zgz@phei.com.cn。

前　言

《电子商务文案创意与撰写》第 1 版自 2019 年面世以来，得到了广大师生和企业营销人员的大力支持与好评。现根据营销发展新趋势，对第 1 版教材内容进行优化、更新和拓展。

文案创意与撰写是营销人员的基本功。在这个 UGC（用户生产内容）、PGC（专业生产内容）、OGC（职业生产内容）、AIGC（人工智能生成内容）的大潮中，文案创意与撰写是否有规律可循？如何让零基础的学生构建文案撰写的知识框架？如何训练他们文案撰写的基本技巧，让他们与未来职场进行无缝对接？这是作为有近 20 年企业文案策划、市场推广、新媒体运营工作经验和有 10 多年网络营销教学经验的编者一直在思考的问题。于是，便有了本书以及本书的第 2 版。

本书依据电子商务企业文案及相关岗位实际工作内容，从字、词、句、修辞、文章的角度剖析优秀文案写作技巧，采用"鉴赏→模仿→创意"循序渐进的训练方式，结合全国电子商务行业指导委员会电子商务类相关专业的建设指南，将内容划分为 5 个项目、17 个任务，具体架构如下：

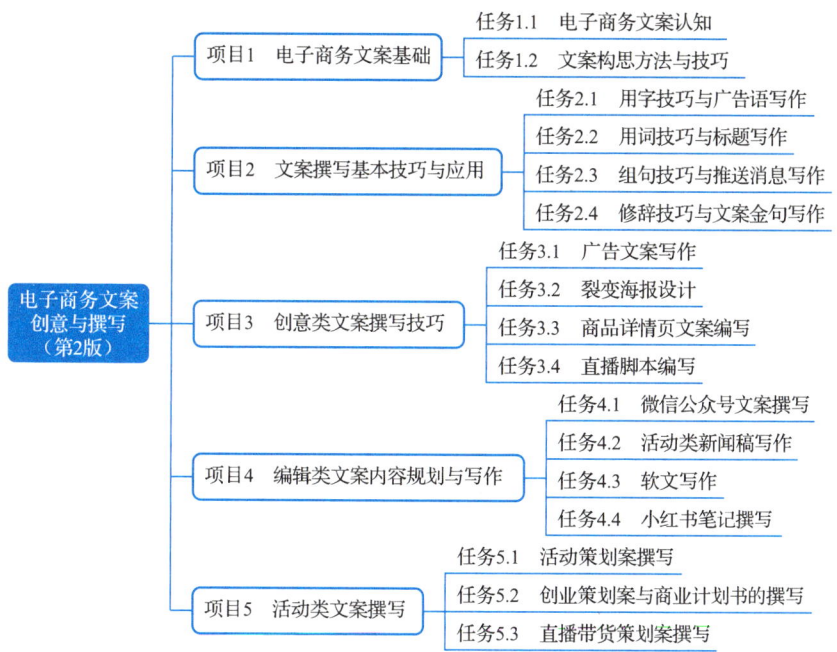

本书由付珍鸿担任主编，两位有企业工作经验及文案教学经验的专任教师参与编写。具体分工如下：柯回梅（广州松田职业学院）编写任务 4.1、任务 4.2；马文艺（广州松田职业学院）编写任务 3.3、任务 3.4、任务 4.4、任务 5.3；其余项目及任务由付珍鸿（广州松田职业学院）编写。

在本书编写过程中编者参考和借鉴了有关专著、教材、论文等资料，在此向各位作者表示由衷的感谢！

为了拓展知识面，本书提供部分扩展阅读材料，读者可通过扫描书中二维码的方式进行阅读。另外，本书提供课程标准、教学计划、PPT 课件、实训文档及参考答案等配套教学资源，需要者可登录华信教育资源网注册后免费下载，或者加入读者服务 QQ 群（552556203）获取。

鉴于新媒体营销、内容营销、网络营销涉及的内容具有可变性和时效性等特点，加之时间仓促，书中不足之处在所难免，恳请同行和读者批评指正，以便再版时修订和完善。

编者联系方式：qfreda@163.com。

编　者

目　　录

项目 1　电子商务文案基础 ·· 1

任务 1.1　电子商务文案认知 ·· 1
1.1.1　文案的定义 ·· 2
1.1.2　电子商务文案的类型 ·· 4
1.1.3　文案人员相关岗位认知 ·· 5

任务 1.2　文案构思方法与技巧 ··· 10
1.2.1　文案构思"三七法" ·· 11
1.2.2　文案构思技巧 ·· 18

项目 2　文案撰写基本技巧与应用 ··· 23

任务 2.1　用字技巧与广告语写作 ·· 23
2.1.1　文案的语体特征 ·· 24
2.1.2　文案用字技巧 ·· 26
2.1.3　优秀广告语的 5 个要素 ·· 28
2.1.4　如何撰写广告语 ·· 30

任务 2.2　用词技巧与标题写作 ··· 34
2.2.1　文案中的用词技巧 ··· 35
2.2.2　《广告法》中对广告用词的规定 ·· 38
2.2.3　标题及标题的写作方法 ·· 39

任务 2.3　组句技巧与推送消息写作 ·· 46
2.3.1　文案句式使用的 3 个法则 ·· 47
2.3.2　文案组句的 6 个技巧 ··· 49
2.3.3　推送消息的写作 ·· 51

任务 2.4　修辞技巧与文案金句写作 ·· 56
2.4.1　修辞技巧 ·· 56
2.4.2　文案金句写作 ·· 63

项目 3　创意类文案撰写技巧 … 68

任务 3.1　广告文案写作 … 68
3.1.1　广告的定义及分类 … 69
3.1.2　广告文案的构成 … 72
3.1.3　广告文案写作的 3 种技巧 … 75

任务 3.2　裂变海报设计 … 78
3.2.1　海报的分类和构成 … 79
3.2.2　裂变海报的 3 种类型 … 81
3.2.3　裂变海报的构成 … 82
3.2.4　裂变海报文案写作 … 85

任务 3.3　商品详情页文案编写 … 89
3.3.1　商品详情页内容构思 … 90
3.3.2　商品详情页内容设计 … 104

任务 3.4　直播脚本编写 … 108
3.4.1　直播脚本的 5 个要素 … 108
3.4.2　三步完成产品脚本 … 111
3.4.3　主播必备的互动话术 … 113

项目 4　编辑类文案内容规划与写作 … 115

任务 4.1　微信公众号文案撰写 … 115
4.1.1　微信文案的类型 … 116
4.1.2　微信公众号设置 … 117
4.1.3　微信公众号内容运营 … 124
4.1.4　微信公众号文案排版与发布 … 130

任务 4.2　活动类新闻稿写作 … 134
4.2.1　新闻与新闻的类型 … 135
4.2.2　消息的写作 … 137
4.2.3　新闻营销 … 139

任务 4.3　软文写作 … 145
4.3.1　软文概述 … 146
4.3.2　软文撰写技巧 … 149

任务 4.4　小红书笔记撰写 … 156
4.4.1　新手快速入局小红书 … 157
4.4.2　笔记构思及创作方法 … 160

项目 5　活动类文案撰写 ·· 177

任务 5.1　活动策划案撰写 ·· 177
5.1.1　策划案概述 ·· 178
5.1.2　策划案写作的 4 个原则 ·· 184
5.1.3　用"5W2H 法"撰写策划案 ·· 186
5.1.4　策划案写作具体格式要求 ·· 189

任务 5.2　创业策划案与商业计划书的撰写 ·· 192
5.2.1　创业策划案的撰写 ·· 193
5.2.2　商业计划书的撰写 ·· 200

任务 5.3　直播带货策划案撰写 ·· 205
5.3.1　目标策划 ·· 206
5.3.2　流程策划 ·· 208
5.3.3　推广策划 ·· 210

参考文献 ·· 212

（前）4.4.3　小红书笔记撰写流程 ·· 165

项目 1

电子商务文案基础

任务 1.1　电子商务文案认知

工作任务单

工作任务	电子商务文案认知		教学模式	任务驱动
建议学习	1 课时		教学地点	一体化实训室
任务描述	小美对与电子商务文案人员相关的岗位感兴趣。她想了解什么是文案、文案有哪些类型、电子商务文案人员的工作内容包括哪些，以及企业对电子商务文案人员有哪些具体要求			
学习目标	知识目标	➢ 了解文案的定义 ➢ 了解文案人员与作家、策划人员、编辑、文秘的区别		
	技能目标	◆ 掌握文案的类型 ◆ 熟知电子商务文案人员的工作内容		
	素养目标	✓ 通过学习网络搜索信息的方法，培养信息分析能力及数据整理能力 ✓ 通过对文案人员相关岗位的认知，培养职业生涯规划能力		
实训目标	熟知文案的定义及类型，了解电子商务文案人员的工作内容			

知识导图

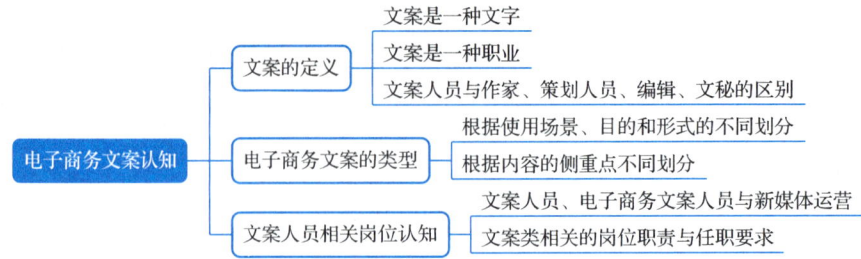

任务实施

【课前思考】 假如你是一个创造力丰富、细致入微、沟通能力强的人，你认为你适合在电子商务文案人员的哪些岗位上工作？

_____

_____

1.1.1 文案的定义

什么是文案？按照《现代汉语词典（第7版）》的解释：第一种，旧时指官署中的公文、书信等，现多指企业的事务性文字，如文案策划、广告文案；第二种，指做这种工作的人员，如资深文案。首先，文案是一种文字，是指为了某种目的而撰写的文字内容；其次，文案是一种职业，是指专门从事文案工作的人员。

1. 文案是一种文字

文案来自广告行业，是广告文案的简称，多以语句、修辞等形式表现广告信息内容，有广义和狭义之分。广义的广告文案包括标题、正文、口号的撰写和对广告形象的选择、搭配等；狭义的广告文案仅包括标题、正文、口号的撰写。

电子商务文案是指在电子商务平台上使用的各类文字内容，旨在吸引潜在客户、传达产品信息、促进销售和建立品牌形象。这些文案通常出现在商品详情页、广告位、营销邮件、社交媒体等场景，是电子商务营销中不可或缺的一部分。

一个好的文案应该具备以下几个特点。

（1）针对性强：文案需要针对目标受众的需求和兴趣进行撰写，以确保信息能够精准传达并被接受。

（2）简洁明了：文案应该使用简洁、清晰的语言，避免过于复杂或冗长的句子，以便读者快速理解并记住关键信息。

（3）吸引力强：文案需要具有吸引力和独特性，能够突出产品或服务的优势，引起读者的兴趣和好奇心。

（4）情感共鸣：优秀的文案往往能够触动读者的情感，通过故事、情感化的语言等方式，与读者建立情感联系，增强信任感。

（5）行动指引：文案应该包含明确的行动指引，如购买链接、优惠码等，以便读者在受到吸引后能够迅速采取行动。

2. 文案是一种职业

文案是一种职业，主要是指专门创作广告文字的工作者（当文案作为一种职业时，为了区别文案是一种文字的特征，我们称之为"文案人员"）。文案人员是为了宣传产品、企业主张或想法，在各种媒体平台上使用创作的广告文字并以此为职业的人。文案人员的创作是用文字来表现已经制定的创意策略，是用文字来传达产品或服务的灵魂和思想的过程，这个过程是一个信息传达的过程。文案写手，就是坐在键盘后面的销售人员。

【想一想】文案人员作为一种职业，在如图1-1所示的4种职业（身份）中，你认为更倾向于哪一种？

_____

_____

作家	推销员
文艺青年	媒婆

（中间："文案人员"）

图1-1 文案人员与4种职业（身份）

【阅读材料】广告文案人员与推销员的异同

3. 文案人员与作家、策划人员、编辑、文秘的区别

（1）文案人员不是作家。作家泛指以文化创作为职业的人，特指在文学创作上有盛名、有成就的人。因此，一般能被称为"作家"的人，其作品大都能够获得出版发行。

同样是写作，作家可以自由创作，而文案人员需要针对特定的对象，如特定的产品、特定的人群、特定的目标进行命题创作。

（2）文案人员不是策划人员。在许多企业中，文案人员与策划人员的岗位是合二为一的，但其实二者还是有较大的区别的。

策划人员的工作常与"活动"联系在一起，如策划开幕活动、路演活动、订货会及展览会活动、新闻发布会活动、促销活动、新产品上市活动等，其策划的内容遵循"5W1H"原则（Why是指活动主题，When是指活动时间，Where是指活动地点，Who是指活动分工，What是指活动过程，How是指活动预算及结果）。

文案人员的工作常与"广告"联系在一起，经常会配合策划活动撰写活动宣传单、新闻发布会新闻稿、促销活动海报等。除了配合公司活动撰写文案，平常还可能需要负责官方网站、官方微博、微信公众号等平台的文案工作。

（3）文案人员不是编辑。专业编辑活动是指以生产精神文化内容为目的，策划、组织、审阅、选择和加工作品的一种专业性的精神生产活动。广义的编辑活动包括日常活动中的编辑活动，泛指对已有作品进行加工整理的活动。"编辑"一词还指从事编辑活动的职业、岗位人员。由于内容营销越来越重要，企业通常会设置新媒体编辑岗位（简称"小编"），管理企业自媒体平台。编辑的工作是选择和加工作品，文案人员兼具作者和编辑的职能，有时还需要进行创作。在企业中，从事原创或改编文字的工作人员，称"文案人员"的还是比较多的。

（4）文案人员不是文秘。虽然文秘的部分工作也是进行写作，但主要是用公文语体撰写公文，如会议纪要、请示报告、决定、通知、公告和工作总结等，要求情况属实、用词准确、句式明确、结构严谨、条理清楚、表达精练，有固定的习惯用语。

文案人员撰写的文案并不只是来营造那些"大脑懂、逻辑通、道理明"的信息，而是像丰信东在《小丰现代汉语广告语法辞典》中所说的"站在消费者心理上说话。"好的文案，应该具有听觉化、趣味化、口语化的特点，不一定用词规范、符合逻辑，消费者懂得、喜欢、愿意传播就好。

【示例】"淘我喜欢""自律给我自由""今年过节不收礼，收礼还收脑白金"等，虽然是优秀的广告词，但不一定符合语句结构严谨的要求。

文案人员与作家、策划人员、编辑、文秘的区别如图1-2所示。

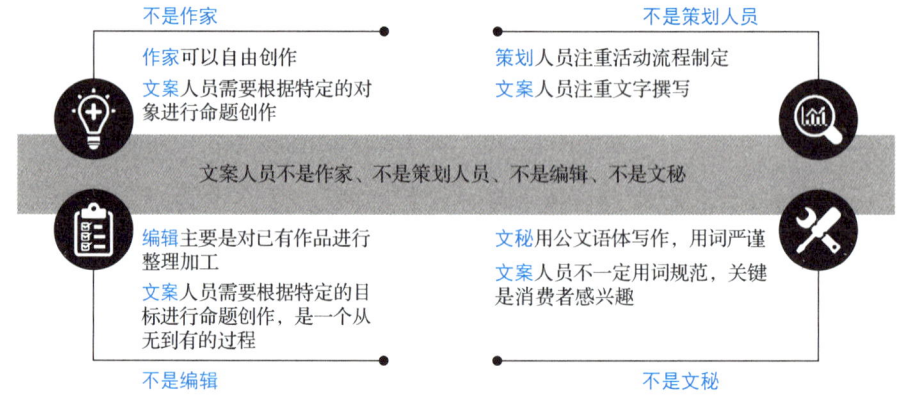

图1-2　文案人员与作家、策划人员、编辑、文秘的区别

1.1.2　电子商务文案的类型

1. 根据使用场景、目的和形式的不同划分

电子商务文案的类型多种多样，根据使用场景、目的和形式的不同，可以大致划分为以下几种类型。

（1）品牌文案。

品牌故事：讲述品牌的发展历程、创立初衷、核心价值等，旨在塑造品牌形象和增强品牌认同感。

品牌口号/标语：使用简洁有力的语言概括品牌的核心特点或理念，常用于广告、宣传物料或品牌活动中。

（2）产品文案。

产品描述：详细阐述产品的功能、特点、优势、使用场景等，帮助消费者了解产品详情。

产品推广文案：突出产品的卖点，结合消费者需求，进行有针对性的推广。

（3）广告文案。

平面广告文案：如海报、杂志广告中的文字部分，用于吸引目标受众的注意力。

视频广告脚本：为视频广告提供文字指导，包括对话、旁白、字幕等。

社交媒体广告文案：针对社交媒体平台的广告文案，需要适应不同平台的用户特点和风格。

（4）营销文案。

促销文案：用于描述促销活动的内容、规则、优惠信息等，激发消费者的购买欲望。

活动文案：针对品牌活动或营销活动的文案，包括活动主题、亮点、参与方式等。

（5）内容营销文案。

博客/文章：长篇的、有深度的内容，用于提供有价值的信息，增强品牌权威性。

社交媒体帖子：简短、有趣或具有互动性的内容，适用于社交媒体平台。

（6）电商购物文案。

商品详情页文案：详细展示商品信息，包括商品描述、参数、用户评价等。

购物车/结算页文案：引导用户完成购买流程的文案，如"立即购买""结算"等。

（7）公关文案。

新闻稿：用于发布公司新闻、活动报道等，增强品牌曝光度和公信力。

危机处理文案：在品牌面临危机时，用于回应公众关切、澄清事实或道歉的文案。

每种类型的文案都有其独特的作用和写作要求，需要根据具体场景和目标受众进行精准创作。同时，随着市场和技术的不断发展，新的文案类型也在不断涌现，如AI生成文案、语音文案等，为文案创作带来了更多可能性。

2. 根据内容的侧重点不同划分

根据内容的侧重点不同，可以将电子商务文案主要分为3种：创意类文案、编辑类文案和活动类文案。

（1）创意类文案。创意类文案比较偏重奇文巧思和与众不同的内容展示，如各种广告文案、海报、商品详情页文案、直播脚本等，需要借助新奇的创意来表达。

（2）编辑类文案。编辑类文案更加注重清楚地说明一个问题、阐述一个观点、描述一个概念，如微信公众号文案、活动类新闻稿、软文、小红书笔记等。

（3）活动类文案。活动类文案偏重创意和实操性，需要对未来可能发生的市场营销活动进行人、财、物的分配和时间节点的规划，如活动策划案、创业策划案与商业计划书、直播带货策划案等。

当然，有些文案可能兼具多种功能，例如，当商品详情页文案主要充当广告引流时，则更加注意文案的创意属性；当它主要充当商品说明时，更加注重文案的编辑属性。

【想一想】除了以上两种分类方式，你认为文案还可以按照什么样的方式进行划分？

_____

_____

_____

1.1.3 文案人员相关岗位认知

1. 文案人员、电子商务文案人员与新媒体运营

当我们在相关招聘网站上搜索广州地区与"电子商务文案招聘"相关的岗位时，会出现内容运营、文案编辑、新媒体运营、电子商务文案编辑等岗位的招聘信息，如图1-3所示。

文案人员、电子商务文案人员与新媒体运营岗位，在企业中虽然没有严格的区别，但仍有细微的不同之处。

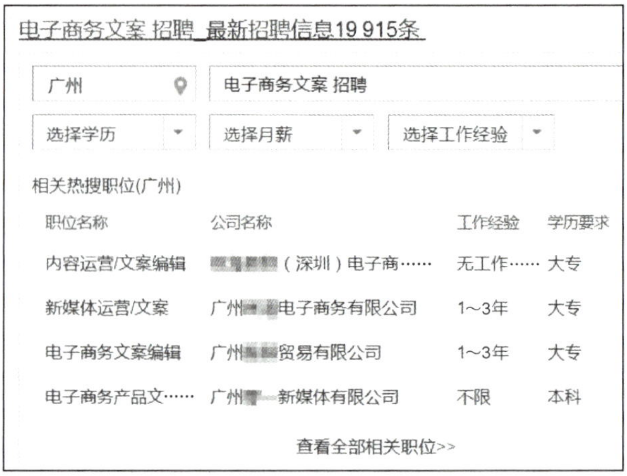
电子商务文案 招聘_最新招聘信息19 915条

广州 | 电子商务文案 招聘

选择学历 | 选择月薪 | 选择工作经验

相关热搜职位(广州)

职位名称	公司名称	工作经验	学历要求
内容运营/文案编辑	(深圳)电子商……	无工作……	大专
新媒体运营/文案	广州电子商务有限公司	1~3年	大专
电子商务文案编辑	广州贸易有限公司	1~3年	大专
电子商务产品文……	广州新媒体有限公司	不限	本科

查看全部相关职位>>

图 1-3　广州地区电子商务文案招聘信息

传统的文案人员是指在广告作品中撰写语言文字，在大众媒介上发布出来，达到促进销售目的的专职工作人员。在传统企业市场部或广告公司中，文案人员多指从事广告文案创作的人员，其作品发布渠道以报纸、杂志、电台、电视台、户外广告等传统的媒介为主。

电子商务文案是传统文案在电子商务行业中的应用。电子商务文案人员是指在电子商务企业中，基于网络平台发布有价值的、与目标人群有关联的、持续性的内容来吸引目标人群，改变或强化目标人群的行为，以产生商业转化为目的的专职工作人员。其作品发布渠道以网络媒体平台（官方网站、网店、官方微博、微信公众号、小红书等）为主。该职位的工作内容除了与文案人员相同的，如品牌产品的命名、广告语的创作、硬性广告（简称硬广）文案、软文和新闻稿的撰写，还增加了网店海报、商品详情页、信息流广告、手机淘宝产品文案的制作等。电子商务公司的文案人员，除了具备文字编辑能力，还需要会使用相关的工具软件，如编辑器、Photoshop（PS）软件等。

新媒体运营是指通过现代化互联网手段，借助微信、微博、贴吧、音频、视频、短视频、直播等新兴媒体平台进行产品宣传、推广、营销等一系列活动的人员。通过策划品牌相关的优质、高度传播性的内容和线上活动，向客户广泛或精准地推送消息，提高客户的参与度，提升产品的知名度，从而充分利用“粉丝经济”，达到相应的营销目的。新媒体运营，除了与电商文案人员工作相同的微博和微信平台的管理、贴吧论坛、知乎问答等社会化媒体的营销，还可能增加了音频、视频、短视频、直播等新兴媒体平台的运营。新媒体运营在大部分企业所承担的工作内容已远远超越了文案人员的工作，甚至可以说充当了“文案＋编辑＋策划＋运营”的角色。新媒体运营除了需具备文字编辑能力，还需要会运用视频、音频剪辑软件等。

文案人员、电子商务文案人员、新媒体运营岗位的共同点：它们都是用笔工作的推销员，都是用文字达到销售目的、以实现商业转化为目标的一群人。结果的呈现形式包括创意类、编辑类和策划类文案。

文案人员、电子商务文案人员、新媒体运营之间的关系如图 1-4 所示。

2. 文案类相关的岗位职责与任职要求

大型的电子商务企业，对文案类岗位的设置非常具体。例如，某家具品牌，文案类岗位就设置了产品策划、活动策划、视频策划、内容运营等,甚至内容运营又分出了社交内容运营和微信内容运营。小型的电子商务企业则更需要能独当一面的全能型人才,一个人就需要兼职运营、推广、策划和美工等岗位。

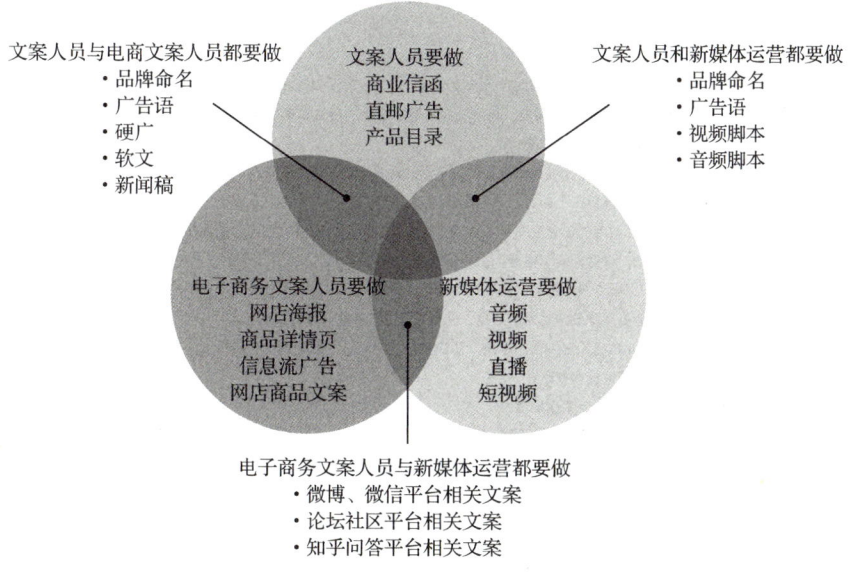

图1-4 文案、电子商务文案、新媒体运营之间的关系

一般来说,电子商务文案人员可能涉及如下工作:
(1)各种命名,包括品牌、自媒体平台、网店等;
(2)企业歌曲的歌词、广告歌词;
(3)品牌广告、新产品广告、自媒体介绍说明等;
(4)品牌故事;
(5)企业画册、品牌画册、产品画册等各种宣传册的印制版和电子版文案;
(6)网站、App应用等的文字;
(7)企业内刊和电子内刊文章;
(8)硬广配文,包括网店、官方微博、微信公众号等的海报;
(9)官方微博、微信公众号、小红书、今日头条等新媒体平台的文章;
(10)各种软文(论坛、贴吧、问答等媒体平台发布的新闻式、故事式、评论式等类型的文章,在手机淘宝上发布的产品文案);
(11)广播广告,手机短信广告、各类推送消息;
(12)脚本,包括直播、短视频等的脚本;
(13)产品包装文案,包括产品说明书、商品详情页等;
(14)策划书,包括活动请柬及活动物料、宣传册、新产品上市、节日大促销、年度销售计划、年度广告投放计划、年度推广计划等的文字内容。

某电子商务企业对于文案的岗位职责描述如图1-5所示。职位信息包括:天猫、京东等电商平台促销活动文案的策划、实施;网店首页及商品详情页文案的撰写;微博、微信等的文字编辑;软文编写等。

```
文案 广州
            有限公司                                该公司所有职位

1年经验    大专    招3人    02-01发布

职位信息
岗位职责：
1. 负责天猫、京东等电商平台店铺的首页文案和推广广告文案及日常活动文案撰写，能根据产品提取亮点，根据人群特性分析客户需求，对产品卖点进行直观、感性、有吸引力的文案描述，定期对线上产品及产品知识进行更新和维护；
2. 根据部门任务，策划实施天猫、京东等不同平台的促销活动，如"6·18"、"双十一"、"双十二"聚划算、日常店铺促销、上新等活动方案策划；
3. 负责微信、微博、微淘的信息发布，负责淘宝达人等文字编辑和软文撰写，能积极主动贡献有创意、话题新颖的文章，以达到吸引粉丝，提升销售量的目的；
4. 能独立完成品牌页面专题的策划、撰写、编排，并指导设计；完成店铺的各级页面内容优化，使店铺定位更清晰，能更准确地传达品牌形象，并有效促进购买转化率的提升；
5. 关注竞争对手动向和优秀店铺营销手法，研究其营销策略、活动促销、广告诉求、文案风格，并进行适当整合，形成快速应对策略；
6. 完成上级领导交待的其他工作事项。
```

图1-5　文案的岗位职责描述

文字功底和策划能力是文案类岗位的重要能力。某公司文案人员的任职要求如图1-6所示。

```
任职要求：
1. 大专及以上学历，广告、市场营销、中文、新闻等相关专业1年以上文案策划经验，有电商文案编辑或相关行业策划经验者优先；
2. 具有较强的思考分析和策划能力、能够独立完成广告策划案、品牌推广方案、项目活动方案；
3. 文笔优美，富有创意，文字功底扎实，语言表达能力及逻辑思维能力强；
4. 热爱文案策划工作，工作细致，严谨认真；
5. 熟练操作Office相关办公软件，有较强的沟通能力、统筹能力和学习能力，责任心强，能承受较大的工作压力，且具备良好的团队合作精神，能服从上级领导安排。
```

图1-6　某公司文案人员的任职要求

【想一想】通过对电子商务文案人员相关岗位认知的学习，你认为适合你的岗位有哪些？

_____
_____
_____

任务实训

【实训1】判断题
1. 文案一定要用词规范，符合逻辑。（　　）
2. 文案是用文字来传达商业信息的文章，所以不能使用口头语言。（　　）

【实训2】选择题（1、2为单项选择题，3、4、5为多项选择题）
1. 文案是（　　）。

A. 交易撮合的媒婆　　　　　　　　B. 写出高深文字的作家
C. 用笔工作的推销员　　　　　　　D. 表达情感的文艺青年

2. 什么样的人适合从事文案工作？（　　）

A. 班干部具有良好的沟通协调能力，适合从事文案工作。
B. 理工男具有良好的数据分析能力，适合从事文案工作。
C. 文艺青年具有良好的文字表达能力，适合从事文案工作。
D. 学过市场营销的文艺青年，文笔好，懂营销，适合从事文案工作。

3. 大公司电子商务企业的文案，一般要做哪些事情？（　　）

A. 编辑类文案：如"双微一抖一红"的运营、活动类新闻稿、软文等。
B. 活动类文案：节日大促策划案、直播带货策划案、新产品上市策划案等。
C. 数据分析：店铺运营数据分析、产品销售数据分析、广告投放效果数据分析等。
D. 创意类文案：如广告语的构思、海报文案写作、商品详情页文案、直播脚本等。

4. 关于文案人员与策划人员，下列说法正确的是（　　）。

A. 文案人员和策划人员就是一回事。
B. 在许多小微企业中，文案人员和策划人员由一人担任，而大公司会进行明确区分。
C. 策划人员常与"活动"联系在一起，策划开幕活动、路演活动、订货会及展览会活动、新闻发布会活动、促销活动、新产品上市活动等，遵循"5W1H"原则。
D. 文案人员常与"广告"联系在一起，经常会配合策划活动撰写活动宣传单、新闻发布会新闻稿、促销活动海报等。

5. 关于广告文案人员与推销员，下列说法正确的是（　　）。

A. "广告即推销"，每位广告文案人员都应该成为一位超级推销员。
B. 广告文案人员与推销员目标都是为了销售，对自身盈亏负责，都要计算成本和收益。
C. 广告文案人员与推销员面对的人群不同，推销员面对的一般是单独个人，广告受众则是成千上万的人，广告人员是放大了许多倍的推销员。
D. 推销员主要用嘴巴，使用的是口头语言；文案人员需要用华丽的辞藻、独特的文体风格对文章进行修饰。

【实训3】简答题

1. 什么是文案？
2. 根据不同的分类标准，文案的类型有哪些？

任务评价

评价类目	评价内容及标准	分值（分）	自己评分	小组评分	教师评分
学习态度	全勤（5分）	10			
	遵守课堂纪律（5分）				
学习过程	能说出本次工作任务的学习目标（5分）	40			
	上课积极发言，积极回答老师提出的问题（5分）				
	了解文案的定义；了解文案人员与作家、策划人员、编辑、文秘的区别（10分）				
	掌握文案的类型；熟知电子商务文案人员的工作内容（20分）				

续表

评价类目	评价内容及标准	分值（分）	自己评分	小组评分	教师评分
学习结果	"任务实训"考评（50分）	50			
	合　　计	100			
	所占比例	100%	30%	30%	40%
	综合评分				

任务 1.2　文案构思方法与技巧

工作任务单

工作任务	文案构思方法与技巧	教学模式	任务驱动
建议学习	1课时	教学地点	一体化实训室
任务描述	小美去电子商务企业应聘文案人员或新媒体编辑岗位，企业要求她构思一篇产品营销文案，但她不知道从哪里着手，也不知道好的文案具有哪些特点，本任务帮助小美解决这些问题		
学习目标	知识目标	➤ 了解文案构思的定义 ➤ 能够说出营销文案"15字诀"是哪15个字	
	技能目标	◆ 能够运用文案构思"三七法"构思文案 ◆ 能使用营销文案"15字诀"评析优秀文案	
	素养目标	✓ 通过对文案构思"三七法"的学习，培养逻辑思维及创新能力 ✓ 通过对营销文案"15字诀"的学习，培养辨别分析能力	
实训目标	辨识好文案背后的逻辑，掌握文案构思的思路和方法		

知识导图

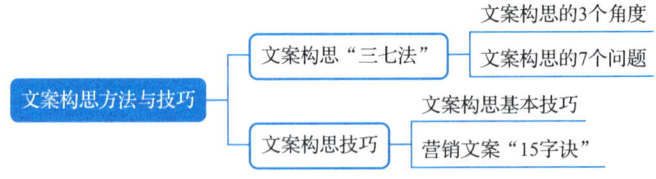

任务实施

【课前思考】"你爱我，我爱你，蜜雪冰城甜蜜蜜""今年过节不收礼，收礼还收脑白金"，以上两句广告语是不是好文案？好在哪里？到底什么是好文案呢？

1.2.1 文案构思"三七法"

文案构思是指为某个特定的目的或主题创造和规划文案内容的过程。该过程涉及对目标受众的深入了解、明确传达信息,以及选择最合适的语言和表达方式。

如何进行文案构思?我们可以从自身、消费者、竞争对手3个角度挖掘产品特点、找到痛点及提炼产品卖点,并思考7个问题,简称文案构思"三七法",如图1-7所示。

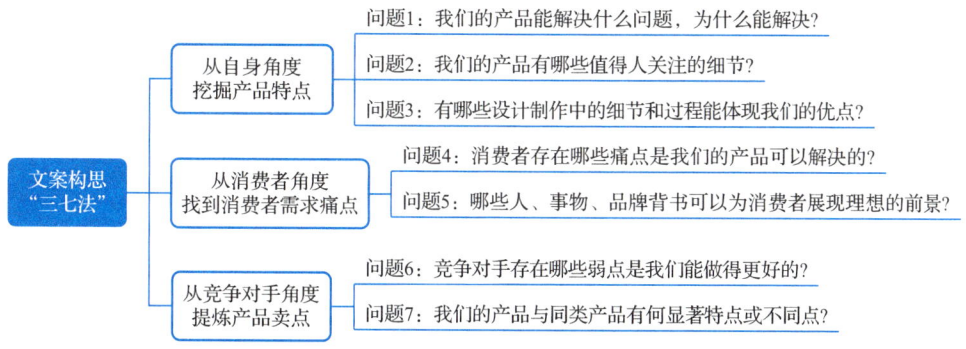

图1-7 文案构思"三七法"

1. 文案构思的3个角度

文案不是文字,不是华丽的辞藻,不是语言的玩弄,文案是为商业服务的,要服从企业的营销战略,要有效地显示产品的差异化,并且强化这种差异带来的优势,最终将产品映入消费者的脑海。我们可以从如图1-8所示的3个角度来构思文案。

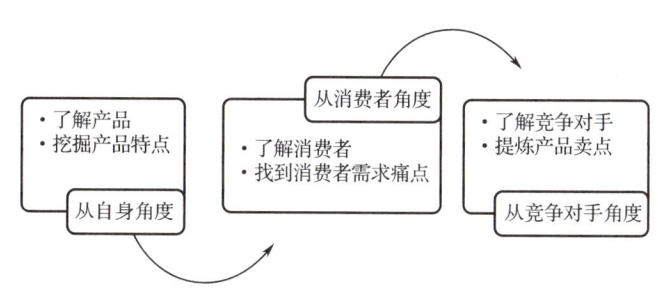

图1-8 文案构思的3个角度

1)从自身角度了解产品,挖掘产品特点

如果没有将自身的产品和服务熟透于心,没有将竞争对手的产品和服务熟透于心,没有将目标消费者的需求与痛点熟透于心,是没有办法写出好文案的。

因此,我们在构思文案之前,必须先了解文案写作的对象(产品或服务),挖掘产品或服务的特点。产品或服务的特点是产品所具有的特别或特殊之处,简单地说,就是与同类产品不同的地方。

从营销角度来看,产品分为核心产品、形式产品、期望产品、附加产品和潜在产品5个层次,如图1-9所示。

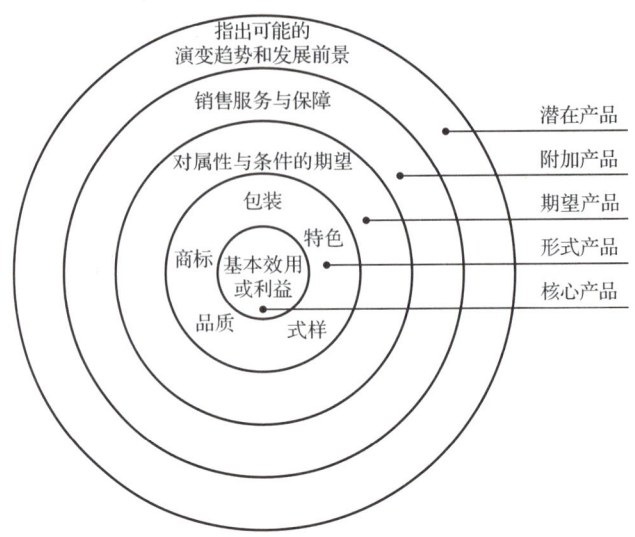

图 1-9　产品的 5 个层次

核心产品是指为消费者提供基本效用或利益的产品。从根本上讲，每个产品实质上都是为解决问题而提供服务的。例如，消费者购买口红的目的不是得到某种颜色、某种形状的物体，而是通过使用口红提高自身的形象和气质。

潜在产品是指包括所有附加产品在内的，可能发展成为未来最终产品的潜在状态的产品。潜在产品指出了现有产品可能的演变趋势和发展前景。如彩色电视机可发展为大屏幕智能电视、激光电视等。

一般来说，产品的特点，主要集中在形式产品、期望产品和附加产品 3 个层次。

（1）从形式产品层次挖掘产品特点。形式产品是指核心产品借以实现的形式或目标市场对需求的特定满足形式。形式产品一般由 5 个特征构成，即品质、式样、特色、包装和商标。从形式产品层次打造或提炼产品特点，是企业常用的手法。

① 品质。品质指产品的质量，是产品的品位等级和质量等级的综合体现。阿曼德·费根堡姆认为："品质不是最好的，它只是在某些消费条件下的最好，这些条件指的是产品价格（隐含品质成本），以及实际的用途。"

【示例】同样强调品质形成自己产品的特点，某品牌饮用水说"27 层净化"，某品牌手机说"充电 5 分钟，通话 2 小时"。

（编者注：鉴于企业或品牌的广告语可能会随时间而变化，也有可能因地域的不同存在差异，本书示例的广告语仅作举例说明用，如需了解最新的广告语，建议访问各企业或品牌的官方网站或关注其社交媒体平台。）

② 式样。许多产品都可能在形式上有所差异，如产品的大小、形状或实体结构。对于服装、箱包、鞋帽、手表、眼镜等品类来说，式样是产品的一个重要因素。

③ 特色。大部分产品可以在其基本功能上补充各种各样的特色，以满足不同细分市场人群的需求。

【示例】同样是网上卖鲜花的品牌，×××品牌是以周为单位订购、配送鲜花的；×××品牌颠覆了传统鲜花多在节庆、纪念日消费的模式，填补了都市人日常鲜花消费的市场空缺，通过移动端下单、包月制住宅配送的方式，培育日常用花的消费模式；×××品牌主打"一生只送一人""一生只爱一人"的概念，聚集高端礼品鲜花市场。

④ 包装。包装的本质不是一个产品包，而是一个信息包，是一个信息"炸药包"！这个信息包在商场或电子货架上和其他信息包竞争，脱颖而出，引起消费者的注意，并携带购买理由，"炸"开消费者的心智，从而达成购买。

【示例】×××外包装为什么用蓝色？因为当时保健品市场的大多数同类产品都是用红色的包装，所以，在产品包装上该产品选择了蓝色，从而能在一片红里面脱颖而出，第一时间吸引消费者的目光。

⑤ 商标。商标是指运用图形或事物的象征性含义，间接地表现品牌的内在含义及特点的标识符号。

（2）从期望产品层次挖掘产品特点。期望产品是指消费者在购买产品时，期望得到与其密切相关的全部属性与条件的产品。

【示例】旅馆的客人期望得到清洁的床位、洗浴香波、浴巾、电视等服务。消费者对产品的期望与消费者自身的条件有关，如知识水平、收入水平、生活习惯、价值观念等。比如我们住酒店，花200元和花2 000元，对酒店的期望和要求是不一样的。

企业可以从耐用性、售后、物流、使用方便程度等期望产品的层次，打造产品的特点。

① 耐用性。耐用性是衡量产品在自然或有压力的情况下预期寿命长短的因素。耐用性对交通工具、家具建材、家用电器和其他耐用品来说是一个重要因素。

【示例】充电宝，市场上较为知名的品牌有很多。同样讲耐用性，可以讲"充电半小时，续航一整天/周"；可以讲"使用寿命600次以上，365天只换不修"；也可以讲"偏执狂重塑经典，365天只换不修"等。

② 售后。售后是衡量当产品发生故障或失常时的维修响应速度和容易程度的因素。

③ 物流。物流是产品从供应地向接收地的实体流动过程中，根据实际需要将运输、储存、装卸搬运、包装、流通加工、配送、信息处理等功能结合起来，实现用户需求的过程。电子商务时代，消费者对物流的速度要求较高。

【示例】外卖要求在半小时内送达；京东和天猫超市购物要求次日送达；电商物流"春节不打烊"等。

④ 使用方便。由于消费者讨厌复杂的事物，于是诞生了"傻瓜相机""P图神器""一站式服务""自助下单""0秒退房"等简单功能的产品或服务。

（3）从附加产品层次挖掘产品特点。附加产品是指当消费者购买形式产品或期望产品时，附带获得各种利益的产品或服务。

【示例】购物中心的免费停车、免费WiFi，小区楼盘的会所、重点学校，食品的试吃、赠品，酒店的无线网络、免费水果等，都是附加的产品或服务。

小米创始人雷军多次说过，小米真正学习的是三家公司的优点，即同仁堂、海底捞和沃尔玛。"我们像同仁堂一样做产品，货真价实，有信仰；向海底捞学用户服务，做超预期的口碑；向沃尔玛学运作效率。"海底捞是一家主营川味火锅的餐饮连锁店，让消费者津津乐道的不是它的产品或价格，而是其"逆天"的服务：等位时免费美甲、吃火锅时免费清洗眼镜、上洗手间时帮助挤洗手液、吃饭时的变脸及拉面表演、生日时加送的菜式及面条、服务员发自内心的微笑……

2）从消费者角度了解消费者，找到消费者需求痛点

（1）需要、欲望和需求。在了解消费者需求痛点之前，我们先来看什么是需要、欲望和需求。需要、欲望和需求在营销学上是3个不同的概念。

需要指没有得到某些基本满足的感受状态。人类对空气、食物、水、穿着和居所有基本的需要，对休闲、教育、娱乐有强烈的需要。

欲望是指想得到满足而产生的对具体产品的愿望。以"宵夜"为例，晚自习下课后肚子饿了，这时你就产生了吃东西的需要。吃什么？你的脑海里出现了曾经吃过的海鲜大餐、比萨汉堡、寿司火锅、湘菜粤菜等，这就是你的欲望。可是兜里只有5元钱，所以方便面或面包才是你真实的需求。

需求是指对有能力购买并且愿意购买的某个具体产品的欲望。需求是在特定的情况下产生的特定的问题，并且这个问题是可以被解决的。需求有4个要点，即特定的群体、特定的场景、特定的问题和问题可被解决。需求来源总结为两点：一点是来自用户的痛点，产生刚性需求；另一点是来自用户的兴奋点，产生非刚性需求。

【示例】在沙漠中口渴想喝水，不喝就会危及生命安全，这就是刚性需求；徒步的过程中有人卖烧饼，卖得很贵，但是你自己还有其他的干粮，你想吃烧饼但是不愿意为它花钱，所以就没有买，也许心里会失落，但结果并不会对你的生命造成威胁，所以烧饼对此时的你来说是非刚性需求。

（2）消费者的痛点。痛点，就是刚性的、可以量化的需要。它带给消费者困扰，消费者愿意花钱解决它。

【示例】在"美图秀秀"之前，大部分图像处理软件（如PS）都专注于提高处理图像的性能。这个时候，让用户使用图像处理软件的最大阻碍是什么呢？可能并不是图像处理的性能——对大多数人来说，PS的性能已经足够好。这时，让用户使用图像处理软件最大的阻碍可能是易用性。因此，易用性可能就是痛点。抓住这一痛点，专注于提高易用性的"美图秀秀"就取得了初期的成功。

需求来自痛点，但是痛点不等于需求。可解决的痛点才是我们所要挖掘的需求。

生活中的痛点无处不在，但并不是所有的痛点都值得我们去深度挖掘。当我们发现一个痛点时，首先要做的就是对这个痛点进行判断。如何判断？依照下面4个标准：
- 是否是迫切的？
- 是否是必须解决的？
- 出现的频率是否高？
- 持续的时间是否长？

当痛点具备迫切又必须被解决、出现频率高、持续时间很长等特征时，这个痛点必然是高价值的，反之就是低价值的。

【示例】作为经常外出的销售工作者，由于经常使用手机联系、跟进客户，大多数人面临的问题就是手机电池耗电非常快，每天下午两三点电量就已经很少了，但是又没有地方和时间让你及时充电，以致很多事情都被耽误了。此时，手机无法及时充电是你的痛点。既然是痛点，我们就用上面4个判断标准来分析这个痛点的价值如何。
- 是否是迫切的？是的，如果解决不了，客户联系不上，订单可能就无法交易。不仅如此，上网、线上支付等功能可能都不能使用。
- 是否是必须解决的？是的，除非你换手机，不然就得给这部手机充电。
- 出现的频率是否高？高啊，每天都来一两次。
- 持续的时间是否长？长啊，只有有电源的地方才可以充电，在外面真心不好找。

通过4个标准判断，这是个价值很高的痛点。实际运用中，我们可以分析OPPO手机是如何利用这个痛点的。"充电5分钟，通话2小时"，正中用户内心，从OPPO手机的销售额可以看出，这个痛点抓得非常准。

既然是高价值的痛点，我们就可以想办法来解决。还有很多痛点位于高价值和低价值之间，如何取舍就需要结合多方面的因素综合考虑。

【示例】人们想长生不老，生命短暂就是人们的一个痛点，但是这个痛点是无法解决的，意味着它只是一个待解决的问题而不是需求。再者说，如果我们将目标转换为让人类的寿命延长，而不是长生不老，那么这个痛点就是需求。因为我们可以通过各种方式来延长寿命，这是完全可以解决的问题。

所以，痛点是不是需求？取决于消费者是否愿意花钱解决这个痛点，取决于我们是否有能力解决这个痛点。

需求、痛点与需要之间的关系如图1-10所示。

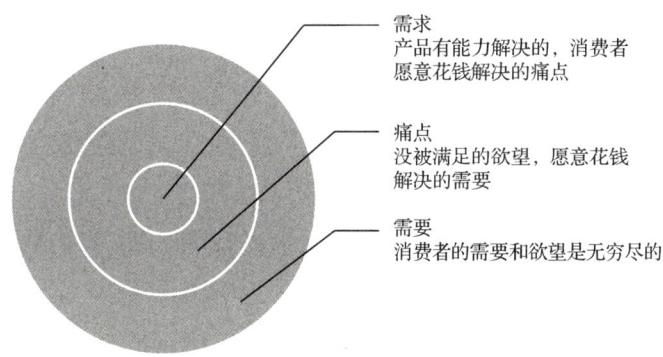

图1-10　需求、痛点与需要之间的关系

（3）如何寻找用户的痛点。寻找用户的痛点需要做到以下两点：

① 对自己和竞争对手的产品或服务有充分的了解，这方面的了解是用来做产品差异化和产品定位的，以便通过细分市场找到痛点。

② 对消费者的消费心理有充分的解读。对消费者的了解非常重要，因为购物的主体就是消费者，只有知道他们的真正需求并满足他们，你的产品或服务才能成功，否则就会失败的。

寻找用户的痛点是一个长期观察和挖掘的过程，不可能一蹴而就。从马斯洛的需求层次理论去分析消费者的心理，也许会更容易发现用户的痛点。马斯洛的需求层次理论如图1-11所示。

3）从竞争对手角度了解竞争对手，提炼产品卖点

所谓卖点，是指该产品具备了前所未有、别出心裁或与众不同的特点、特色。这些特点和特色，一方面是产品本身具备的，另一方面是通过营销策划人员的想象力"无中生有"而创造的。不论它从何而来，只要能够让它落实到营销的战略、战术中，转化为消费者能够接受、认同的利益和效用，就能达到产品畅销、建立品牌的目的。

产品卖点包含3个方面的含义：

● 产品应该向消费者传播一种主张、一种忠告、一种承诺，告诉消费者购买产品会得到什么样的利益；

● 这种主张应该是竞争对手无法提出或未曾提出的，应该独具特色；

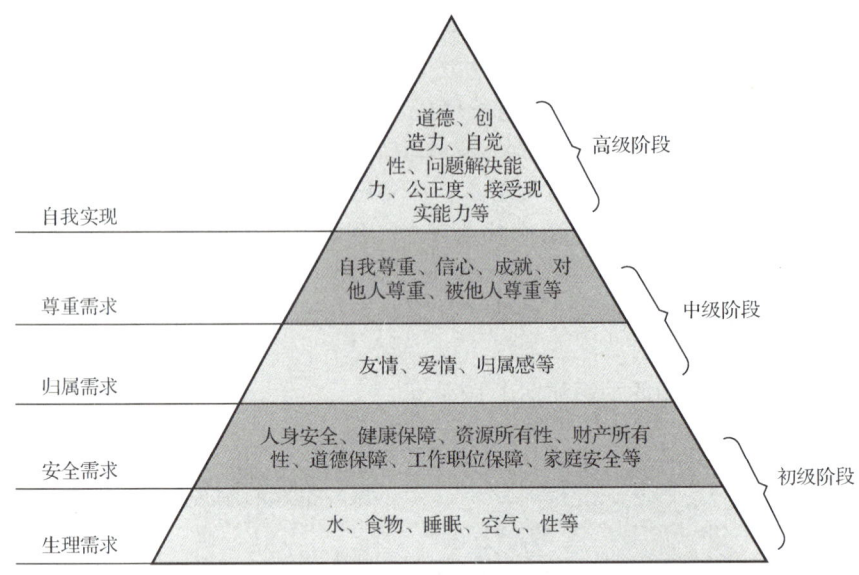

图 1-11 马斯洛的需求层次理论

- 这种主张应该以消费者为核心，易于理解和传播，具有足够的吸引力。

如何提炼产品的卖点，可以从概念、感觉、情感、形象、品质、名人、服务、特色、包装、文化等角度进行思考。

(1) 卖"概念"。概念是表现产品卖点的一种形式，概念炒作会对产品销售产生巨大的影响。比如某品牌的 1:1:1，虽然我们不一定明白它的意思，但不妨碍它成为该产品的卖点，给我们很厉害的感觉。

(2) 卖"感觉"。所谓感觉，就是企业以产品或服务为载体，为消费者创造出的一种心理舒适与精神满足的状态。如今，这种心理舒适与精神满足已经超越对物质本身的需求，成为消费者渴望得到的重要价值。比如"农夫山泉有点甜""味道好极了"等。

(3) 卖"情感"。所谓情感，就是把消费者个人情感差异和需求作为企业品牌营销战略的核心，通过借助情感包装、情感促销、情感广告、情感口碑、情感设计等策略来实现企业的经营目标。

(4) 卖"形象"。形象化的销售主张能够在消费者心目中留下美好的印象。这就是为什么许多公司会给自己的产品创造出一个产品形象的原因。

(5) 卖"品质"。产品品质包含两方面内容：一方面，在科技进步、产品严重泛滥和同质化的今天，对产品品质更全面的理解除可用、实用、耐用外，更加注重的是好用、宜用；另一方面，在卖"品质"的过程中，经常可以卖"专家"、卖"故事"、卖"售后服务"、卖"专业"（宣扬自己的专业化水准）。

【示例】矿泉水行业：某品牌矿泉水的"来自阿尔卑斯山底"、某品牌矿泉水的"我们不生产水，我们只是大自然的搬运工"、某品牌矿泉水的"27层净化"、某品牌矿泉水的"优质天然矿泉水"，都是从不同角度来形容自己产品的品质卖点的。

(6) 卖"名人"。许多品牌在推出一种产品的同时，经常会邀请名人进行代言。这是因为名人拥有很大数量的崇拜者或粉丝，所以，把名人作为产品的形象代言人，能成功地吸引一大批消费者。

(7) 卖"服务"。服务除了常见的售后服务，还包括对产品的体验，即对产品本身的体验和生产过程的体验。如进行产品或服务营销时，推出服务承诺、服务差异化、服务品牌的打造、个性化服务、衍生服务等举措。

【示例】在排队等位时能美甲，过生日时会收到小礼物，服务员总是充满微笑……海底捞这一系列在服务上为顾客带来的极致体验，或许比它火锅本身的口味，给你留下的印象更深刻。

（8）卖"特色"。特色作为功能性诉求或独特的销售主张的营销卖点，并不主要突出消费者的行为特性，也不过分强调产品的核心精神文化内涵（比如产品的一种主张或倡导的一种文化）。它直截了当、一针见血地体现了产品的特性，如"怕上火就喝王老吉"。

（9）卖"包装"。卖产品更要卖"包装"，在相同质量的前提下，那些内在质量好、产品包装好的产品更具有市场竞争力，更能赢得消费者的喜爱。比如喜茶，很多人排队购买，可能不在于它的味道，而在于它的包装非常有特色，非常适合拍照发朋友圈。

（10）卖"文化"。文化卖点在产品促销市场中具有非常大的潜力，而且影响力越来越大，因而文化卖点更为商家所看重，这一点值得策划者着重关注。

【示例】××品牌在创立之初就明确定位于东方美学彩妆，推出之际通过在微博上发布古诗句和古典美人妆容的博文，塑造国风品牌形象。从品牌到产品，从营销到服务，所有与消费者沟通的触点均保持了一致的东方美学调性。

2. 文案构思的 7 个问题

在文案构思过程中，我们可以从自身、消费者和竞争对手 3 个角度，重点思考以下 7 个问题：

（1）我们的产品能解决什么问题，为什么能解决？
（2）我们的产品有哪些值得人们关注的细节？
（3）有哪些设计制作中的细节和过程能体现我们的优点？
（4）消费者存在哪些痛点是我们的产品可以解决的？
（5）哪些人、事物、品牌背书可以为消费者展现理想的前景？
（6）竞争对手存在哪些弱点是我们能做得更好的？
（7）我们的产品与同类产品有何显著特点或不同点？

【课中讨论】扫描二维码并阅读相关案例，说说品牌完美日记和花西子有什么不同？从文案构思"三七法"的角度，总结花西子是如何塑造、强化其独特品牌形象的。

【阅读材料】花西子品牌手册（2023 年）

【阅读材料】从完美日记、花西子看彩妆赛道与新品牌崛起

1.2.2 文案构思技巧

1. 文案构思基本技巧

文案构思是写作过程中的重要环节,它涉及如何有效地传达信息、吸引读者并激发他们的兴趣。以下是一些文案构思的基本技巧,帮助你创作出更具吸引力和影响力的文案。

(1) 明确目标受众。了解你的目标受众是谁,他们的兴趣、需求和期望是什么。这将有助于你创作出更符合他们口味和需求的文案。

(2) 研究竞品。分析竞争对手的文案,了解他们的优点和不足,从而找到自己的差异化和创新点。

(3) 创造独特卖点。提炼产品或服务的独特卖点,突出其与众不同的地方,吸引读者的注意力。

(4) 使用引人入胜的开头。开头部分要引人入胜,激发读者的好奇心和兴趣,让他们愿意继续阅读下去。

(5) 保持简洁明了的语言风格。避免冗长的句子和复杂的词汇,用简洁明了的语言风格传达信息,让读者能够快速理解你的意图。

(6) 构建故事情节。通过构建故事情节,将读者带入一个情境之中,增强文案的代入感和吸引力。

(7) 使用比喻和象征。借助比喻和象征手法,将抽象的概念具象化,使文案更具生动性和形象感。

(8) 调动情感。通过触动读者的情感,激发他们的共鸣和认同感,从而增强文案的说服力。

(9) 强调价值。突出产品或服务的价值,让读者明白购买或使用它们将带来的好处和收益。

(10) 结尾有力。结尾部分要总结全文,强调核心信息,同时给出明确的行动指示或呼吁,引导读者进行下一步操作。

在构思文案时,还可以考虑使用视觉元素、排版设计等方式来增强文案的吸引力。同时,不断练习和反思也是提高文案构思能力的有效途径。

2. 营销文案"15字诀"

"吾老湿"在其公众号发布的文案写作技巧文章中,提出了撰写营销文案"15字诀",如图1-12所示。

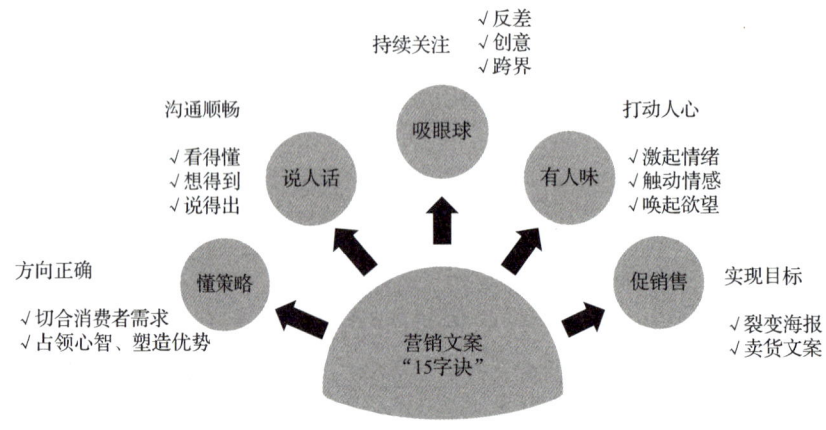

图1-12 营销文案"15字诀"

项目 1 电子商务文案基础

1）营销文案"15字诀"之"懂策略"

"策略"就是为了实现某一个目标,根据形势的发展和变化,设计连贯的可执行的行动方案,并且最终实现目标。电子商务营销文案的策略是找准消费者的需求,强化产品的特点、差异点,建立长期优势。文案是要建立在正确的消费者需求之上的,否则,你的文案写得再好,也是无用之功。电子商务营销文案的策略包括以下几个方面:

(1) 明确目标受众。首先,你需要清楚地知道你的目标受众是谁。这包括他们的年龄、性别、地理位置、兴趣爱好、购买习惯等。这样你才能创作出更符合他们需求的文案。

(2) 强调产品优势。文案中应突出产品的独特卖点,如品质、价格、功能、设计等。你可以通过对比竞品、引用用户评价等方式来增强说服力。

(3) 创造情感共鸣。通过讲述故事、描绘场景等方式,使文案更具情感色彩,引发读者的共鸣和购买欲望。

(4) 利用社交媒体和网红效应。在文案中提及与产品相关的社交媒体话题或网红推荐,可以增加产品的曝光度和信任度。

(5) 采用简洁明了的语言。避免使用过于复杂或专业的词汇,用通俗易懂的语言来描述产品,使文案更具亲和力。

(6) 提供明确的购买指引。在文案中明确指出购买渠道、价格、优惠活动等信息,方便用户进行购买决策。

(7) 运用视觉元素。配合高质量的图片、视频等视觉元素,使文案更具吸引力。

(8) 测试与优化。对文案进行 A/B 测试,通过数据分析来找出最有效的文案版本,并不断优化以提高转化率。

2）营销文案"15字决"之"说人话"

奥美广告公司创始人大卫·奥格威说过一句话:"不要创作你的家人不愿看的广告。"顺着这个逻辑,我们认为,"不要创作你的亲友听不懂、听不明白的广告文案"。

对于消费者而言,文案是具有商业性质的,大部分人不会花时间、花精力去想一个营销文案表达的是什么意思。同时,消费者不一定熟悉你的产品。正如丰信东在《小丰现代汉语广告语法辞典》里所说:"就内容来说,文案大部分时候要说的内容是专业性很强的,就其诉求来讲,文案要诉求的则应该是人们的生活常识。也就是说,文案的一个主要职责是要把产品专业化的信息常识化。""说人话"的文案就要求你的文案语言简单、通俗易通、直指利益,让消费者脑中充满画面感,描绘出消费者的场景感受,并且易于消费者口口相传,要具备看得懂、想得到、讲得出的特点。"说人话"的文案的特点如图1-13所示。

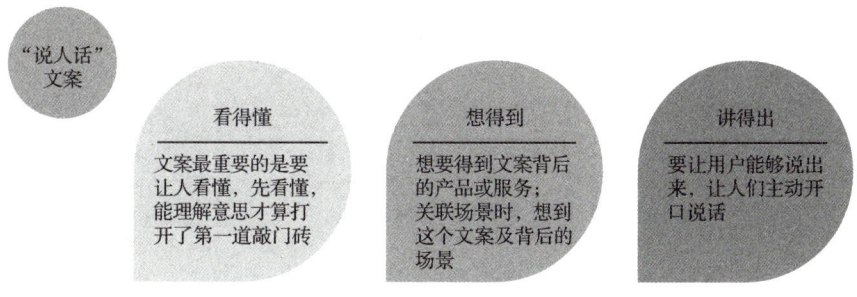

图 1-13 "说人话"的文案的特点

如何写出"说人话"的文案,可以用数字化、图像化、场景化、感官化、过程化、利益化、嫁接等方式来实现。

3）营销文案"15字决"之"吸眼球"

文案要求大白话，但大白话不一定是好文案。好文案需要有创意，需要有让人眼前一亮的创意。如何能够创造出让人眼前一亮、吸引眼球的好文案呢？可以利用反差、创意或跨界等方式。

【示例】2014年8月，"故宫淘宝"公众号发布了一篇名为"雍正：感觉自己萌萌哒"的推文，如图1-14所示，将国人印象中高高在上、严肃威仪的皇帝，打造成了幽默俏皮的萌汉子，巨大反差使得推文在48小时内获得了86万的阅读量，传遍了朋友圈。

图1-14 "故宫淘宝"公众号文案示例1

随后，"故宫淘宝"公众号通过内容创新、产品创新、传播手法创新等方式，将故宫皇帝及妃嫔们的生活用品、生活方式展现在我们眼前。2016年7月，一个"穿越故宫来看你"的H5火爆朋友圈，一个皇帝从画中走来，唱着Rap，宫女戴着VR，发着QQ表情，刷着朋友圈……"故宫淘宝"公众号文案示例2如图1-15所示。

图1-15 "故宫淘宝"公众号文案示例2

接着，"故宫淘宝"公众号通过授权形式，与小米、农夫山泉等企业进行跨界合作，开发出小米手机故宫特别版、故宫家具、故宫口红、故宫护肤品等系列产品。"故宫淘宝"公众号文案示例3如图1-16所示。

图1-16 "故宫淘宝"公众号文案示例3

4）营销文案"15字决"之"有人味"

写出"讲人话"的文案是文案创作人员需要具备的基本能力。而文案创作更高一级的创作法则是"有人味"。"有人味"的文案能够击中消费者的内心，触动消费者的情感，激发消费者的购买欲望。也就是说，"有人味"的文案不是基于理性的，而是基于情感的。

亚里士多德说过："我们无法通过智力去影响别人，而情感却能做到这一点。"人是情绪动物，文案创作者要懂得利用大众的情绪，这些情绪包括高兴、冲动、易怒、泄愤、同情、恐惧、悲伤……

"有人味"的文案关键点在哪里？在于人们的希望与痛苦。为什么地产文案能够频繁出现"有人味"的文案呢？正是因为房子是中国人的希望与痛苦所在。一套房子关乎你的爱情、亲情、事业。

如果说情感是基于人与人之间的羁绊，那么欲望是自身追求的不懈渴望。人的欲望包括爱情、梦想、成功等，如果你的文案能够激发人的欲望，就能够给人带来一种力量，从而影响消费者对你品牌的好感度。

5）营销文案"15字决"之"促销售"

文案是为商业服务的，最终能够实现销售的文案才是好的文案。

如何写出有销售力的文案？我们将在项目3的"任务3.2 裂变海报设计"和"任务3.3 商品详情页文案编写"中学习。

总之，好的文案要"懂策略"，确保传播方向正确；要"说人话"，确保与目标消费者沟通顺畅，要"吸眼球"，引发持续关注；要"有人味"，能打动人心，要"促销售"，实现企业目标。

【阅读材料】营销文案写作"15字决"

任务实训

【实训1】多项选择题

1. 我们在撰写文案之前，必须了解（　　）。

A. 我们有什么：了解产品，挖掘产品的特点

B. 消费者要什么：了解消费者，找到消费者的需求及痛点

C. 与竞争对手的差异：了解竞争对手，提炼产品的卖点

D. 我能得到什么：先讲好价钱再干活

2. 关于产品卖点，下列说法正确的有（　　）。

A. 所谓卖点，是指该产品具备了前所未有、别出心裁或与众不同的特点、特色。

B. 产品卖点应该以消费者为中心，易于理解和传播，具有足够的吸引力。

C. 产品卖点是向消费者传播的一种主张、一种忠告、一种承诺，告诉消费者购买产品会得到什么样的利益。

D. 产品卖点，是竞争对手无法提出或未曾提出的，应该独具特色。

【实训2】简答题

1. 说出一句你认为的好文案，指出它好在哪里，并说明理由。

2. 用文案构思"三七法"，思考微信公众号的定位。

任务评价

评价类目	评价内容及标准	分值（分）	自己评分	小组评分	教师评分
学习态度	全勤（5分）	10			
	遵守课堂纪律（5分）				
学习过程	能说出本次工作任务的学习目标（5分）	40			
	上课积极发言，积极回答老师提出的问题（5分）				
	了解文案构思的定义；能够说出营销文案"15字诀"是哪15个字（10分）				
	能够运用文案构思"三七法"构思文案；能使用营销文案"15字诀"评析优秀文案（20分）				
学习结果	"任务实训"考评（50分）	50			
合　　计		100			
所占比例		100%	30%	30%	40%
综合评分					

项目 2

文案撰写基本技巧与应用

任务 2.1　用字技巧与广告语写作

工作任务单

工作任务	用字技巧与广告语写作		教学模式	案例教学
建议学习	2 课时		教学地点	一体化实训室
任务描述	小美认为要想成为专业的电子商务文案人员，首先要具备一些基本的写作技巧，包括用字、用词、组句及修辞等。于是，她决定先从用字技巧开始学习，并了解如何写作广告语			
学习目标	知识目标	➢ 概述文案的语体特征 ➢ 描述文案用字的 6 个技巧 ➢ 总结广告语写作的要求		
	技能目标	◆ 会使用优秀广告语的 5 个要素，评价现有广告语 ◆ 能为项目或产品撰写广告语		
	素养目标	✓ 通过优秀广告语的学习，培养精益求精的职业素养 ✓ 通过广告语的写作训练，培养创新意识与创新思维		
实训目标	利用文案用字的 6 个技巧，为项目或产品撰写优秀广告语			

知识导图

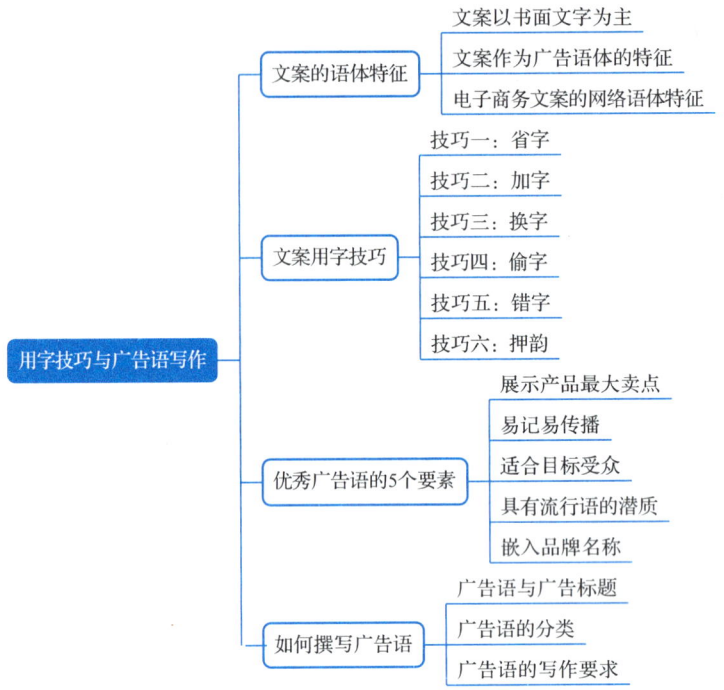

 任务实施

【课前思考】通过前面内容的学习，我们知道"今年过节不收礼，收礼还收脑白金"这个广告语，虽然不符合语法逻辑，但却是一个好的文案。那么，这个广告语为什么好，好在哪里呢？

_____

_____

2.1.1 文案的语体特征

我们知道文案有两层含义：一是一种文字，是为产品而写、打动消费者的内心，甚至是打开消费者钱包的文字；二是一种职业，即专门从事创作广告文字的工作者。在项目1里面，我们了解了文案的第二层含义，即作为一种职业该做什么。接下来我们从文案的语体特征角度，按照字、词、句、修辞的顺序来剖析电子商务各种类型文案写作的要求与要领。

所谓语体，就是人们在各种社会活动领域，针对不同的交际对象、不同的交际目的使用的一种语言体系。根据不同的标准，语体可以分为不同的类型：根据交际方式，分为口头语体和书面语体；根据语言风格，分为谈话语体和演讲语体；根据使用领域，分为新闻语体、法律语体、科技语体、文艺语体、政论语体等。电子商务文案的语体通常是比较简洁、生动、有吸引力的，它需要使用简洁明了的语言，突出产品的特点和优势，同时吸引消费者的注意力。

1. 文案以书面文字为主

我们从小学到初中，再从初中到高中，有一门学习了十多年的学科叫作语文。那么，语文是什么，语文和文案的关系是怎样的？语文是语言及文学、文化的简称，包括口头语言和书面语言，是听、说、读、写、译、编等语言文字能力和文化知识的统称。文案属于语文中的书面语言，既可以通过记叙、议论、说明等文章体裁来表达，也可以通过故事、诗歌、散文等文学体裁来表达。

文案虽然可以借助故事、诗歌、散文等文学体裁的形式，但是因交际方式和活动领域的不同，它们之间又有区别。文案以书面文字为主，合格的文案必须具备一定的特点。美国作家罗伯特·布莱（Robert W.Bly）在《文案创作完全手册》一书中指出：文案必须做到吸引注意力、达到沟通效果、说服消费者 3 点。

2. 文案作为广告语体的特征

广告语体是随着商品经济发展而产生的一种应用语体，是用广告的形式及时向社会传递商业和服务信息，沟通业务渠道的实用性语体。电子商务文案源自广告文案，在风格、音韵、词语、句式、结构、修辞等方面，基本遵循广告语体的特征。文案作为广告语体的特征如图 2-1 所示。

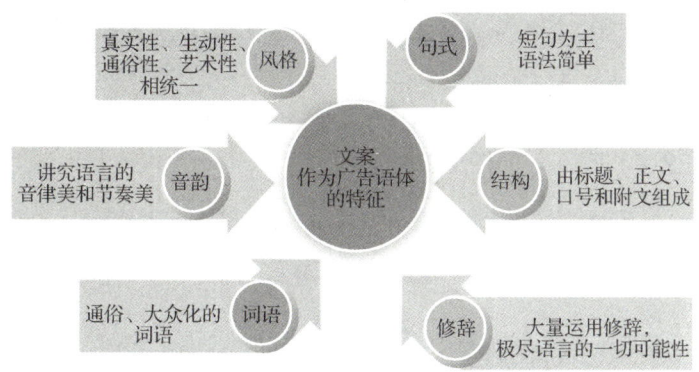

图 2-1　文案作为广告语体的特征

（1）风格上，具有真实性、生动性、通俗性、艺术性相统一的特点；
（2）音韵上，重视声、韵、调的配合，讲究语言的音律美和节奏美；
（3）词语上，注重选用通俗、大众化的词语；
（4）句式上，主要以短句为主，语法相对较简单；
（5）结构上，篇章结构由标题、正文、口号和附文组成；
（6）修辞上，大量运用修辞，极尽语言的一切可能性。

3. 电子商务文案的网络语体特征

网络语体是随着网络的发展而新兴的一种语言形式。由于网络语体具有多样性、混合性和动态性的特点，其创造力不受正规语体的限制，书写必然比标准语体有更多的自由度。网民通过多媒体广泛地传播，使网络语体更有亲和力、创造力和传播力。

由于传播渠道主要集中在网络，电子商务文案必须符合网民的阅读和审美习惯，因此兼有网络语体和广告语体的共同特征。电子商务文案多用网民喜闻乐见的语言，具有简洁、口语化、创意趣味十足等特点。

【阅读材料】年度"十大流行语"

【练一练】打开小红书首页，找出 5 个采用了网络流行语的标题，并说出使用网络流行语的好处。

___

___

2.1.2　文案用字技巧

丰信东在《小丰现代汉语广告语法辞典》中说："文字的功能不只是用来营造那些大脑懂、逻辑通、道理明的信息，文字不一定要懂？文字更要用来制造感觉、气息、色彩、味道、疼痛——鼻子能懂、舌头能懂、皮肤能懂、心灵能懂的多不胜数的看不见的'东东'。"

【示例】"犹如置身音乐会现场""纵享新丝滑"（感觉）；"滴滴香浓，意犹未尽"（气息）；"白里透红，与众不同"（色彩）；"味道好极了""酸酸甜甜就是我"（味道）；"孤独跟关节炎一样痛"——老年人公益广告（疼痛）。

广告文案是兴趣的加法和乘法，是阅读的减法和除法！广告文案用字技巧包括省字、加字、换字、错字、偷字和押韵，如图 2-2 所示。

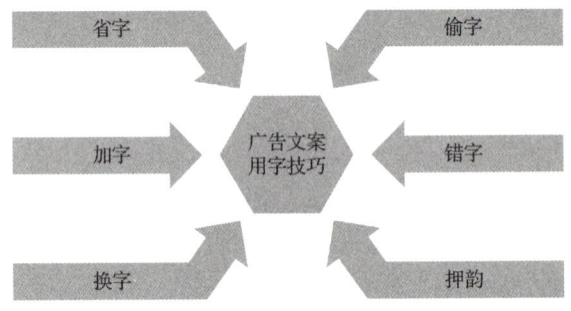

图 2-2　广告文案用字技巧

1. 技巧一：省字

省略不必要的字是基本常识。省略必要的字，而又能达意，才是广告文案的基本功。省字技巧在广告语中应用比较广泛。

【示例】在网络流行语中，"人艰不拆"（人生已经如此的艰难，有些事情就不要拆穿——某歌曲中的歌词）。在广告语中，"我能"（我能实现全球通话——移动通信广告语）；"世界都在看"（世界上所有人都在看××视频——××视频广告语）等。

2. 技巧二：加字

省字的目的是制造新鲜的语感，加字也一样。加字在网络流行语、广告语及电子商务文案中也经常出现。

【示例】人民日报公众号和新华社公众号都采用过加字的标题，如图 2-3 所示，"又双叒叕"形容反复出现；10 个"人"的叠加，表示教室挤满了人；既然"早九晚五"代表着"早上九点上班，晚上五点下班"，那么我们没有正常作息时间的广告人该如何形容呢？——"一群早不九晚不五的文化工人"，多加字以后，语句就立刻鲜活了许多。

图 2-3　加字技巧应用示例

3. 技巧三：换字

用谐音字替换原来的字，是广告文案中经常采用的方法，以致许多人认为写文案就是用谐音字。这种技巧的应用在 20 世纪的广告文案中尤为突出。

《中华人民共和国广告法》（以下简称《广告法》）第三条规定："广告应当真实、合法，符合社会主义精神文明建设的要求。"在广告中运用换字手法改造语句，需要把握好适当的"度"，将换字语句控制在有限的数量范围内，有特定的语言环境或背景交代，格调高雅，含义明确，那么，换字语句广告仍然有可能取得良好的商业宣传效果。

【示例】网络流行语"有木有"，将"有没有"中间的"没"换成"木"，没有改变词语的本来含义，却多了几分俏皮的味道。在广告语中，"完美无夏"（空调机广告语，正确的用法应该为完美无瑕）；"随心所浴"（沐浴器广告语，正确的用法应为随心所欲）；"咳不容缓"（咳嗽药广告用语，正确的用法应该为刻不容缓）；"爱不湿手"（洗衣机广告用语，正确的用法应该为爱不释手）；"尚天猫，就购了"（天猫电商购物平台广告用语，正确的用法应该为"上天猫，就够了"）等。

4. 技巧四：偷字

偷字是指不对字数进行加、减、换的处理，却改变了本来的含义。偷字的要诀在于巧，不能生硬，字要"偷"得神不知鬼不觉，不落丝毫痕迹。

【示例】"浮云""马甲""恐龙""潜水""神马""毛线""打酱油""神兽""后浪""凡尔赛""天花板""内卷""躺平"等，字是原来的字，词是原来的词，但网友们赋予了完全不同的意思。

5. 技巧五：错字

这里的错字是指故意错误地使用字，以达到特定的广告文案效果。从某种意义上讲，"错字"和"换字"技巧用法相似。

【示例】网络流行语，"小盆友"（小朋友）、"鸡冻"（激动）、"我太南了"（我太难了）等。广告语，"非我不型"（非我不行）、"谁是心玩家"（谁是新玩家）、"今天心情几"（今天星期几）、"难以抗剧"（难以抗拒）等。

6. 技巧六：押韵

押韵是指在相关句子的末尾音节选用韵母相同或相近的字，从而增强语言感染力的广告语。

【示例】广告语，"钻石恒久远，一颗永流传""点评在手，吃喝不愁""人头马一开，好事自然来""只融在口，不融在手""携程在手，说走就走""要旅游，找途牛"等。

【练一练】找出本年度网络热词，看看它们采用了上述 6 种用字技巧中的哪一种？

___

___

___

2.1.3 优秀广告语的 5 个要素

【连一连】你能将如图 2-4 所示的网站名称与对应的广告语联结起来吗？说说哪个网站的广告语不够好，哪个网站的广告语好，为什么？

网站名称	广告语
新浪微博	聪明你的旅行
58同城	随时随地分享身边的新鲜事儿
去哪儿网	网聚人的力量
天涯博客	有见识的人都在此
新浪	只为更好的生活
网易	一个神奇的网站

图 2-4 网站名称与广告语

最好的广告语取之于人们的日常生活语言，因而也具有长久的生命力。优秀广告语应该包括展示产品最大卖点、易记易传播、适合目标受众、具有流行语潜质、嵌入品牌名称 5 个要素，如图 2-5 所示。

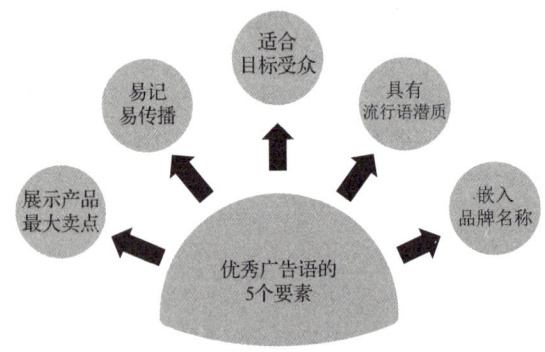

图 2-5 优秀广告语的 5 个要素

1. 展示产品最大卖点

在商品同质化日益严重的今天，品牌需要创造心理差异、个性差异来展示产品的最大卖点。独特的销售主张一定是竞争者没有提供的，它必须是独特的。根据产品与其他竞品的不同之处，展示产品最大卖点，诉求产品特征，以利益吸引消费者。

【示例】饮料行业展示产品卖点的广告语，农夫山泉的是"农夫山泉有点甜"；王老吉的是"怕上火就喝王老吉";乐百氏纯净水的是"27层净化";伊云矿泉水的是"来自阿尔卑斯山底"等。

2. 易记易传播

广告就是要广而告之。广而告之有两点内容:一是易记,便于广泛地传播;二是要准确地传达信息。广告语是口语语言,因此,通俗易懂、朗朗上口、易记易传播是一则好广告语的基本要求。请抛弃技巧,慎用修辞,但求简白。文采是第二位,通顺、简练才是第一位。

如何做到易记易传播?最好能做到字易认、话易懂、句宜短、律宜谐4点。

【示例】互联网行业易记易传播的广告语,百度的是"百度一下,你就知道";滴滴出行的是"滴滴一下,美好出行";大众点评的是"点评在手,吃喝不愁";新浪微博的是"随时随地分享身边的新鲜事儿";快手的是"记录世界,记录你";抖音的是"记录美好生活"。

3. 适合目标受众

广告语要写出反映目标用户的个性或价值观,可以有两种类型:青春自我型和成功励志型。

① 青春自我型。在电子商务广告文案中,以"我"为主体的广告语越来越多。多见运动用品、快速消费品、数码产品、服装等目标对象以青年人为主的品牌。

【示例】"我就喜欢",把青年人的"酷""特立独行"的形象表达得淋漓尽致;"我的地盘听我的",喊出了目标用户"独立、张扬并带有一些霸气"的个性,后来被一些年轻时尚族视为口头禅。

② 成功励志型。成功励志型广告语在汽车、移动通信行业使用较多。

【示例】汽车行业有许多成功励志型的广告语:红旗汽车的"坐红旗车,走中国路";奔驰汽车的"领导时代,驾驭未来";奥迪汽车的"突破科技,启迪未来";沃尔沃汽车的"关爱生命,享受生活";现代汽车的"驾驭现代,成就未来"等。

【阅读材料】中国移动不同子品牌的广告语

4. 具有流行语的潜质

建立在准确预见和正确把握社会流行趋势、充分了解消费者心理的基础上,广告语如果能够成为流行语,就可以形成自传播效应,传播效果会大大增强,而传播费用则会大大降低。流行的广告语要达到不用说品牌,我们就知道代表的是哪个产品的效果,如"今年过节不收礼""充电5分钟,通话2小时"等。

5. 嵌入品牌名称

"多快好省,只为品质生活""只为更好的生活""有见识的人都在此""为你而省",这些广告语是哪些公司的?它们虽然符合了广告语的易记、适合目标受众、具有流行语潜质3个方面的要求,但是它们说的到底是哪家公司?好像哪家公司都适合,但哪家公司都不算很贴切。

因此,广告语的写作,最好能够部分或全部嵌入品牌名称。即使我们没见过它的广告,但凭着广告语,也能知道它属于哪个品牌,大概的业务范围是什么。

【示例】"一起来哈啤""不是所有牛奶,都叫特仑苏""百度一下,你就知道""点评在手,吃喝不愁""上贴吧,找组织""要旅游,找途牛"等。

2.1.4 如何撰写广告语

1. 广告语与广告标题

广告语，也叫广告口号、广告中心词、广告中心用语、广告标语等，它是企业和团体为了加强受众对企业、产品或服务等的一贯印象，在广告中长期反复使用的一两句简明扼要的、口号性的、表现产品特性或企业理念的句子。

广告标题是整个广告文案乃至整个广告作品的总题目。广告标题为整个广告提纲挈领，将广告中最重要的、最吸引人的信息进行富于创意性的表现，以吸引受众对广告的注意力；它昭示广告中信息的类型和最佳利益点，使他们继续关注正文。当人们进行无目的的阅读时，对标题的关注度相当高，特别是在报纸、杂志等媒介上。

广告语与广告标题的不同之处有以下几点。

（1）功能不同：广告语是为了加强企业、产品和服务的一贯的、长期的印象而写的。广告标题是为了使每一则广告作品能得到受众的注意，吸引受众阅读广告正文而写作的。

（2）表现风格不同：广告语因为着力于对受众的传播和波及效应的形成，在表现风格上立足于口头传播的特征，其语言表达风格就是要体现口语化的特征，自然、生动、流畅，给人以朗朗上口的音韵节奏感；在语言的构造上体现平易、朴素但富于号召力的特点。广告标题的表现风格则要求新颖、有特色、能吸引人，在广告中起提纲挈领的作用，更倾向于运用书面语言。

（3）使用时限、范围不同：广告语使用时间长而且频繁，它是广告主在长期过程中的一贯使用，可以被一则广告作品使用，也可以被多则广告作品在不同的媒介中使用。因此，广告语使用的时间长、使用的范围广。广告标题则是一则一题，在每一则广告中，标题都是不同的。因此，广告标题使用的时间短、使用的范围窄。

（4）负载信息不同：广告语所负载的信息，一般是企业的特征、企业的宗旨、产品或服务的特征等，是企业、产品或服务理念特征的体现，是相对固定的。广告标题不一定是负载这些信息的，它为了吸引消费者的注意，可以用广告语中同样的负载信息，也可以负载与广告语中信息不相关的信息内容。在信息的负载面上，广告标题与广告语各具特色。因此，广告标题可以对表达的重点进行更改；而公司广告语属于战略层次，一旦确定就相对稳定，除非决策层授权，文案或基层员工是绝对不能擅自更改的。

2. 广告语的分类

广告语分为4大类别：品牌类、产品类、服务类和企业类。

1）品牌类广告语

互联网时代，要让受众在海量的信息中接受广告主的广告，首先要让受众记住该品牌。品牌广告语按其诉求的性质可分为理念、科技、服务、品质和功能5个类别。

2）产品类广告语

产品类广告语的创作重点是体现产品的卖点。卖点是在产品差异化的基础上提炼出来的，也有可能就是产品的推广主题。而产品的差异化，是指被竞争者忽略的、消费者受用的和产品本身能提供的利益点。

产品类广告语表现形式不定，字数可多可少，音调可升可降，但诉求的内容一定要有功能点、利益点，或者是二者相结合的内容。

【示例】宝洁旗下产品类的广告语，海飞丝的是"头屑去无踪，秀发更出众"；潘婷的是

"拥有健康，当然亮泽"；飘柔的是"就是这么自信"；沙宣的是"我们的光彩来自你的风采"；汰渍的是"有汰渍，没污渍"。

3）服务类广告语

服务类广告语的创作重点是给消费者提供附加值，突出"超值"，诉求上一定是利益的承诺。服务类广告语的表现形式可长可短，字数可奇可偶。

【示例】保险服务类的广告语，太平洋保险的是"平时注入一滴水，难时拥有太平洋"及"太平洋保险保太平"；中国平安保险是"买保险就是买平安"；中国人民保险的是"人民保险，造福于民"；泰康保险的是"一张保单保全家"；友邦保险的是"真生活，真伙伴"；阳光保险的是"分担风雨，共享阳光"；华夏保险的是"传递爱与责任"；中国人寿的是"要投就投中国人寿"。

4）企业类广告语

大多数企业的品牌广告语和企业广告语是相同的，表现形式相对来说要求不是很严格，与广告语创作方法大同小异，灵活应用即可。

为传播效果最大化，某些企业名、品牌名和产品名会保持一致。

【示例】电器行业企业类的广告语，美的的是"原来生活可以更美的"及"智慧生活可以更美的"；格力空调的广告语是"好空调，格力造"，但格力企业的广告语是"让世界爱上中国造"；海尔的是"海尔智慧家庭，定制美好生活"等。

3. 广告语的写作要求

1）符合策略定位

一则好的广告语是建立在策略定位基础上的。广告语要符合品牌策略定位，这样才能够形成品牌的个性，传递品牌的核心价值和市场企图，兼顾目标消费者的市场需求，并最终形成自己独特的品牌形象，与竞争对手形成差异化的表现。

【示例】"今年过节不收礼，收礼只收脑白金"，这句广告语的定位就是礼品，借助传统文化中的"孝道"来定位品牌。晚辈孝敬长辈，子女孝敬父母，这种价值观、信仰是大多数消费者都认同并且追求的。自然而然，脑白金代表了一个有孝心的品牌。

2）符合品牌的调性

广告语要符合品牌本身的调性。品牌一般是带着"烙印"来到市场上的，这一点从企业的命名特色及树立的形象就可以感受到。广告语要将其品牌身上的"烙印"发挥到极致，形成自己的独特的品牌调性。

品牌调性是基于品牌的外在表现而形成的市场印象。从品牌人格化的角度来说，品牌调性等同于人的性格。一个品牌根据它的核心价值，可以赋予独特的调性，以增加品牌的独特魅力，强化品牌识别和利于品牌的传播。

【示例】抖音和快手有什么区别？从使用区域来看，有"南抖音北快手"的说法；从使用人群来看，抖音视频多是年轻人的才艺表演，而快手视频较多是东北"老铁"表演二人转。抖音用户以中高端女性为主；快手用户以三四线及以下城市占比更多。所以，抖音的广告语是"记录美好生活"；快手广告语是"拥抱每一种生活"。前者突出生活的美好，后者强调的是生活的丰富多样性。

3）符合产品的生命周期

产品不同的生命周期，需要传递的信息不同。

产品导入期，当消费者对品牌和产品都很陌生时，一定要告诉大家"我是谁"，明确所属品类。

【示例】娃哈哈前期广告语是"妈妈我要喝,娃哈哈果奶",明确表明娃哈哈是果奶。同样,产品导入期明确产品所属品类的如"香飘飘"是奶茶,"椰树牌"是椰子汁等。

产品进入成长期,随着竞争对手数量的增加,需要突出产品的优势和特色,突出产品不同于竞争对手的地方,着重描述功效结果,重点突出"我能带给你什么利益"。

【示例】洗发水行业的广告语,面对宝洁旗下飘柔的"柔顺"、海飞丝的"去屑"、潘婷的"营养"等不同功能定位的产品,霸王的"防脱发"、奥妮的"植物一派"、舒蕾的"本草养发",凭借自己的独特定位及传播方式仍然取得了一席之地。

产品进入成熟期,当消费者对产品耳熟能详后,广告语由实而虚,着重表达自己的生活态度。如果消费者和你的生活态度认同一致,那么他们就会接受甚至跟随你的产品。

【示例】运动鞋行业的广告语,安踏的是"永不止步"、李宁的是"一切皆有可能"、特步的是"非一般(飞一般)的感觉"。

广告语虽然相对固定,但非一成不变,一般会随着产品的生命周期、品牌需求、消费者的变化而变化。

【示例】红牛进入市场,导入期的广告语是"汽车要加油,我要喝红牛",以顺口溜的形式,告知消费者这是一种补充能量的功能性饮料;当消费者了解了红牛的产品属性,产品进入成熟期时,推出了广告语"渴了,喝红牛;困了,累了,更要喝红牛",强调红牛产品带给消费者的利益及使用场景("渴""困""累");产品进入成熟期后,将广告语改为"你的能量,超乎你想象",表达企业品牌理念。

淘宝网,最初的广告语是"淘,我喜欢",嵌入品牌名;后来改成"万能的淘宝"突出平台价值;再后来变成了"太好逛了吧",变成了一种消费态度。

今日头条开始的广告语是"你关心的,才是头条";后来换成了"信息创造价值";再后来改为"看见更大的世界",体现了对未来充满期望,彰显了品牌愿景。

任务实训

【实训1】扫描二维码,阅读"文案资料库——把1 000句文案装进脑袋"一文,对照文案用字的6个技巧(省字、加字、换字、偷字、错字、押韵),每个技巧找出3个案例(网络流行语、广告语、文案皆可),填入表2-1中。

【阅读材料】文案资料库——把1 000句文案装进脑袋

表2-1 文案用字技巧及案例

技　巧	案　例
省字	
加字	
换字	

续表

技　巧	案　例
偷字	
错字	
押韵	

【实训2】请根据优秀广告语的5个要素，通过网络查找如表2-2所示中的各种企业或品牌的广告语，指出它们符合广告语的哪些要素，并给出你的评分（每项满分10分，共50分），将结果填写在表2-2中。

表2-2　品牌广告语及评分

品牌名	广　告　语	展示产品最大卖点	易记	适合目标受众	具有流行语潜质	嵌入品牌名称	你的评分
百度							
天猫							
淘宝							
手机淘宝							
京东							
唯品会							
新浪网							
新浪微博							
网易							
快手							
陌陌							
抖音							

【实训3】分析饿了吗广告语的变化情况，说说为什么要改变？试从优秀广告语的5个要素的角度分析现在使用的广告语是否合格。

【实训4】你知道你所在学校的广告语吗？对比你所在学校和周围4所学校的广告语，从优秀广告语的5个要素的角度分析其特点，并为你的学校撰写一则广告语。

任务评价

评价类目	评价内容及标准	分值（分）	自己评分	小组评分	教师评分
学习态度	全勤（5分）	10			
	遵守课堂纪律（5分）				
学习过程	能说出本次工作任务的学习目标（5分）	40			
	上课积极发言，积极回答老师提出的问题（5分）				
	能够说出文案的语体特征；能够描述文案用字6种技巧；能够总结广告语写作的要求（10分）				
	会使用优秀广告语的5个要素，评价现有广告语；能为项目或产品撰写广告语（20分）				
学习结果	"任务实训"考评（50分）	50			
合　　计		100			
所占比例		100%	30%	30%	40%
综合评分					

任务 2.2　用词技巧与标题写作

工作任务单

工作任务	用词技巧与标题写作		教学模式	任务驱动
建议学习	2课时		教学地点	一体化实训室
任务描述	通过对用字技巧及广告语撰写技巧的学习，小美对文案创作产生了浓厚的兴趣，她想继续学习其他一些基本的技巧，本任务帮助小美提升用词技巧及如何写作标题的能力			
学习目标	知识目标	➢ 概述《广告法》中对用词的规定 ➢ 说出新闻价值的5个要素 ➢ 从新闻价值的5个要素角度，描述标题写作的12种方法		
	技能目标	◆ 能够借助工具软件画出标题写作"5法12式"思维导图 ◆ 能够分析优秀标题所采用的方法 ◆ 能够运用"5法12式"撰写文章标题		
	素养目标	✓ 通过《广告法》的学习，培养遵纪守法的职业道德素养 ✓ 通过用词技巧训练，形成精益求精的工匠精神		
实训目标	利用思维导图工具软件制作思维导图，撰写文案标题			

项目2　文案撰写基本技巧与应用

知识导图

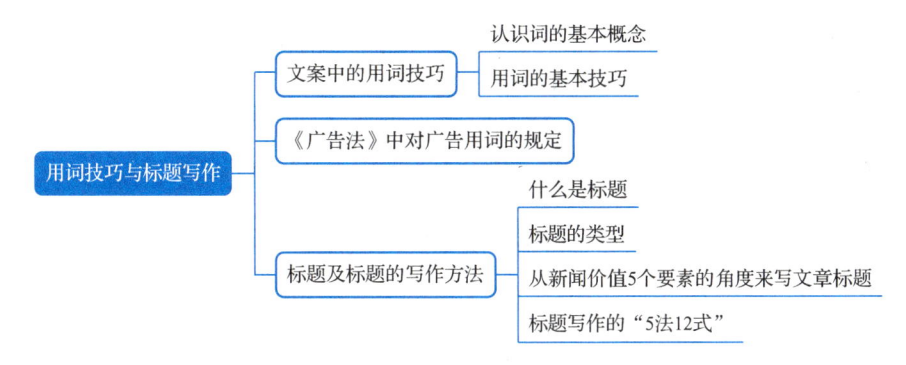

- 用词技巧与标题写作
  - 文案中的用词技巧
    - 认识词的基本概念
    - 用词的基本技巧
  - 《广告法》中对广告用词的规定
  - 标题及标题的写作方法
    - 什么是标题
    - 标题的类型
    - 从新闻价值5个要素的角度来写文章标题
    - 标题写作的"5法12式"

任务实施

【课前思考】好文案要不要多用形象词？好文案哪些词用得多？

_____
_____
_____

2.2.1　文案中的用词技巧

丰信东在《小丰现代汉语广告语法辞典》中提出："名词比动词好，动词比副词、介词好，形容词最最不好。好的文案可以用象声词为标题做系列创意！不好的文案把他的形容词拿掉就什么都没有了！一堆形容词是激发不了设计做画面的！文字的生动性和形象性也是画面所不能代替的！广告不是什么高雅艺术，但绝不是形容词擂台，吹大牛比赛！"

1. 认识词的基本概念

词是语言中最小的可以独立运用的单位。它由语素构成，是能够独立传达意义的语言单位。词既可以由一个单独的字构成，也可以由多个字组合而成。

从功能角度来看，词可以分为实词和虚词两大类。实词包括名词、动词、形容词、数词、量词、代词，这些词在句子中通常具有实际的意义，能够单独充当句子成分；而虚词则包括副词、介词、连词、助词、叹词、拟声词等，它们在句子中主要起语法作用，帮助构成句子的结构，通常不单独表示具体意义。

2. 用词的基本技巧

1）用动词——让广告创意动起来

动词的运用，让文字动感十足，是使语言鲜活起来的原动力。在文案中恰当地使用动词，就像给广告创意打了一支兴奋剂，让广告动起来，产生无限动力。尤其是日常生活中常用的动词，词义凝练、富于动感、用法灵活多样、长于表现，更易记忆，符合广告语言简练、通俗、上口的特点。

【示例】"去哪儿不重要，重要的是去啊！"（阿里旅行去啊）；"关心牙齿，更关心你"（某口香糖）；"我能"（全球通）；"别赶路，去感受路"（某汽车品牌）；"寻寻寻，寻找工作；招招招，招聘人才"（某招聘求职网）等。

2）用名词——释放事物自身能量

把名词作为关键词的广告文案，往往突出的是广告传播主题与目标消费者之间的直接联系，体现产品定位或品牌主张，起到为品牌直接摇旗呐喊的作用。由于名词能彰显广告的率真本性，因而也是最受广告创意人青睐的表现形式之一。

【示例】"不放手，直到梦想到手"（黑松沙士）；"老人家在哪，老家就在哪儿"（某地产广告）；"重要的不是享受风景，而是成为风景"（方太）；"最好的学区房是家里的书房"（书店广告）。

【练一练】在如图2-6所示的马致远的《天净沙·秋思》一文中，用了多少个名词？

图2-6 《天净沙·秋思》

3）用人称代词——拉近距离，增加代入感

为了唤醒人们内心深处的共鸣，达成双向交流，使消费者在阅读、聆听广告时有一种亲切的感觉，并达到刺激消费的要求，往往在广告文案中使用第一人称代词或第二人称代词。

【示例】第一人称代词："我的地盘听我的"（动感地带）；"我要的,现在就要"（QQ浏览器）；"我就喜欢"（某餐饮品牌）；"热爱我的热爱"（某汽车品牌）等。

第二人称代词："你的能量超乎你想象"（红牛）；"你本来就很美"（某护肤品牌）；"你值得拥有"（某护肤品牌）等。

【练一练】请在歌曲《秋意浓》的歌词中，找出有多少个名词？多少个动词？多少个人称代词？并说明它们各自的作用。

秋意浓 / 离人心上秋意浓 / 一杯酒 / 情绪万种 / 离别多 / 叶落的季节离别多 / 握住你的手 / 放在心头 / 我要你记得 / 无言的承诺 / 啊……不怕相思苦 / 只怕你伤痛 / 怨只怨人在风中 / 聚散都不由我 / 啊……不怕我孤独 / 只怕你寂寞无处说离愁。

舞秋风 / 漫天回忆舞秋风 / 叹一声 / 黯然沉默 / 不能说 / 惹泪的话都不能说 / 紧紧拥着你 / 永远记得 / 你曾经为我 / 这样的哭过 / 啊……不怕相思苦 / 只怕你伤痛 / 怨只怨人在风中 / 聚散都不由我 / 啊……不怕我孤独 / 只怕你寂寞无处说离愁。

项目 2　文案撰写基本技巧与应用

4）用副词和介词——使广告亮起来

副词和介词属于汉语中的虚词。副词和介词可以起到润色广告内容、强调广告主题、增强广告韵律和节奏感的效果。

副词用在动词、形容词前，表示程度、范围、时间、频率、语气等，如"立刻""就""极""居然""很"等，起到加强语气作用。广告文案中，"就"字用得非常多。

【示例】"上天猫，就购了""CCTV，就在你身边""起步，就与世界同步""全家就是你家""怕上火，就喝王老吉""小米手机就是快""喜欢就表白，不爱就拉黑""心有多大，舞台就有多大""理想就是离乡""渴望就是力量"等。

介词用在名词（短语）、代词前面，合起来表示动作行为的起止、方向、处所、时间、对象、目的等，如"沿着""关于""和""因""因为""由于""让""比""除了"等。

【示例】如"沿着旧地图，找不到新大陆""除了汗水,什么水都不要浪费""因为不是最好，所以更加努力""因为顾家，所以爱家""不要因为十指间的精彩,忘却了身边真正的风景""如果你看到前面有阴影，别怕，那是因为你的背后有阳光"等。

5）改变词性——增加陌生感和新鲜感

在文言文和现代诗的创作中，改变词性是一种常见的修辞手法，目的在于达到一种阅读效果的陌生感和新鲜感。

改变词性的关键不在于你怎么使用，而在于找到你想表达的核心"词"。需要注意的是，被改变词性的词要和你想表达的卖点密切相关。

【示例】"肚子瘦了，理想却胖了"——"胖、瘦"，形容词变趋向动词，表明两个相反的发展趋势，造成反差效果；"一年买两件好衣服是道德的"——"道德"，名词变形容词。

6）改变词义——增加感情色彩

"词语附着强烈的情感，当你在分析这些词语的时候，想一下怎么能用它们创造出一条富有感染力的信息来，这样你就掌握了文案写作中的一条非常重要的经验。"——约瑟夫·休格曼《文案训练手册》。

词义是指词语的情感色彩，是指词语在某种语言环境中带有赞扬、喜爱或贬斥、憎恶等的情感倾向。词义分为褒义词、贬义词和中性词 3 种，如图 2-7 所示。

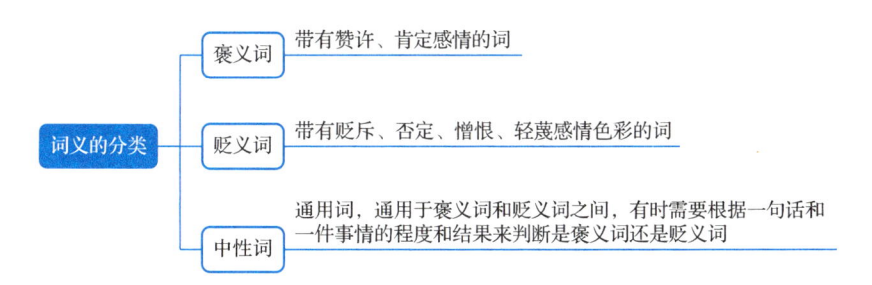

词义的分类
- 褒义词：带有赞许、肯定感情的词
- 贬义词：带有贬斥、否定、憎恨、轻蔑感情色彩的词
- 中性词：通用词，通用于褒义词和贬义词之间，有时需要根据一句话和一件事情的程度和结果来判断是褒义词还是贬义词

图 2-7　词语的感情色彩

改变词语的情感色彩，赋予词语新的内涵，能够达到出新、出奇的效果。这种技巧的运用在现代网络流行语中比比皆是，如"霸道""女神"等。在广告文案中，改变词义，将词从原来的情感色彩中解放出来，能够赋予它新的解释。

【示例】"把生命浪费在美好的事物上是值得的"，这是茨威格的一句话，被一个广告商直接拿来用作广告语，"浪费"原意是个贬义词，这里当作褒义词来用。

7）重组词组——增加戏剧性

正常的语法中，把词组合在一起是为了表达一个更完整的意思。而在广告语法中，词和词"相遇"是为了寻找一种关系，寻找一种戏剧性。

【示例】"少即是多""最熟悉的陌生人""忙于成功的人很失败"等。少＋多、熟悉＋陌生、成功＋失败，把这些平时认为是相对或相反，或者不常用在一起的字、词组合起来运用，别致新颖，造就了"走心"文案。

8）运用网络语言及特殊语言符号——增加即时性和直观性

除了使用常规汉字符号，网络广告语言中还经常会超常规地运用网络语言或特殊符号，由它们充当语言符号来表达意义。这些语言符号在纸质媒体中较少运用。

像"@""#""*""☆""(⊙_⊙)"等没有常规汉字读音的网络符号，在特定网络广告语中，常常被用来表达一定的神态或意义，目的是追求口语交流的即时性和语气、语调的直观性，这也形成了网络广告语用特定的语言符号来进行书面表达的特点。网络语言及特殊语符示意图如图2-8所示。

图2-8　网络语言及特殊语符示意图

2.2.2 《广告法》中对广告用词的规定

在2021年修订的《广告法》中对广告用词进行了规定。

第九条　广告不得有下列情形：

（1）使用或者变相使用中华人民共和国的国旗、国歌、国徽，军旗、军歌、军徽；

（2）使用或者变相使用国家机关、国家机关工作人员的名义或者形象；

（3）使用"国家级""最高级""最佳"等用语；

（4）损害国家的尊严或者利益，泄露国家秘密；

（5）妨碍社会安定，损害社会公共利益；

（6）危害人身、财产安全，泄露个人隐私；

（7）妨碍社会公共秩序或者违背社会良好风尚；

（8）含有淫秽、色情、赌博、迷信、恐怖、暴力的内容；

（9）含有民族、种族、宗教、性别歧视的内容；

（10）妨碍环境、自然资源或者文化遗产保护；

（11）法律、行政法规规定禁止的其他情形。

我们在撰写文案时，需要特别注意以下几点：

（1）有奖销售。在电子商务文案写作时，经常会碰到有奖销售活动，如买商品可以抽奖等。活动类文案写作过程中需要注意：不得谎称有奖；不得内定人员中奖欺骗；不得推销质次价高的商品；抽奖式的有奖销售，最高奖励金额不得超过5 000元（这条请务必注意）。

【示例】某超市门口在举行关注微信公众号的抽奖活动，最高奖项为"欧洲5国游（价值万元）"。这个奖项价值超过5 000元，属于违反《广告法》的规定吗？由于该活动不涉及商品销售，因此奖励金额没有5 000元的限制，从这个角度来讲是符合规定的。但是，如果实际上没有人中这个奖，那就涉嫌欺诈；有人中奖，如果是内定人员也涉嫌欺骗，也是不符合规定的。

（2）活动解释权。很多活动规则的最后一点有这样一句话："本活动最终解释权归×××公司所有。"这种写法是不符合规定的，正确的表述方式应该是："本单位保留在法律允许范围内对活动的解释权。"

（3）极限词。关于禁止使用极限词的规定：不得在商品包装或宣传页面上使用绝对化的语言或表示用语，包含但不限于以下词汇：最高级（最×）、国家级、最佳、顶级、顶尖、极品、第一、第一品牌、绝无仅有、万能、最低、销量＋冠军、抄底、最具、最高、全国首家、极端、首选、空前绝后、绝对、最大、世界领先、唯一、巅峰、顶峰、最新发明、最先进等。

在网店运营中，极限词可能出现的地方包含但不限于商品列表页、商品的标题、副标题、主图及详情页、商品包装图等。

（4）数据资料。《广告法》第十一条：广告内容涉及的事项需要取得行政许可的，应当与许可的内容相符合。广告使用数据、统计资料、调查结果、文摘、引用语等引证内容的，应当真实、准确，并表明出处。引证内容有适用范围和有效期限的，应当明确表示。

【示例】"90%的互联网用户信息会遭到个人信息危机"这个数据是从哪里得来的，要有权威的出处和证明。比如来自国家某机构、某数据调查公司、公司内部某部门的数据等，同时，也要注意数据是否可以引用，如果数据标明"未经授权不得使用"，则不能引用。

（5）买赠信息。广告中标明是附带赠送的商品或服务，应该明示品种、规格、数量、期限和方式。一般电商和线下企业都会有买赠活动，如"买××送××"。例如，"在本店买羽绒服，送赠品1份"就不符合规定，应该明确说明赠品的名称及规格等信息。

（6）贬低同行。广告中不得贬低其他生产经营者的商品或服务。不得贬低同行，借机抬高自己。

（7）虚假或引人误解的宣传。《广告法》和《中华人民共和国消费者权益保护法》中都明确规定，不得作虚假或者引人误解的宣传，否则以消费者个人主观认定为准。

【阅读材料】《广告法》全文（2021年修订）

2.2.3 标题及标题的写作方法

1. 什么是标题

标题是标明文章、作品等内容的简短语句，一般分为总标题、副标题和分标题。标题可以使读者了解文章的主要内容和主旨。

标题在文案写作中无处不在：广告文案或海报中有主标题、副标题；网店运营中的标题优化是引入流量的关键因素；微信推文、软文、新闻稿，有"三一法则"之说，即"三分之一时间写标题、三分之一时间写开头、三分之一时间写正文"。

美国文案大师罗伯特·布莱在《文案创作完全手册》中列出了标题的4大功能：吸引注意、筛选听众、传达完整的信息和引导读者阅读文案内文。

【阅读材料】阅读量超过10万次"爆文"的产生过程

2. 标题的类型

标题按使用场合大致分为 4 种类型：广告标题、论坛帖标题、淘宝商品标题和文章标题，如图 2-9 所示。标题的类型不同，其作用也不同，写作要求也不一样。

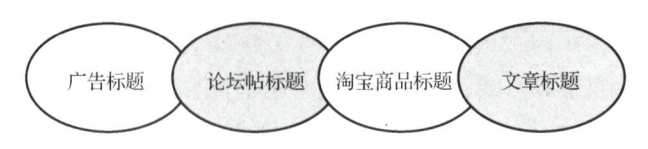

图 2-9 按使用场合进行的标题分类

1）广告标题

广告标题的作用有 3 种：突出最重要的广告信息，提示广告正文内容；引起受众兴趣，引导受众阅读（收听或收看）正文；直接引发消费者产生购买行为，起到直接促销的作用。

广告标题和新闻标题一样，可以有主标题和副标题之分。

2）论坛帖标题

论坛是一个网络交流、分享的平台，娱乐消遣是其主要功能。论坛是一个相对宽松的交流平台，因此人们对有趣的、好玩的、新鲜的事情更加敏感。论坛的特性催生了"标题党"的诞生。为了吸引眼球，论坛帖的标题相对来说会比较夸张。

3）淘宝商品标题

淘宝商品标题的作用是让商品排名靠前、获取搜索流量、提升店铺流量，从而促进商品成交。淘宝商品标题的字数、关键词数量、要不要加空格、多长时间需要修改等都有技巧。淘宝商品标题最主要的功能是便于搜索引擎的抓取，修辞手法和吸引力一般不会特别讲究，这是与文章类标题显著不同的地方。

4）文章标题

公众号推文、软文、新闻稿的标题都属于文章类标题。它们有着共同作用：最大限度地展现文章的特色和亮点之处，来吸引目标客户的阅读，实现作者想要达到的目标。

文章类标题该怎么写，我们从基础规范、结构设置、悬念设置和不做"标题党"4 个方面给出如图 2-10 所示的建议。

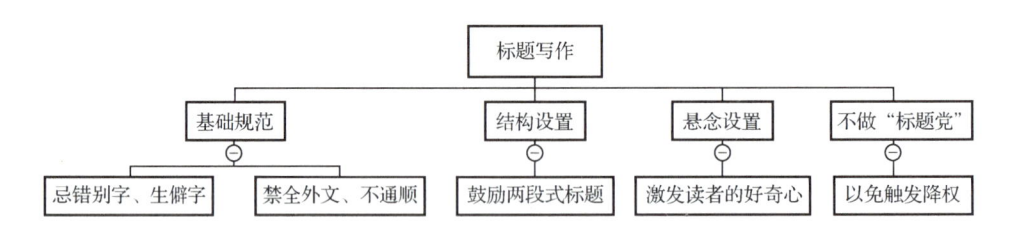

图 2-10 标题写作的 4 点建议

第一，基础规范方面不要有错别字、生僻字，不建议全篇外文，语言要通顺；
第二，结构设置方面鼓励两段式标题；
第三，建议设置悬念，以激发读者的好奇心；
第四，不要做"标题党"，以免触发降权。

3. 从新闻价值 5 个要素的角度来写文章标题

如何撰写文章标题，互联网上有非常多介绍攻略和技术的文章。这里以微信公众号文章的标题为例，从新闻价值 5 个要素的角度来分析和学习文章标题的写作。

1）什么是新闻价值

新闻价值是新闻事实本身所包含的、满足社会需求的素质的总和。

一个客观存在或发生的事实能否成为新闻，然后被传播，应该取决于两点：一是多大程度以及怎样的方式与公众利益相关联；二是能否满足人们的心理感官需求。在这里，公众利益既包括经济利益，也包括安全、公正、道德、荣誉、审美等社会文化利益。心理感官需求则是人们对事物的好奇、趣味等的心理满足。当然，心理感官需求不是猎奇，不是低俗、庸俗和粗俗，不是满足少数人需要的感官刺激。

为什么要从新闻价值 5 个要素的角度来写标题？新闻价值要素的研究是经过许多新闻学家的实践研究制定出来的，也是相对成熟和系统的标准方法，对于公众号推文写作有借鉴和指导作用。

2）新闻价值 5 个要素

新闻价值 5 个要素包括时效性、重要性、显著性、接近性和趣味性。新闻所包含的价值要素越多，新闻价值就越高。

（1）时效性。时效性包括客观事实发生的新近性、事实内容的新鲜性两个方面。

（2）重要性。重要性是指与人们利益的相关性，它包括两个方面内容：事实在客观上对受众的影响程度，受影响的受众数量的多少；事实对社会影响时间的长短，事实影响空间的大小。

（3）显著性。显著性是指考察事实本身要素的知名度。它包括 4 个方面内容：名人（人物的显著性）、名胜地点（地理的显著性）、著名集体、著名事件。

（4）接近性。接近性是指周围的事物与遥远的事物、自己利益相关的事物、同类型事物相比更能引起读者关注。接近性包括空间接近性、利益接近性和心理接近性 3 类。

（5）趣味性。趣味性是指事实具有普遍趣味、多元、多层次的特点。它包括 3 个方面内容：与人们利益的相关性；非常态的事实；有人情味。

【练一练】打开人民日报微信公众号，阅读最近阅读量 10 万＋ 的文章标题，找出其符合新闻价值 5 个要素中的哪几个。

_____

_____

4. 标题写作的"5 法 12 式"

从新闻价值 5 个要素的角度，我们总结出了标题写作的"5 法 12 式"，如图 2-11 所示。

1）标题写作的时效性法则

（1）时效性法则之热点事件式。标题结合最新的热点事件，不仅具有时效性，还能吸引大众对热点事件的关注，提高文章的打开率和转发率。

【示例】"刚刚，沙特王储被废了"，新华社微信公众号曾发布了以此为标题的文章。微信推出 10 分钟后点击量就突破 10 万＋，发布仅 36 个小时便收获了 800 万点击量，转发量近 50 万。"刚刚＋一件最新发生的事"，这成了一些微信公众号报道具有时效性新闻的一种标配，"刚刚，首金诞生！""刚刚，太空飘来 4 个字""刚刚，开幕式旗手公布！""刚刚"这种形式的文章经常见之于新华社微信公众号。

```
                    标题写作的
                    "5法12式"
    ┌───────────┬───────────┼───────────┬───────────┐
 时效性法则   重要性法则   显著性法则   接近性法则   趣味性法则
    │           │           │           │           │
 ┌热点事件式  ┌利益相关式  ┌借名人名企式 ┌地理接近式  ┌探秘式
 │           │           │           │           │
 └最新节假日式└对比显示式  └数字式      ├利害接近式  └俏皮式
                                     │
                                     ├思想接近式
                                     │
                                     └感情接近式
```

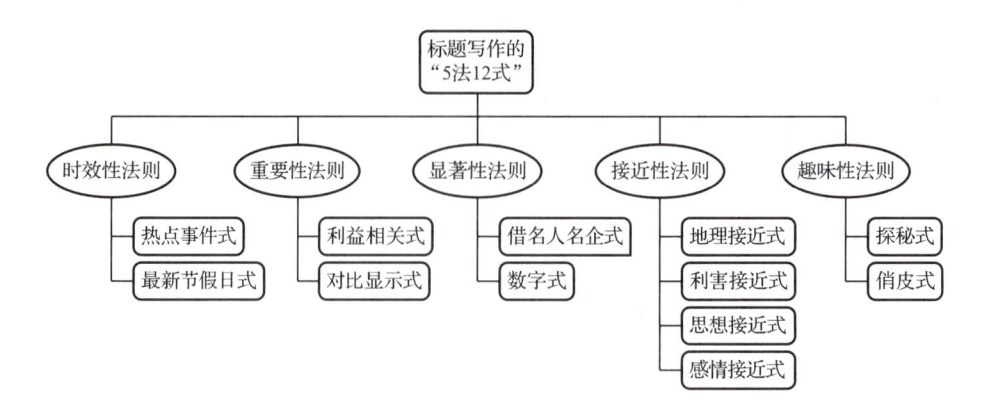

图 2-11 标题写作的"5 法 12 式"

（2）时效性法则之最新节假日式。标题结合节假日活动的内容，也能吸引受众对活动的关注，提高文章的打开率和转发率。

2）标题写作的重要性法则

（1）重要性法则之利益相关式。标题提醒读者：读文章有福利，能够让用户获取经验、干货和好处，这篇文章能解决什么问题，能给用户带来什么样的利益。让用户觉得这篇文章对他很重要。

【示例】"3 分钟教会你 3 年没学会的，免费送 100 套绝美 PPT 模板""5 000 本电子书免费送，从热门到经典，你值得收藏""懒人福利（1）：有了这 700 多份简历模板，你还怕求职？""懒人福利（2）：有如此厉害的模板库，你还怕做 PPT？"等。

（2）重要性法则之对比显示式。标题以某方面的差异为基点，通过数字对比、明显矛盾体的对比及与常识相违背来制造冲突，突出事件或文章的重要性，吸引目标客户阅读。

【示例】在标题"月薪 3 000 与月薪 30 000 的文案的区别"中，月薪 3 000 和月薪 30 000 是一个很好的对比，起到了一种冲突的作用。差别究竟在哪里？既勾起了读者的好奇心，又暗示了文章里面有干货内容，阅读量 10W+ 就不足为奇了。

3）标题写作的显著性法则

（1）显著性法则之借名人名企式。名人效应，即每个人或多或少对名人有崇拜的心理，所以当标题上出现名企、名校、名人等字眼时，自然会吸引读者打开。这种以名人名企为背书的文章标题，转化率都比较高。

【示例】借名人式的标题示例如图 2-12 所示。从修改前标题上看，经常会看到这样的标题，有点麻木，随便搬过来似乎谁都可以称为"大佬"。修改后换上一些真正的"大佬"，许多人看到这些名字已经产生了兴趣，这就是识别度。

借用名企式的标题如图 2-13 所示。修改前的标题看似高大上，但没有吸引力，很多公司容易犯这样的错误，自己标榜自己有多牛没有用。修改后利用了知名企业（谷歌），大家都知道谷歌已经很牛了。但是，这家企业可以超越谷歌，大家就会好奇它有什么本事，从而提高文章的点击率。

图 2-12　借名人式的标题　　　　　图 2-13　借用名企式的标题示例

（2）显著性法则之数字式。数字，能够让人觉得文章的有效信息含量高，而且迫切想知道到底是哪几点，它能够帮助读者提炼、总结干货，激发他们打开文章获取有价值信息的欲望。另外，数字和汉字有明显的区别，适当使用数字可以在视觉上造成冲击，识别度高，更能够吸引读者的目光。

【示例】数字式标题示例如图 2-14 所示。

举例一：修改前很普通，缺乏吸引力，修改后吸引受众的原因有两点：一是有具体受贿的金额，用点钞机点钞，对前面的金额有无穷放大的效果。二是金额大到可以烧坏点钞机，这一点用户可以用来当作互相调侃的梗，有利于这个话题的传播。

举例二：大家都知道房子有时候 2～3 个月卖不掉都很正常，24 小时就能卖掉让这件事看起来很轻松，这都是数字带来的视觉冲击力。

图 2-14　数字式标题示例

4）标题写作的接近性法则

如何拉近与目标客户的距离？可以从 4 个角度去思考并尝试：地理接近式、利害接近式、思想接近式和感情接近式。

（1）接近性法则之地理接近式。对于读者来说，一般首先关注自己熟悉的区域发生的新闻，即对所在地区熟知的人和事发生的新变化感兴趣，这就是新闻学讲的接近性，心理学称这种现象为求近心理。在地理空间上接近的事情更容易引起普遍兴趣，这是因为身边的事情可能更直接受到影响，更容易受到感染，更具有亲切感，并且往往有更多亲身参与其中的机会。

【示例】"过年回到四川，我的画风都变了。"不管有没有广告，四川人的阅读率必定是最高的，因为接近而好奇，因为接近而亲切。

（2）接近性法则之利害接近式。任何一篇好的文章，都会传递许多有价值的信息，这就需要选择用户最关心的那个痛点呈现在标题上。

【示例】利害接近式标题示例如图 2-15 所示。

修改前	中国首富向银行心脏插刀,银行破产模式开启
修改后	打劫!中国首富向银行心脏插刀,银行破产模式开启,我们的钱……

图 2-15 利害接近式标题示例

点评:修改前给人的感觉像是普通的新闻,设想如果人们存钱,最关心的是什么?会关心自己的钱会怎么样。修改后,利用了大家这种关心自己的钱的心理,用了省略号,吸引用户想打开看看结果会怎样。

(3)接近性法则之思想接近式。标题表达的思想观点一致,更能引起受众的共鸣。标题的接近性法则之思想接近式,正是利用思想观念趋同性的特点,提高文章的打开率和转发率。

(4)接近性法则之感情接近式。对标题表达的感情抱有高度认同感,以"代言人"的方式,接近读者的感情。

【示例】"我为什么笑得这么甜,因为生活太'特么'苦了"——乐观是有方法论的。文章介绍了 13 种乐观的方法后,总结出"所有乐观的人都爱笑",接着话题引出"笑出强大是这一季某口香糖倡导的自信生活态度",完成口香糖产品的广告植入。

5)标题写作的趣味性法则

(1)趣味性法则之探秘式。看到这样的标题,读者会很好奇,很想点击进去获知答案。如果内容能够引起读者窥探私密的欲望,他们一般会更愿意作为传播源,向别人传播文章。怎样撰写探秘式标题呢?

【示例】"90% 的女人都无法拒绝一种男人",什么样的男人会有如此大的魅力?作者讲了自家先生的故事,分析出世界上两种男人的特征:一种是顾家型;另一种是事业型。选了顾家型就不能要求他事业上有多大成就,选择了事业型就不要指望他常在家陪你。引出微博热搜话题"寻夫启事"、报纸头版刊登顾太太的"寻夫启事"的趣事。其实,这些都是"顾家"品牌"全民顾家日"的活动,该广告的植入也是推广的一部分。

(2)趣味性法则之俏皮式。俏皮式标题的特点是通过有趣、活泼、流行的词语吸引眼球。

【示例】原标题:"为什么你的 PowerPoint 没有吸引力";修改后:"为什么你的 PowerPoint 既没 Power 也没 Point"。

点评:把 PowerPoint 拆成"Power"和"Point",用来代替"吸引力"的表达,更加让人值得玩味。

任务实训

【实训1】参考 P32 页阅读材料"把 1 000 句文案装进脑袋",对照文案用词技巧 7 种法则,各找出 3 个例句,并填写在如表 2-3 所示的表格中。

表 2-3 用词技巧及相关案例

用词技巧	案 例
用名词 释放事物自身能量	

续表

用词技巧	案　例
用动词让广告创意动起来	
用人称代词拉近距离	
用副词或介词加强语气	
改变词性增加陌生感	
改变词义增加新鲜度	
重组词组增加戏剧性	

【实训2】用思维导图软件画出标题写作"5法12式"的思维导图（截图提交）。

【实训3】关注人民日报和学校共青团的微信公众号，分析其微信公众号标题采用了标题写作"5法12式"中的哪些方法，并每种方法找出两个案例，填写在如表2-4所示的表格中。

表2-4　应用"5法12式"的标题

5种方法	12种方式	标题名称
时效性法则	热点事件式	
	最新节假日式	
重要性法则	利益相关式	
	对比显示式	
显著性法则	借名人名企式	
	数字式	
接近性法则	地理接近式	
	利害接近式	
	思想接近式	
	感情接近式	

续表

5种方法	12种方式	标 题 名 称
趣味性法则	探秘式	
	俏皮式	

任务评价

评价类目	评价内容及标准	分值（分）	自己评分	小组评分	教师评分
学习态度	全勤（5分）	10			
	遵守课堂纪律（5分）				
学习过程	能说出本次工作任务的学习目标（5分）	40			
	上课积极发言，积极回答老师提出的问题（5分）				
	概述《广告法》中对于用词的规定；说出新闻价值的5个要素；从新闻价值的5个要素角度，描述标题写作的12种方法（10分）				
	能够借助工具软件画出标题写作"5法12式"思维导图；能够分析优秀标题所采用的方法；能够运用"5法12式"撰写文章标题（20分）				
学习结果	"任务实训"考评（50分）	50			
合　　计		100			
所占比例		100%	30%	30%	40%
综合评分					

任务2.3　组句技巧与推送消息写作

工作任务单

工作任务	组句技巧与推送消息写作		教学模式	任务驱动
建议学习	2课时		教学地点	一体化实训室
任务描述	本任务帮助小美掌握组句技巧及推送消息的写作方法			
学习目标	知识目标	➢ 概述文案句式使用的3个法则 ➢ 说出文案组句的6个技巧 ➢ 解释手机短信写作5个要求的背后原因		
学习目标	技能目标	◆ 能够分析优秀文案所采用的句式 ◆ 能够用FSCC法撰写文案 ◆ 能够遵循手机短信的5个要求撰写推送消息		
	素养目标	✓ 通过对国家相关管理规定的学习，培养遵纪守法的职业道德 ✓ 通过撰写手机短信的训练，培养精益求精的工匠精神		
实训目标	从句子使用法则的角度分析优秀文案；按手机短信写作的5个要求撰写推送消息			

项目 2　文案撰写基本技巧与应用

知识导图

组句技巧与推送消息写作
- 文案句式使用的3个法则
  - 听说大于读写
  - 具体大于抽象
  - 反差大于庸常
- 文案组句的6个技巧
  - 用简单句——追求简短明快
  - 用非主谓句——加强节奏感
  - 用陈述句——陈述产品的关键特点
  - 用疑问句——引起目标客户的关注
  - 用祈使句——定位关键使用场景
  - 用感叹句——表达特定情绪
- 推送消息的写作

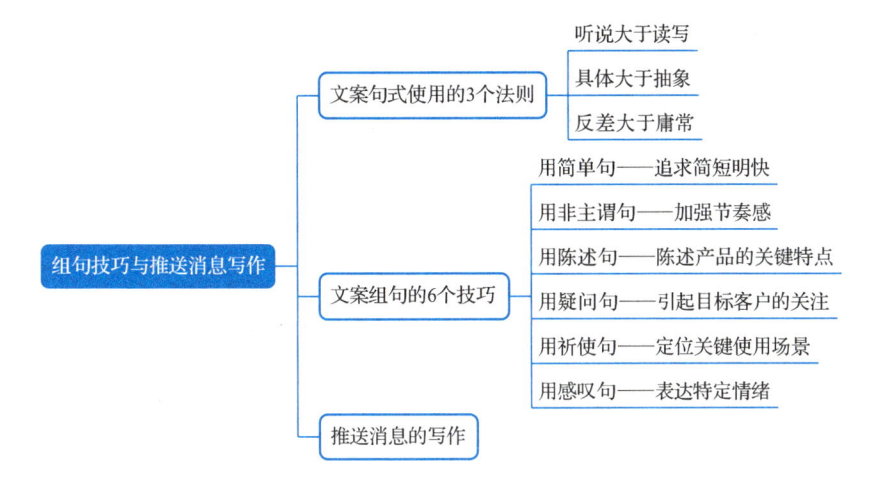

任务实施

【课前思考】在文案的组句中，是否需要主语、谓语、宾语、定语、状语、补语齐全？为什么？

_____

_____

_____

2.3.1　文案句式使用的 3 个法则

句子是具有一个句调、能表达一个相对完整意思的语言单位。按照结构来分，句子可分为单句和复句；按照用途和语气来分，句子可分为陈述句、疑问句、祈使句和感叹句。

如何有效地设计出"说人话""吸眼球""有人味"的文案，这里介绍好文案句式遵循的3 个法则：听说大于读写、具体大于抽象、反差大于庸常，如图 2-16 所示。

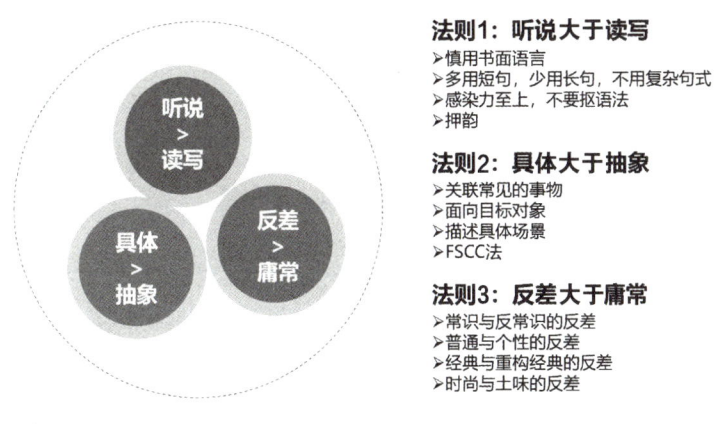

法则1：听说大于读写
- 慎用书面语言
- 多用短句，少用长句，不用复杂句式
- 感染力至上，不要抠语法
- 押韵

法则2：具体大于抽象
- 关联常见的事物
- 面向目标对象
- 描述具体场景
- FSCC法

法则3：反差大于庸常
- 常识与反常识的反差
- 普通与个性的反差
- 经典与重构经典的反差
- 时尚与土味的反差

图 2-16　好文案句式使用的 3 个法则

1. 听说大于读写

广告文案不是公文写作，公文写作要求用词准确、格式规范、结构严谨。广告文案是为了吸引注意力、达到沟通效果,进而说服消费者购买。所以,广告文案应该听觉化、口语化,好的广告文案能够口口相传。

如何达到口口相传效果?有以下 4 个要点:

(1) 慎用书面语言。好文案可以借用口头常用语言为自己品牌所用。

【示例】"大家好才是真的好""太好逛了吧""味道好极了""快到碗里来""不准不开心""他好我也好""谁用谁知道"等。

(2) 多用短句,少用长句,不用复杂句式。消费者喜欢简单的信息内容,讨厌复杂的信息内容。由于各种媒体广告的狂轰滥炸,消费者没有时间处理长篇累牍的信息,所以希望得到简单明了的内容。比如手机广告,品牌非常多,信息非常多,但让你印象深刻的有哪几个?如"为发烧而生""充电 5 分钟,通话两小时",因为简单而被广泛认知。

(3) 感染力至上,不要抠语法。为什么"今年过节不收礼,收礼还收脑白金"成为洗脑广告?有人认为后面一句话与前面一句话是相矛盾的。正因为这句话前后矛盾,更是最容易让人记住的。

(4) 押韵。押韵让文案读起来朗朗上口,易记好背。

【示例】"洗呀洗呀洗澡澡,宝宝金水少不了""人生没有白走的路,每一步都算数""最怕一生碌碌无为,却说平凡难能可贵""最美的不是下雨天,是曾与你躲过雨的屋檐""我吹过你吹过的风,这算不算相拥,我踏过你走过的路,这算不算相逢"……

2. 具体大于抽象

克劳德·霍普金斯在《文案圣经》里说:"对一个具体的声明人们通常会照单全收,对实际的数字人们通常也不会打折扣;当广告陈述的是具体事实时,其分量和效果都不言而喻。"

如何做到具体大于抽象?有以下 4 种办法:

(1) 关联常见的事物。文案表达要能够调动大多数人已有的认知系统,把熟悉的事物嫁接到不熟悉的事物上,就可以清晰地表达你的意图。

【示例】当要表达"这个美女真漂亮"时,可以说"这个美女长得跟×××一样漂亮!"(关联常见明星);说"这道菜真好吃"时,可以说"这道菜比五星级酒店厨师做的还要好吃!"(关联常态的认知);故宫的面积是 72 万平方米,数字很精确,但故宫到底有多大,我们还是没概念,如果我说"故宫的面积相当于 101 个足球场",很多人就有概念了……

(2) 面向目标对象。同一件事物,目标对象不同,说法也不一样。

【示例】同样是移动通信品牌,针对年轻人,突出年轻人的个性化,所以是"我的地盘听我的";针对的是讲究性价比的中年人,所以是"神州行,我看行";针对的是商务人士,广告语就是"我能"……

(3) 描述具体场景。"场"即是场合、"景"即是情景、"感"即是感觉,场景感就是某个特定的场合、某些特定的情景带给受众的感受。

【示例】"一件免烫抗皱的衬衫",改写成有场景感的文案就是"一件不怕挤地铁的衬衫";马拉松上的横幅"加油,只剩 6 公里了",改写成有场景感的文案就是"还有 6 公里就可以发朋友圈了"……

(4) FSCC 法。FSCC 法中:F(From),是指信息源头,也就是你想通过文案展示什么内容;S(Scene),是指场景还原,即找到消费者使用这款产品的具体场景,然后把产品代入场景;C(Change),是指生活改变,即描述消费者在场景下使用产品对生活带来的改变;C(Copy),是指文案输出,将消费者的体验和改变用具体的文案表达出来。FCSS 法模型如图 2-17 所示。

项目 2　文案撰写基本技巧与应用

FSCC

From 信息源头　Scene 场景还原　Change 生活改变　Copy 文案输出

图 2-17　FCSS 法模型

【示例】在为某电池推出糖果装的文案中，品牌方要求针对年轻人宣传该电池的电力持久（这是信息源头），年轻人使用电池的场景有哪些？有体重秤、遥控器、玩具、收音机、鼠标等（这是场景还原），用了该电池会有哪些改变？体重秤、遥控器、鼠标等使用很久，都不用换电池（这是生活改变），最终的文案输出是："去年的游泳圈今年的马甲线，体重秤的南孚却一直没变""一节南孚把半个早教班的熊孩子都玩趴下了""遥控器里的南孚还没换，我却换了 3 个陪我看电视的人"。

3. 反差大于庸常

撰写反差文案的 4 个技巧：常识与反常识的反差，普通与个性的反差，经典与重构经典的反差，时尚与土味的反差。

（1）常识与反常识的反差。

【示例】"1 节更比 6 节强""鞋子有 342 个洞，为什么还防水？""我的枕头是巧克力馅儿的"……

（2）普通与个性的反差。品牌都想与众不同，品牌都想有自己的个性特征。

【示例】"我不要你觉得，我要我觉得""要做就做出头鸟"……

（3）经典与重构经典的反差。中外名著、知名作品、文化 IP，这些"经典"有它们固有的时间、人物、情节以及寓意，在人们心中留下了深刻久远的印象。

【示例】皇帝是严肃的，但故宫文创的皇帝也开始卖萌，让故宫公众号逐渐演变成了一个长盛不衰的 IP；"大字报风""东北花布时尚风"的卫龙辣条海报，用童年时的经典画面展现当今促销主题，拉近了品牌与用户的距离……

（4）时尚与土味的反差。国民心中的老牌子与新潮品类相结合进行跨界与创新，既能吸引眼球，又能实现品牌年轻化。

【示例】老干妈卫衣出现在纽约时装周、大白兔和美加净联手推出奶糖味的润唇膏、"泸州老窖"牌定制香水、贵州茅台与瑞幸咖啡推出酱香拿铁……

2.3.2　文案组句的 6 个技巧

句子是语言运用的基本单位，它由词、词组（短语）构成，能表达一个完整的意思，如告诉别人一件事情，提出一个问题，表达要求、制止某种行为、表达某种感慨，表示对一段话的延续或省略等。句子与句子之间有比较长的时间停顿，它的结尾应该用上句号、问号、省略号或感叹号等。

句子从不同角度可以分为不同的类型。例如，按照结构来分，句子可分为单句和复句，单句又可分为主谓句和非主谓句；按照语气来分，句子可分为陈述句、疑问句、祈使句和感叹句。

● 陈述句：陈述句是用来陈述事实或表达说话人的看法的句子。它有肯定句和否定句两种形式。

● 疑问句：疑问句是用来提出问题或表示疑问的句子。

● 祈使句：祈使句是用来表示请求、命令、劝告或建议等语气的句子。

● 感叹句：感叹句是用来表示喜、怒、哀、乐等强烈感情的句子。

1. 用简单句——追求简短明快

广告文案的造句法则是一切从简单出发，使用简单句。简单句具有短而精、结构紧凑、表意明确的特点。句子有单句和复句，这里所说的简单句并不专指单句，也指简单的或省略的复句。

最失败的文案是"主谓宾介副叹的地得"皆全。广告语体中，结构助词"的""地""得"和动态助词"着""了""过"出现的频率低。此外，介词和连词等虚词在现代汉语的广告语体中出现的频率也是很低的。

文案人员在创作广告文案时，多使用祈使句式，在句子结构上多选择单句，即便使用复句结构，也是句式简短的复句，力求运用简短明快而又言简意赅的词语，达到高效快捷、经济实用的目标。

【示例】"寻寻寻,寻找工作;招招招,招聘人才"（某招聘求职网）——结构对称,整句排列,语音和谐,利用节奏韵律使之简洁明快,表明求才若渴的急迫。

2. 用非主谓句——加强节奏感

非主谓句简短、突出，读起来既有很强的节奏感，还便于人们记忆。而且语气强烈、突出，能吸引受众的注意力，唤起受众的记忆。同时，它也符合广告语简洁的特点，尤其在利益主张与励志型的广告语中，更是惜字如金。

【示例】"我能""我就喜欢""全世界都在看"……

3. 用陈述句——陈述产品的关键特点

陈述句以主谓结构和非主谓结构为主，直陈事实或直接回答问题，以肯定或否定的句式来体现说话者的态度与感情色彩。广告语中陈述句一般很少带语气词，一般多用肯定式陈述句式，表达肯定态度和感情倾向的事物，体现企业的自信，目的是让人信服其企业的实力和产品的质量。

【示例】"充电5分钟,通话2小时""太平洋保险保太平""乐百氏纯净水,27层净化""总有新奇在身边""为发烧而生"……

4. 用疑问句——引起目标客户的关注

疑问总能引人注意，疑问的力量来自人类的好奇心。广告文案中设问疑问句用得比较多。设问疑问句是无疑而问，自问自答，目的在于强调，引起受众好奇心并获悉答案后加深印象。

【示例】"最高的那座山在哪里？在你的心里""好看,是什么？好看,是镜子说的;好看,是喜欢的人说的;好看,是全世界说的;好看,不用别人说;好看,就是喜欢自己。我好看,世界才好看！"……

5. 用祈使句——定位关键使用场景

广告文案中用表示请求的祈使句比较多，以直接倡导某种活动，让人不用思考就知道该怎么做。

【示例】"小困小饿,喝点香飘飘""怕上火,就喝王老吉""经常用脑,多喝六个核桃""要旅游，找途牛""吃完喝完,嚼益达"……

6. 用感叹句——表达特定情绪

感叹句独特的情感渲染、加强语气的作用也常在广告文案中得到发挥。感叹句突出的标志是感叹词，在需要感叹的地方把惊奇、赞叹、愉快等语气模拟出来。

【示例】"味道好极了""就是这个味""太好逛了吧"……

2.3.3 推送消息的写作

【想一想】

假如一篇好文章，你想让大家看到；节假日的促销活动，你想让大家参与；新产品上市，你想让大家关注；订单的交易进度，你想让客户随时了解……该如何做？手机是大家用得最多的通信工具之一，如何通过手机把这些信息传递给目标用户呢？

我们可以在自己的官方微博、微信公众号、官方网站、官方网店、商城、小程序、抖音与快手等平台发布信息，这些是免费的；也可以投放直通车、钻展、竞价排名、信息流广告、视频广告，这些是付费的；也可以通过明星、带货主播进行直播，这些也是要付费的。还有一种主动免费的方式，即利用已经购买过的客户手机号或邮箱，直接用短信、邮件或H5的方式，将信息发送给目标用户。这里我们以发送手机短信为例进行讲解。

在电子商务企业中，将发货资讯、最新产品信息或促销活动信息，通过手机短信的方式发送给目标用户，是提升服务质量、增加用户复购率常用手法。手机短信的红点提示功能，能够吸引用户点击。因此，手机短信虽然需要支付一定费用，但其主动触及率是非常高的。

电商大促活动期间，如"6·18""双十一""双十二"，我们的手机短信也会多起来。京东、当当等电商平台都在利用手机短信发送促销活动信息。

撰写有吸引力、用户愿意查看的手机短信，也是电子商务企业文案人员日常工作的内容之一。

如何撰写有吸引力的手机短信？有如图2-18所示的5个写作要求。

手机短信写作要求

1. 控制在70个字符以内
2. 固定前后格式
3. 开头一鸣惊人
4. 卖点最多2～3个
5. 附上活动信息入口，鼓励行动

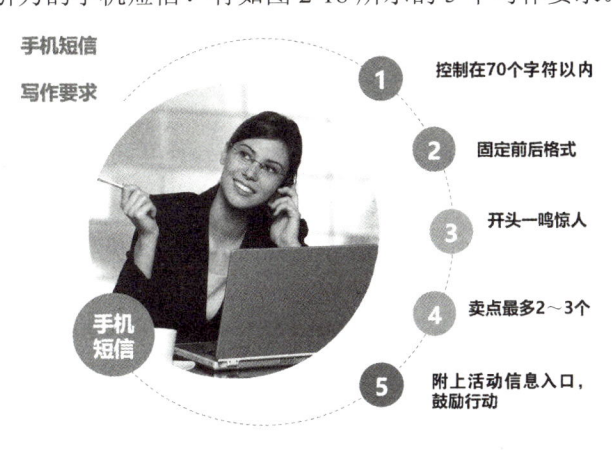

图2-18 手机短信的写作要求

1）控制在 70 个字符以内

短信的字数限制一般是 70 个字符（含标点符号）以内，超过 70 个字符就被视为长短信。短信的字数不同，其收费标准也不一样。因此，能在 70 个字符内说清楚的信息，最好精简为一条短信，可以节约成本。

2）固定前后格式

【想一想】两条手机短信示例如图 2-19 所示，试比较这两条手机短信的格式有什么不同？

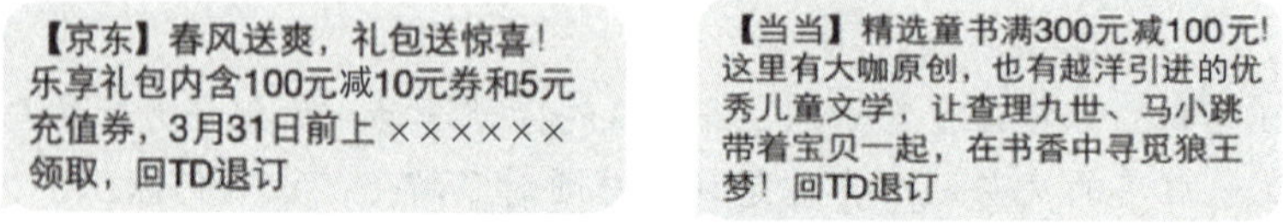

> 【京东】春风送爽，礼包送惊喜！乐享礼包内含100元减10元券和5元充值券，3月31日前上××××××领取，回TD退订

> 【当当】精选童书满300元减100元！这里有大咖原创，也有越洋引进的优秀儿童文学，让查理九世、马小跳带着宝贝一起，在书香中寻觅狼王梦！回TD退订

图 2-19　两条手机短信示例

_____
_____
_____

这两条手机短信，开头都用实心中括号标识广告主，告诉大家你是谁，结尾用"回 TD 退订"字样。发送短信时，最好以商家名称开头。这样，你的收件人才不会将短信混淆为垃圾短信。

结尾为什么要用"回 TD 退订"字样？因为按照《通信短信息服务管理规定》"第二十条 短信息服务提供者、短信息内容提供者向用户发送商业性短信息，应当提供便捷和有效的拒绝接收方式并随短信息告知用户，不得以任何形式对用户拒绝接收短信息设置障碍"。同样，广告邮件也必须在标题上注明"AD"字样。

3）开头一鸣惊人

发送营销短信的首要目的是吸引客户、留住客户，甚至是吸引一些潜在客户。在客户时间和精力有限的前提下，必须在开头吸引客户的注意力，以便让他们看下去。根据目前短信的过滤规则，若主题含有"免费""派送""优惠"等字样，很容易被判定为垃圾短信。"亲，1 亿红包雨正在进行中""亲，预售先行，5 折封顶包邮""精彩礼品'送'不停"这类短信标题，虽然是格式套路，但还是能够吸引大多数客户阅读。

4）卖点最多 2～3 个

短信本身字符有限，在信息量和目标客户注意力有限的前提下，与其大而全，不如小而美，把目标客户最关注的内容提炼出来，重点阐述，比面面俱到更能吸引读者。一条短信最好用 70% 的文字来诉求一个卖点。

5）附上活动信息入口，鼓励行动

短信附上活动信息入口，可以是活动平台的网站地址、公众号的跳转链接或电话号码等，提示他们下一步做什么。通过访问网站或拨打电话，他们可能会购买你的产品或服务。如果是举办活动的计划，他们也可以通过网址链接来了解更多详细的内容，或者进入指定链接完成相关操作。

【找一找】请分析如图 2-20 所示的手机短信中存在哪些问题，你能找出几个来？如何进行修改？

> 细节成就完美！晶城，处南城新中心，拥有超高的赠送，公寓可变一房，一房可变两房，更有东莞首个花园小户社区，1200元/M2包豪斯艺术精装，热线2319××××

图 2-20　手机短信示例 1

该短信至少存在以下 7 个方面的问题：
- 逻辑差，读起来不上口、沟通力弱；
- 开头语句与内容关联度小且吸引力不够；
- 主张不明，记忆点不清晰；
- 废话过多，不够精简；
- 符号"M2"不妥，传播受限；
- 没有标明退订方式；
- 超出了 70 个字符。

修改后的手机短信示例 2 如图 2-21 所示。

> 【晶城】不可思议！小户也可规划一家人的幸福，一房变两房，两房变四房，2.13倍超高赠送。东莞首个花园小户2319××××。回TD退订

图 2-21　修改后的手机短信示例 2

你修改的短信：

_____
_____
_____

【想一想】在如图 2-22 所示的 4 条手机短信中，从手机短信的 5 个写作要求来看，哪条写得最好？哪条需要进行修改？该如何修改？

> 【汤臣倍健天猫旗舰店】超级品牌日胶原软骨素礼盒立省190，低至73/瓶，送一周营养盒！速抢→s.tb.cn/×××谨防错过拒D
>
> 【度小满】经审核，您预审批额度已于今日由112000元调整为188000元，只限今日，点工单 i0a.cn/××× 激活，退回T
>
> 【京东】提醒：您的满8.01减8话费券已到账，点击3.cn/1-××× 领取，不领1天即将过期。回复BK退订
>
> 【大麦网】开春遇喜事，女婿上门来！2月25-26日，开心麻花爆笑家庭喜剧《婿事待发》为你开启虎年的欢乐。https://c.tb.cn/ ×××。如有疑问，可通过大麦App-我的-在线客服联系我们 回T退订

图 2-22　手机短信示例 3

_____
_____
_____

任务实训

【实训1】参考 P32 页阅读材料"把 1 000 句文案装进脑袋"文章，对照文案句式使用的

3个法则,各找出3个案例填入如表2-5所示的表格中。

表2-5　文案句式使用法则案例表

文案句式	案　例
听说 ＞ 读写	
具体 ＞ 抽象	
反差 ＞ 庸常	

【实训2】用FSCC法则按信息源头、场景还原、生活改变、文案输出的过程,撰写两则广告文案,完成表2-6的填写。

表2-6　FSCC法则表

信息源头	场景还原	生活改变	文案输出
洗衣粉去污力强			
来××学电商好			

【实训3】根据如图2-23所示的一条售楼信息广告撰写一条手机短信,要求开头一鸣惊人、固定前后格式、卖点最多2～3个、控制在70个字符以内、有电话和案名。

> 一销售后期项目,为加快尾货销售,现特拟推"一口价"特价房源3套,总价最高可优惠至66万七千元,周六日第一套成交者更有大礼包免费取。另,为配合现场气氛,特推出到场即可品巴西烤肉的活动!

图2-23　一条售楼信息广告

你撰写的手机短信:

_____

_____

【实训4】按照手机短信的撰写要求,改写如图2-24所示的手机短信。

项目2 文案撰写基本技巧与应用

> 【广东农行】农行送你最特别的"女神节"礼物——即日起至2024年3月31日，登录农行掌银App信用卡-福利中心-浓情相伴，免费领取资格券，报名成功后当月内通过微信、支付宝、京东、苏宁、美团当笔消费满18元最高返666元，随机返现，每天可享受1次。参与活动请速戳链接【5gd.cn/×××】，更多详情见活动参与界面。如不需此短信，回复qx1

图 2-24　手机短信示例 4

你改写的手机短信：

_____

_____

_____

【实训5】用"具体大于抽象"或"反差大于庸常"法，描述你对女神或男神的印象。

_____

_____

_____

任务评价

评价类目	评价内容及标准	分值（分）	自己评分	小组评分	教师评分
学习态度	全勤（5分）	10			
	遵守课堂纪律（5分）				
学习过程	能说出本次工作任务的学习目标（5分）	40			
	上课积极发言，积极回答老师提出的问题（5分）				
	概述文案句式使用的3个基本原则；说出文案组句的6个技巧；解释手机短信写作5个要求的背后原因（10分）				
	能够分析优秀文案所采用的句式；能够用FSCC法撰写文案；能够遵循手机短信的5个写作要求撰写推送消息（20分）				
学习结果	"任务实训"考评（50分）	50			
合　　计		100			
所占比例		100%	30%	30%	40%
综合评分					

任务 2.4　修辞技巧与文案金句写作

工作任务单

工作任务	修辞技巧与文案金句写作		教学模式	任务驱动
建议学习	2 课时		教学地点	一体化实训室
任务描述	本任务帮助小美从修辞角度分析优秀文案成功的原因，并学会仿写文案金句			
学习目标	知识目标	➢ 说出文案采用的修辞手法 ➢ 说出常用的文案金句所采用的句型		
	技能目标	◆ 能够分析优秀文案所采用的修辞手法并仿写文案 ◆ 能够分析文案金句句型并仿写金句		
	素养目标	✓ 通过修辞格的学习，了解中文的魅力，树立中国文化博大精深的文化自信 ✓ 通过优秀文案修辞剖析，培养精益求精的工匠精神		
实训目标	用修辞手法仿写文案			

知识导图

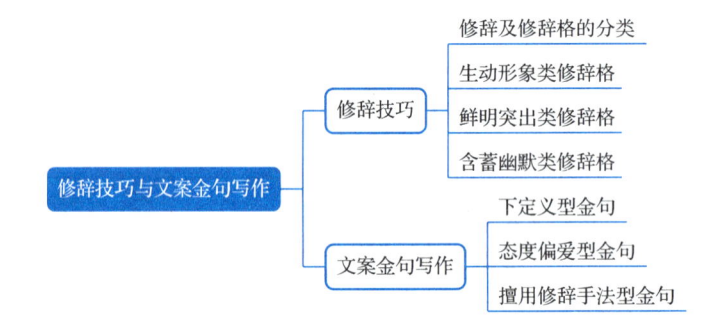

修辞技巧与文案金句写作
- 修辞技巧
  - 修辞及修辞格的分类
  - 生动形象类修辞格
  - 鲜明突出类修辞格
  - 含蓄幽默类修辞格
- 文案金句写作
  - 下定义型金句
  - 态度偏爱型金句
  - 擅用修辞手法型金句

任务实施

【课前思考】在你的印象中，哪个商家的广告给你印象最深刻？你能说出该商家的广告语吗？你觉得该广告语是金句吗？

_____
_____

2.4.1　修辞技巧

1. 修辞及修辞格的分类

在这个浩如烟海的信息世界中，如何让一则广告引起受众的注意并产生传播效果呢？修辞技巧提供了一种有效的解决办法，它使广告语变得更生动、更形象、更易于接受。

项目 2　文案撰写基本技巧与应用

修辞是指修饰文字词句，即运用各种表现方式，使语言表达得准确、鲜明而生动有力。修辞的方法主要包括比喻、夸张、排比、对偶、反复、设问、反问、引用、对比、借代、反语等。修辞的本义就是修饰言论，也就是在使用语言的过程中，可以利用多种语言手段，达到尽可能好的表达效果的一种语言活动。修辞的目的在于加强词语的感人效果。运用修辞格，能增强语言的表达力。每一种修辞格，都有它特定的表达作用。恰当地运用修辞格，可以使语言生动活泼、富有形象感，可以变抽象为具体、深奥为浅显，可以抒发爱憎分明的强烈感情，可以造成匀称和谐之美，可以创造特定的气氛、增强语言的音乐性等。

修辞格也称语格、辞格等，是指为提高语言表达效果而运用的修饰描摹的特殊方法。它是人们在组织、调整、修饰语言，以提高语言表达效果的过程中长期形成的具有特定结构、特定方法、特定功能，为社会所公认，符合一定类聚系统要求的语言模式。修辞格的运用能够显著增强语言的表达效果，使语言更为生动有力，富有感染力。在文学、演讲、广告等各种语言活动中，恰当运用修辞格，可以更好地传递信息，引起读者的共鸣，达到预期的表达目的。

陈望道在《修辞学发凡》一书中，将常用的修辞格依据其主要表达功能和突出的修辞效果分为3大类，如表2-7所示。下面仅对主要的修辞格加以说明。

表 2-7　修辞格依据表达功能和效果的分类

类　　别	修辞格举例
生动形象类	比喻、比拟、借代、夸张、换算
鲜明突出类	对偶、对比、衬托、排比、层递、反复、设问、反问
含蓄幽默类	双关、反语、拈连、仿词、移就、通感、顶真、回环、婉曲、引用

2. 生动形象类修辞格

1）比喻

比喻就是"打比方"，是根据两种不同性质的事物之间的相似之处，用一种事物来比作另一种事物的修辞手法。广告创意强调的"旧元素、新组合"和"相关性"，在执行上大多表现为本体与喻体的关系。因此，比喻在广告创意中较为常用。

广告中使用比喻修辞手法，可以使产品和利益点生动形象，使抽象的广告信息变得更具体，化冗长为简洁，使平淡变得幽默、诙谐，非常适合以感觉、感情等抽象事物为诉求重点的广告创作。

比喻分为明喻、暗喻、借喻、博喻 4 种。

使用比喻辞格时，需要注意的是本体和喻体两者要具有相似点；句子内容贴切易懂、新颖独特、契合产品的特色。

【练一练】以下文案，采用的是哪一种比喻？

春节是成年人的儿童节（网易云音乐）；

堆成山的瓜子皮，是春节的聊天记录（三只松鼠）；

孤独，跟关节炎一样痛（敬老公益广告）；

雨是最寻常的，一下就是三两天，可别恼！看，像牛毛，像花针，像细丝，密密地斜织着，屋顶上全笼着一层薄烟。

2）比拟

比拟就是把一件事物当作另外一件事物来描述、说明的修辞手法。比拟的修辞格是将人比作物、物比作人，或将甲物化为乙物。运用这种修辞格能收到特有的修辞效果：增添特有的情味；把事物写得神形毕现、栩栩如生；抒发爱憎分明的情感。

拟人修辞法就是把事物人格化，将本来不具备人的动作和感情的事物变成和人一样具有动作和感情的样子。

拟物修辞法包括两类：一是把人当作物来写，使人具有物的动作或情态；二是把甲事物当作乙事物来写。

广告所推广的产品往往是没有生命力、静止的事物，要想吸引消费者去购买，最好的办法就是让产品去引导消费者。

【示例】

"生命给了建筑表情""朝生活卖萌，它就朝你笑""让文字穿越光亮与黑暗"等。

【练一练】以下文案，采用了哪种比拟手法（拟人还是拟物）：

让好奇心不再孤单（知乎）；

时间从不回头，我们也只能硬着头皮往前走；

大宝天天见（大宝品牌广告）；

来泡我奥（奥利奥广告）。

比拟和比喻的区别：比喻比的是不同类的事物；比拟可以是拟人、拟物，是直接把人或物当作物或人来写。

3）借代

借代是指不直接说出要说的人或事物，借和它密切相关的名称去代替的修辞手法。被代替的人或事物叫作本体；用来代替的人或事物叫作借体。借体之所以能代替本体，是因为它们之间有密切的关系，这种关系是实在的，而不是想象的。

根据借体和本体的不同关系，借代可以分为下列几种：

① 特征代本体。即用借体（人或事物）的特征、标志，来代替本体事物名称。

② 具体代抽象。即用具体的、形象的、能给人以直观感受的事物代替可以被人理解的某种含义。

③ 部分代整体。每种事物都有最显著、最有代表性的特性，这部分最引人注意，人们就用这部分代替事物的整体。

运用借代，要注意以下几点：借体要有鲜明的代表性，让人一见就知道所代的本体事物，否则使人不知所云；当用形体特征代本体时，要注意感情色彩；借喻与借代是有区别的——借喻构成的基础是相似性，它要求喻体与本体有一点极其相似，而借代构成的基础是相关性，相关不一定相似，它只要求借体同本体有密切关系，互相关联即可。如"我们不生产水，我们只是大自然的搬运工"，用搬运工代替整个生产水的过程。

4）夸张

（1）夸张概念及作用。夸张是为了更突出、更鲜明地强调某些事物，在语言文字表达时特意对某些事物的形象、特征、作用、程度和数量等方面加以夸大、缩小到某种极致，或者在时间上加以篡改的一种修辞手法。

夸张可以对广告主题进行浓烈的艺术渲染，可以突出产品的特征、品质、功能或服务等，给受众留下强烈、深刻的印象，进而很快地认识并接受该产品。

（2）夸张的种类。夸张可分为扩大夸张、缩小夸张和超前夸张3种。

① 扩大夸张：故意把客观事物说得"大、多、高、强、深……"的夸张形式。

【示例】"根本停不下来"（某口香糖）、"网速太快请系好安全带"（某网吧广告）、"平时注入一滴水，难时拥有太平洋"（某保险公司广告）等。

② 缩小夸张：故意把客观事物说得"小、少、低、弱、浅……"的夸张形式。

【示例】"三十年过去了，弹指一瞬间"等。

③ 超前夸张：在时间上把后出现的事物提前一步的夸张形式。

（3）注意事项。

运用夸张修辞格要注意以下3点：

① 夸张不是浮夸，而是故意的、合理的夸大，所以不能失去生活的基础和生活的根据。要以客观事实为基础，不要无缘无故地故作夸张。夸张与浮夸有着严格区别：浮夸是违背客观事实，说假话，必须坚决反对；夸张是现实主义与浪漫主义相结合的一种修辞方式。夸张的真实性不在于表面的真实，而是在于反映出事物的本质。夸张的奥妙在于不似真实，又胜似真实。

② 夸张不能和事实距离过近，否则会分不清是在说事实还是在夸张。

③ 夸张要注意文体特征，如科技说明文、说理文就很少用甚至不用，以免歪曲事实。

5）换算

换算是一种形象化的修辞方法，具有明显的描绘功能。它可以把难以识别的或需要特别强调的数量，从人们的可接受性出发，加以形象化的转换，这种方法修辞上称为换算。换算在广告文案中出现较多。

换算，本来是数学上的定义，其内涵是"把某种单位数量折合成另一种单位数量"。如把某一长度单位的数量折合成千米、米、厘米、毫米……为单位的数量。数学上的换算在单位、数值上是固定的，序列上是系统的、对应的，而修辞上的换算只是临时所为。

【示例】"充电5分钟,通话2小时"（某手机广告）、"中国每卖10罐凉茶，有7罐加多宝"（加多宝）、"香飘飘奶茶杯子连起来可绕地球3圈"（香飘飘）、"100克，喝杯水都能感受的精准"（小米体重秤）等。

【练一练】文案不一定必须只用一种修辞手法，说说下面文案用了哪种或哪几种生动形象类修辞格。

这辆车开起来就像飞机一样快；

每个时代，都悄悄犒赏会学习的人；

这辆车能塞进10个人和5件行李。

3. 鲜明突出类修辞格

1）对偶与对比

对偶是把一对结构相同或相近、字数相等的句子或短语连接起来表达相似、相关或相对、相反意思的一种修辞手法。

【示例】"喝汇源果汁，走健康之路"（某果汁广告）、"肌肤与你，无尽可能，肌肤与你，越变越美"（某护肤品广告）等。

对比是把两种对立的事物或一种事物对立的两个方面放在一起互相比较的一种修辞手法。

【示例】"别让这个城市留下了你的青春，却留不下你"（某地产广告）、"故乡的娇子，不应是城市的游子"（某地产广告）、"你在的时候你就是一切，你不在的时候一切就是你"（某地产广告）、"过期的旧书，不过期的求知欲"（某旧书店广告）等。

对偶与对比的不同点如表2-8所示。对偶强调的是对称，对比强调的是对立；对偶是从结构上说的，对比是从意义上说的。

表 2-8　对偶与对比的不同点

辞　　格	定　　义	特　　点
对偶 （对仗）	把字数相等、结构相同（或相近）、内容相近、相反或相关的两个短语或句子对称排列在一起	使两方面的意思互相补充和映衬，形成鲜明的对照，加强语言的感人效果
对比 （对照）	把两种相反或相对的事物，或把同一事物的两个不同的方面放在一起加以比较、对照	使相反或相对事物的特征或本质突出出来，表现作者鲜明的态度情感

【练一练】说说下面的文案采用的是哪种修辞手法（对偶还是对比）？

门外世界，门里是家（央视公益广告）；

去哪里不重要，重要的是去啊（某旅游App广告）；

在家躺的是地板，出门躺的是地球（某户外广告）。

2）排比与反复

（1）排比。排比是用3个以上结构相同或相似、字数相等或相近的短语或句子来表达相关联意思的一种修辞手法。用排比来说理，可收到条理分明的效果；用排比来抒情，节奏和谐，显得感情洋溢；用排比来叙事写景，能使层次清楚、描写细腻、形象生动……总之，排比的行文有节奏感，朗朗上口，有极强的说服力，能增强文章的表达效果和气势，深化文章的中心思想。

【示例】"财旺 福旺 运气旺 / 人旺 气旺 身体旺 / 你旺 我旺 大家旺"（某食品贺年广告）等。

恰当地运用排比能够表达强烈奔放的感情、周密地说明复杂的事理、增强语言的气势和表达效果。运用排比必须从内容的需要出发，不能生硬地拼凑排比的形式。排比句读起来朗朗上口，有一股强大的力量，这样才能增强文章的表达效果。

广告文案中运用排比，应注意以下几点：

项目 2　文案撰写基本技巧与应用

① 排比的各项（词、短语、句子）应该大体上平行、独立、相称，有一定的逻辑关系和逻辑顺序，且互不包含、交叉。

② 要与广告内容密切相符。如果一味地追求形式，只会造成啰唆、重复和枯燥。

③ 要注意区分排比和对偶的区别。

排比与对偶的区别如表 2-9 所示。

表 2-9　排比与对偶的区别

比较项目	排比	对偶
对称性与平列式	3 个或 3 个以上语言单位（句子或短语），要求结构大体相似，字数要求不甚严格	两个语言单位（句子或句子成分），讲究对称
用词要求	经常以同一词语作为彼此的揭示语，使排体互相衔接，给人以紧凑、密集之感	对偶句上下两联是不重字
对仗	无对仗要求	以平仄对仗为佳

（2）反复。前后两句出现相同或类似的词，这种手法叫作反复。反复就是为了强调某种意思，突出某种情感，特意重复使用某些词语。反复的内容就是把关于本产品最重要的、最具长远性的和最具促销力的信息，在一再重复的强化中让人们接受和认可。

【示例】"你没事吧、你没事吧、你没事吧……没事就吃×××"（某食品广告）、"切入，切入，切入，借此切入乔丹的世界"（某香水广告）、"拼多多，拼多多，拼得多，省得多。拼就要就要拼多多，每天随时随地拼多多，拼多多！"等。

3）设问与反问

（1）设问。设问是为了强调某部分内容，故意提出问题、明知故问、自问自答的一种修辞方法。正确地运用设问修辞方法，能引人注意，启发思考；有助于层次分明，结构紧凑；可以更好地描写人物的思想活动；可以突出某些内容，使文章起波澜、有变化。

【示例】"最高的那座山在哪里？在你的心里""何以掌控？放手；何以升华？沉淀；何以犒赏人生？再上征程"等。

（2）反问。反问是用疑问的形式表达确定的意思，以加重语气的一种修辞手法。反问只问不答，人们可以从反问句中领会别人想要表达的意思。反问也叫激问、反诘、诘问。

【示例】"岂止于大"（手机广告）等。

（3）设问与反问的异同。

① 不同点有以下 3 种。

形式上：设问是先问再回答；反问是只问不答，但问题的答案却在句子之中。

作用上：设问主要是为了引起读者的注意，激发读者的兴趣；反问主要是为了加强语气，明确表达某种观点和思想感情。

句意上：设问不表示肯定什么或否定什么，只是一问一答的形式；反问则明确表示肯定和否定的内容，语气通常更为强烈。

② 相同点。设问和反问都是用问句的形式来表达的，都是没有疑问的。

【练一练】下面句子，主要采用的是哪种鲜明突出类修辞格（对偶、对比、排比、反复、设问、反问）。

嘴硬着跟你吵架，心软着给你炒菜（某厨具广告）；

你要相信，等过了这个坎，一切都会变好，超好，爆好，非常好，天天好，永远好，无敌好（某饮料广告）；

来者何人，你的人；

你的过去我来不及参与，你的未来我奉陪到底；

年年岁岁花相似，岁岁年年人不同。

---

4. 含蓄幽默类修辞格

1）双关

人们把在特定语境中使话语同时具有两层意思，表面有一层意思，实际上还有另一层意思的修辞手法称为双关。双关主要利用词语的谐音或多义性的特点构成，分为谐音双关、借义双关。广告语言中运用双关修辞，可以收到一箭双雕的效果：一方面幽默，饶有风趣；另一方面含蓄，更耐咀嚼，让受众在悟出双关之意时心理愉悦，从而对广告传递的信息心存好感。

（1）谐音双关。利用词的同音，有意使语句具有双重意义叫谐音双关。

【示例】"药材好，药才好"等。

（2）借义双关。利用词的同义，有意使语句具有双重意义叫作借义双关。

【示例】"人类失去联想，世界将会怎样？""最初的那些动力，不用加油，却陪你走了最久""喝口茶，解人生烦腻"等。

在广告中运用双关修辞格，应注意以下几点：

① 要处理好表里两层意义的关系。

② 不可滥用，用得恰当事半功倍，否则事倍功半。

③ 运用双关既要含蓄深刻，又不能晦涩难懂；既要生动活泼，又不能低级庸俗。

2）拈连与回环

拈连是指当甲乙两个事物连在一起叙述时，把本来只适用于甲事物的词语拈来用到乙事物上的修辞手法，又叫"顺拈"。运用拈连，可以使上下文联系紧密、自然，表达生动、深刻。

拈连修辞就是拈住前面的词，生动演绎后面的意义。拈连在广告文案中，可以加强上下句之间的联系，使广告文字显得一气呵成，也使目标消费者感到"移花接木"的情趣。

【示例】"从不预测未来，我们创造未来""过期的旧书，不过期的求知欲""为自己谈个好价钱，生活里再也不关心价钱""唯一的不同，是处处都不同"。

回环是指将两个字词相同而排列次序不同的言语片段紧密相连的修辞手法。回环修辞可以给人以循环往复的意趣，可以构建事物间相互依存、相互制约或相互对立的关系，可以使语句整齐匀称，还能揭示事物间的辩证关系，使语意精辟、严谨。

【示例】"痛则不通，通则不痛""普通的改变，将改变普通""伟大的对手，将成就对手的伟大"等。

3）通感

通感修辞格又叫"移觉"，就是在描述客观事物时，用形象的语言使感觉转移，将人的听觉、视觉、嗅觉、味觉、触觉等不同感觉互相沟通、交错，彼此挪移、转换，将本来表示甲感觉的词语移用来表示乙感觉，使意象更为活泼、新奇的一种修辞手法。

通感是一种有趣的修辞手法，它用文字的力量在人体内施展各种感观的"乾坤大挪移"，用于广告文案中很容易对消费者的感观造成强烈的冲击，使他们记住产品的利益点。

【示例】"一个心情盛开的地方""味至浓时是故乡""家在哪里,胃最知道"等。

优秀的文案,并不只用一种修辞手法,有时是多种修辞手法的并用。

【练一练】下面这些文案,采用了哪几种修辞手法?

这些歌比辣条还辣耳朵(某音乐平台广告);

世界上最重要的一部车,是爸爸的肩膀(某汽车广告);

小孩子才会仰天大哭,成年人会把哭调成静音,连崩溃也很懂事(某电影广告);

世界上有一种专门拆散亲子关系的怪物,叫作"长大"。

_____

_____

【找一找】凌丰作词的民谣《三两三》(部分),用了多少种修辞手法?

我把我那梦想卖了三两三,换来了灶台上的一日三餐。

熬一锅时间,嚼一口从前,我忽然想念自己曾经发光的少年。

我爬上了屋顶,给月亮递根烟,和你谈谈我是如何熬过的这些年。

曾胸怀天下,情长诗短,也曾想要带着她万水千山。

人生路漫漫,世道多艰难,感情就像按揭款,早晚都得还。

酌酒三两三,不敢笑流年,不敬岁月,不敬天,敬我的心酸。

_____

_____

【阅读材料】这180句惊艳文案,包含13种修辞手法!

2.4.2 文案金句写作

好的海报或传播量较大的文案,通常会有一个打动人心或有点小哲理的句子,这句话在海报中能立即引发读者关注,在全文中起到画龙点睛的作用,能够引发读者的共鸣或思考,这些一句让你印象深刻的话,可以称为金句。

知乎网友总结金句的定义:金句等于内容的总结,加上有节奏的语言,加上引发情绪共鸣。

文案金句包括3种主要类型:下定义型金句、态度偏爱型金句、擅用修辞手法型金句。

1. 下定义型金句

下定义是一种用简洁明确的语言对事物的本质特征进行概括的说明方法,在撰写下定义型金句时,就像是一个人在跟你分享他对于世界万物本质的理解,就是从一个角度看问题,由此形成的一句文案。

常用的句式有:"所谓……,就是……""所有的……,都是……""只有……,才能……""最……的,是……"。几乎所有名语,都能套用"所谓……,就是……"格式,加上你自己的看法,只要观点独特,就有很大概率成为金句;几乎所有的形容词,都能套用"所有的……，都是……"格式，加上你自己的理解，也有概率成为金句。

【示例】"所谓……，就是……"句式："所谓孤独，就是有的人无话可说，有的话无人可说"。

"所有的……，都是……"句式："所有的才华，都是码在指尖上的时间""世间所有的内向，都是聊错了对象"等。

"只有……，才能……"句式："只有那些疯狂到以为自己能改变世界的人，才能真正改变世界"。

"最……的，是……"句式："最美的礼物，是将这个世界呈现在孩子面前""最好的学区房，是家里的书房"。

2. 态度偏爱型金句

这类文案明确地说出自己的喜好和鼓励的行为，通常是批判一种行为，鼓励另一种行为。常用句式有"别……，去……""不是……，而是（只是）……""没有……，只是（是）……""走得出……，走不出……"。

【示例】"别……，去……"句式："别赶路，去感受路"等。

"不是……，而是（只是）……"句式："我不是天生强大，我只是天生要强""真正的财富不是你的口袋里有多少钱，而是你的脑袋里有多少东西""不是现实支撑了你的梦想，而是梦想支撑了你的现实""不是成功来得慢，而是你的努力不够狠""我们穿上防晒衣，不是因为害怕太阳，而是为了拥抱太阳"。

"没有……，只有（有）……"句式："没有人是工作狂，只是不愿意输""世上没有从天而降的英雄，只有挺身而出的凡人"。

"走得出……，走不出……"句式："走得出校园，走不出记忆""走得出世界的圈，走不出故乡的圆"。

3. 擅用修辞手法型金句

如果擅用修辞手法，往往能够创作出令人意想不到的金句。拈连是目前用得非常多的一种修辞手法。如何用拈连手法去创作一个金句文案呢？可以试试下面这3种方法：

① 相同名词的拈连。前后两句使用相同的名词，而且这个名字必须是关键词，且具有代表意义。

【示例】"没有到不了的地方，只有没到过的地方"（汽车广告）、"我没有背景，我就是我自己最好的背景"（某杂志广告）、"从不预测未来，我们创造未来"（汽车广告）等。

② 相同定语的拈连。用同一个形容词去形容两件事情，让两件事情具有相同的属性，前后的关系就更加紧密。

【示例】"改不了加班的命，就善待加班的胃"（某蒸箱）。

③ 带相同字的词语。不得不说，中国的文字很有趣。即便是两个不同意思的词语，只要带着相同的字，它们多少存在一定的联系。

【示例】"让欲望不再失望"（某网购平台）、"自律给我自由"（汽车广告）、"人生不是天生"（App广告）、"去征服所有不服"（汽车广告）等。

任务实训

【实训1】扫描二维码，阅读"100句惊艳文案"，找出运用各种修辞手法的案例并填写在表2-10所示的表格中，每种修辞手法找出3个案例（注：阅读材料中找不齐全的，可用广告文案替代）。

【阅读材料】100 句惊艳文案

表 2-10 修辞手法案例表

修辞手法	案　例
生动形象类之比喻	
生动形象类之比拟	
生动形象类之借代	
生动形象类之夸张	
生动形象类之换算	
鲜明突出类之对偶与对比	
鲜明突出类之排比与反复	
鲜明突出类之设问与反问	
含蓄幽默类之双关	
含蓄幽默类之拈连与回环	
含蓄幽默类之通感	

【实训2】指出下列文案金句,用了什么修辞手法。请以友谊、爱情、大学、社团、游戏为主题,仿写出一句来。

1. 波导手机,手机中的战斗机。

该文案采用的修辞手法:

你仿写的文案:

2. 没有到不了的地方,只有没到过的地方。

该文案采用的修辞手法:

你仿写的文案:

3. 你不去看世界,世界也懒得看你。

该文案采用的修辞手法:

你仿写的文案:

【实训3】用"所谓……,就是……"句式,表达你对大学、校园、友谊、学习的看法。

项目 2　文案撰写基本技巧与应用

任务评价

评价类目	评价内容及标准	分值（分）	自己评分	小组评分	教师评分
学习态度	全勤（5分）	10			
	遵守课堂纪律（5分）				
学习过程	能说出本次工作任务的学习目标（5分）	40			
	上课积极发言，积极回答老师提出的问题（5分）				
	说出文案采用的修辞手法；说出常用的文案金句所采用的句型（10分）				
	能够分析优秀文案所采用的修辞手法并仿写文案；能够分析文案金句句型并仿写金句（20分）				
学习结果	"任务实训"考评（50分）	50			
合　　计		100			
所占比例		100%	30%	30%	40%
综合评分					

67

项目 3 创意类文案撰写技巧

任务 3.1 广告文案写作

工作任务单

工作任务	广告文案写作		教学模式	任务驱动
建议学习	2课时		教学地点	一体化实训室
任务描述	学校准备招生，需要小美撰写一个招生广告文案。在撰写之前，小美需要了解广告文案的构成要素及写作技巧			
学习目标	知识目标	➢ 说出广告的定义及分类 ➢ 描述平面广告文案的4个要素 ➢ 说出广告文案写作的3种技巧		
	技能目标	◆ 能够按照广告文案写作的3种技巧，撰写广告文案		
	素养目标	◆ 通过公益广告制作，树立学以致用、服务社会的奉献精神		
实训目标	为学校无偿献血活动设计一则公益广告			

项目 3　创意类文案撰写技巧

知识导图

```
                    ┌─ 广告的定义及分类 ─┬─ 按传播媒介划分
                    │                   └─ 按传播内容划分
                    │
                    │                   ┌─ 广告标题
                    │                   ├─ 广告正文
广告文案写作 ──────┼─ 广告文案的构成 ─┤
                    │                   ├─ 广告口号
                    │                   └─ 广告附文
                    │
                    │                        ┌─ 将观点变成大量事实
                    └─ 广告文案写作的3种技巧 ─┼─ 将空洞的形容变成具体的细节描写
                                             └─ 将观点和专业术语转化为场景化表达
```

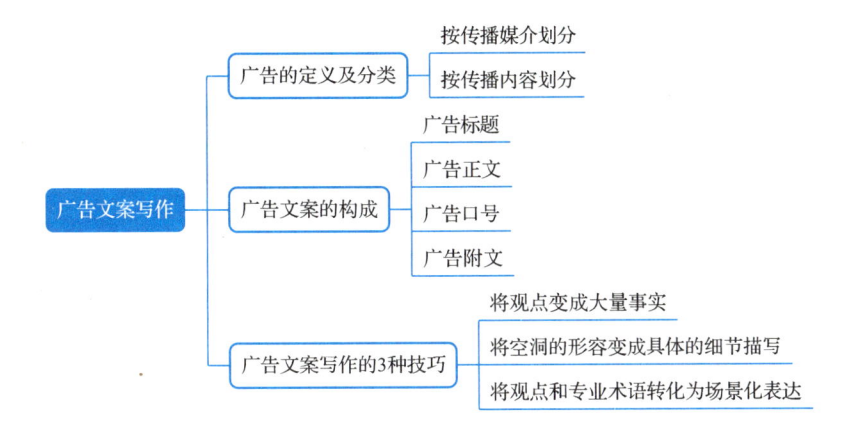

任务实施

【课前思考】你在学校里有没有看到过广告？这些广告主要由哪些要素构成？

_____

_____

3.1.1　广告的定义及分类

《广告法》对"广告"的定义：商品经营者或服务提供者承担费用，通过一定媒介和形式直接或者间接地介绍自己所推销的商品或者所提供的服务的商业广告。

硬广告（简称硬广）是相对软文而言的，是指直接介绍商品或服务内容的广告，一般通过刊登报刊、设置广告牌、在电台或电视台播出、在互联网上发布等方式进行宣传。我们通常所说的广告是指硬广。

广告按照传播媒介、传播内容可分为如图 3-1 所示的两类。

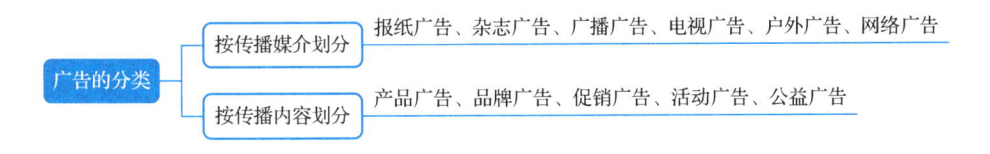

```
                ┌─ 按传播媒介划分 ─ 报纸广告、杂志广告、广播广告、电视广告、户外广告、网络广告
广告的分类 ────┤
                └─ 按传播内容划分 ─ 产品广告、品牌广告、促销广告、活动广告、公益广告
```

图 3-1　广告的分类

1. 按传播媒介划分

广告按传播媒介划分，可分为报纸广告、杂志广告、广播广告、电视广告、户外广告和网络广告，不同的传播媒介，对广告文案的要求是不一样的。

1）报纸广告

报纸广告是指刊登在报纸上的广告。它的优点是具有区域针对性，时效性强，制作简单、灵活；缺点主要是读者很少传阅，表现力差，主要通过静态图像和文字为载体传播。报纸广告文案结构较为标准，一般具有下列 4 个要素：广告标题、广告正文、广告口号和广告附文。

2）杂志广告

杂志广告是刊登在杂志上的广告。杂志可分为专业性杂志、行业性杂志、消费者杂志等。杂志广告具有针对性强、保留时间长、传阅者众多、画面印刷效果好等优点，深受奢侈品品牌的青睐。

3）广播广告

广播传递的是有声语言，因此，广播广告文案在创作时要适应收听要求。但广播属于非持久性媒介，属于告知性媒介，信息转瞬即逝，不易传达复杂的信息。因此，当进行广播广告文案创作时，要做到通俗易懂。

广播广告文案构成 3 要素：人声、音乐、音响。

广播广告文案的撰写要充分发挥汉语的丰富表现力，要让听众字字听得清，句句听得懂，使听众正确理解创意，这就必须要掌握有声语言与书面语言的差异。

4）电视广告

电视广告是一种经由电视传播的广告形式，它将视觉形象和听觉综合在一起，充分运用各种艺术手法，能直观、形象地传递产品信息，具有丰富的表现力和感染力。

电视广告文案由 3 部分构成：视觉要素、听觉要素与时间要素。在视觉要素中，主要包括演员、场景、道具、图形、字幕等；听觉要素即声音要素，与广播广告一样，包括人声、音乐和音响；电视广告的信息按照时间的轴线进行组织，先看到什么和听到什么，后看到什么和听到什么，完全由时间来决定。

电视广告文案通常采用分镜头脚本的形式，用脚本分出一个个可供拍摄的镜头，然后将分镜头的内容写在专用的表格上，成为可供拍摄、录制的稿本。

5）户外广告

户外广告是在建筑物外表或街道、广场等室内外公共场所设立的霓虹灯、广告牌、海报等形式的广告，包括汽车车身广告、候车亭广告、地铁站广告、电梯广告、高立柱广告、墙体广告、楼顶广告、霓虹灯广告、LED 显示屏广告等。户外广告面向的是所有公众，所以比较难以选择具体的目标对象。但是，户外广告可以在固定的地点长时期地展示企业的形象及品牌，因而对于提高企业和品牌的知名度是很有效的。

6）网络广告

网络广告亦称互联网广告，指的是利用网站、网页、互联网应用程序等互联网媒介，以文字、图片、音频、视频或者其他形式，直接或者间接地推销商品或服务的商业广告活动。

根据艾瑞咨询发布的《2023 年中国网络广告市场研究——垂直行业广告主投放调查》相关内容，按照广告投放的平台将网络广告分为电商广告、短视频广告、社交广告、搜索引擎广告等类型，2018—2025 年中国不同媒体类型网络广告市场份额占比如图 3-2 所示。

项目 3　创意类文案撰写技巧

图 3-2　2018—2025 年中国不同媒体类型网络广告市场份额占比

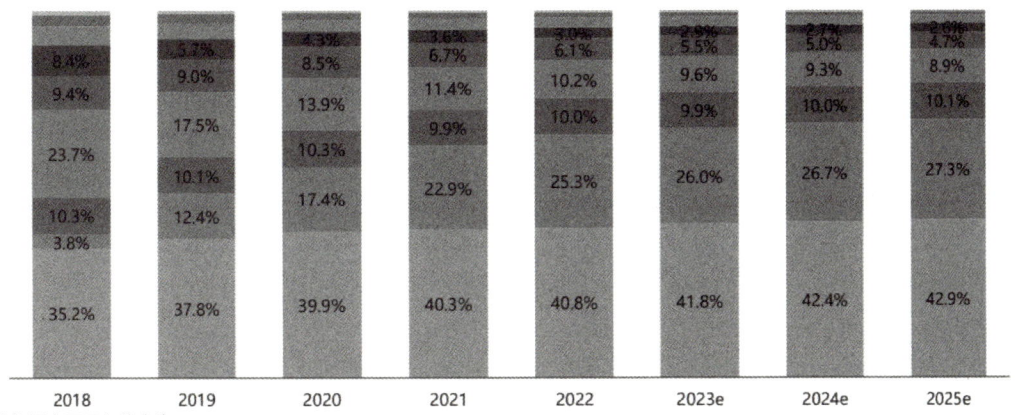

柱状图由下至上依次为：
■电商广告　■短视频广告（2018年新增）　■社交广告　■搜索引擎广告　■门户及资讯广告　■在线视频广告　■垂直行业广告　■分类信息广告　■其他

注释：1.搜索引擎广告包括搜索企业的所有广告形式；2.电商广告包括垂直搜索类广告以及展示类广告，例如淘宝、去哪儿及导购类网站；3.分类广告从2014年开始核算，仅包括58同城、赶集网等分类网站的广告营收，不包含搜房等垂直网站的分类广告营收；4.信息流广告从2016年开始独立核算，主要包括社交、新闻资讯、视频网站中的信息流品牌及效果广告等；信息流广告收入以媒体实际收入为准，未考虑企业财报的季节性波动而导致的收入误差；5.其他形式广告包括导航、电子邮件广告等。
来源：根据企业公开财报、行业访谈及艾瑞统计预测模型估算。

【阅读材料】2023 年中国网络广告市场研究——垂直行业广告主投放调查

2. 按传播内容划分

1）产品广告

产品广告是为了引导目标消费者去购买广告主的产品或服务而从事的广告，广告的对象可能是消费者或最终使用者，也可能是渠道成员。产品广告突出的是产品的特色与功能，以及带给消费者的利益，产品是广告中的主角。

2）品牌广告

品牌广告是以树立产品品牌形象，提高品牌的市场占有率为目的，突出传播品牌在消费者心目中的位置的一种广告形式。品牌广告不一定出现产品，既可以是品牌口号，也可以是品牌形象代言人。

3）促销广告

促销广告是指直接向消费者推销产品或服务的广告形式。促销广告运用各种途径和方式，将产品的价格、质量、性能、特点、给消费者的方便性等进行诉求，唤起消费者的消费欲望，从而达到广告目的。促销广告最显著的特征就是将折扣或优惠价格等放在显著位置，限时折扣、店铺优惠券、买赠、抽奖是常用手法。

4）活动广告

活动广告是通过举办各种活动，如展览会、讲座、会议、纪念活动、赞助活动、体育比赛、文艺娱乐活动及其他社会公益活动等，借以提高企业或产品的知名度和信誉度，或者促进销售。我们经常看到的促销活动有周年庆优惠、"双十一"大促、新产品上市等，但除了促销活动，还有展览会、慈善捐赠会、新产品上市发布会等。活动广告最大特点就是要注明具体时间段，以天或小时为单位。

5）公益广告

公益广告是不以营利为目的，为社会提供免费服务的宣传形式。公益广告通常由政府有关部门来做，广告公司和部分企业也参与公益广告的资助，或者完全由它们办理。企业在做公益广告的同时也提高了企业的形象，向社会展示了企业的理念，是提升品牌知名度和美誉度的一种选择。公益广告一般不会出现企业产品名称或价格，甚至连企业名称都有可能放在非显著位置。

【练一练】扫描并阅读"中国新广告评选·2023年9月（上）"一文，从传播媒介和传播内容的角度，分析它们属于哪种类型。

【阅读材料】中国新广告评选·2023年9月（上）

传播媒介不同，表现形式不一样，广告文案也各具有不同的特色。但是，不管是哪种类型的广告文案，都具有如下两个特点。

（1）本质特点：追求效益最大化。广告是一种营销手段，其本质是推销。虽然一些广告不直接介绍产品或服务，而是致力于品牌形象和企业形象的塑造，但最终目的也还是为了推销。

（2）文本特点：具备完整的表现结构但不拘于结构的完整，运用并借助各种表现手法达成广告目的，传达信息更注重对受众的说服和劝诱。

【阅读材料】撰写文案的15条公理

3.1.2 广告文案的构成

我们知道，从广告的表现形式来区分，可以将广告分成平面广告和影视广告两个类别。

平面广告是以长、宽两维形态传达视觉信息的各种广告媒体的广告。平面广告使用范围非常广泛，可以用于非广播媒介以外的报纸、杂志、网络媒介上，可以传播产品、品牌、活动、促销和公益的内容。

平面广告文案一般由广告标题、广告正文、广告口号和广告附文4个要素构成，如图3-3所示。

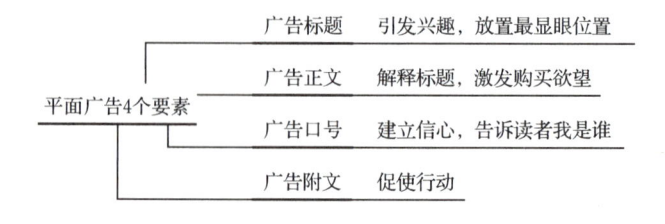

```
                        广告标题    引发兴趣，放置最显眼位置
                        广告正文    解释标题，激发购买欲望
平面广告4个要素
                        广告口号    建立信心，告诉读者我是谁
                        广告附文    促使行动
```

图3-3 平面广告的4个构成要素

1. 广告标题

广告标题是整个广告文案乃至整个广告作品的总题目，一般位于广告文案最显眼的位置。广告标题为整个广告提纲挈领，传达最重要或最能引起目标消费者兴趣的信息，通常以特别的字体或特别的语气来突出表现。大卫·奥格威认为："标题是大多数平面广告最重要的部分，它是决定读者读不读正文的关键所在。"正如我们常说的"题好文一半""题高文则深"。

广告标题是广告中最重要的组成部分，因为这是广告受众最先注意到的地方。如果你的标题含糊不清、晦涩难懂或无聊乏味，就别指望读者会花时间读你下功夫写的广告正文了。这种标题实际上是在告诉读者：你们公司没有能力写出新颖的广告，这也会让读者联想到你们的产品质量差，即使产品实际上很好也没用。

当人们乘坐地铁或翻杂志时，注意力会被很多事情分散到你的广告之外。如何才能让读者不被干扰，只注意到你的产品呢？想一个极其有吸引力的、迫使读者注意的标题吧！

写一些有悬念的内容，如"不要高兴，这是很恐怖的事情"；

写一些人们不愿错过的内容，如"2.5 折的广州机票"；

写一些能吸引人的内容，如"她只能活两周了"。

你的标题可以是一些令人震惊的、奇怪的、引人注意的、激动人心的内容，只要它能吸引读者就可以。当然，广告文案的标题必须有道德底线，不能引起读者反感。

2. 广告正文

广告正文是指广告文案中处于主体地位的语言文字部分，是广告标题和副标题的延续和细部展开的诉求，是广告文案传播信息、说服受众、促进消费者产生消费行为的主要和具体的内容。它运用主体性的篇幅，对标题中提出的产品特色、消费者利益给予解释、说明、证实，或者对广告对象的特点、功能等方面进行细节介绍，或者详细体现广告对象的背景状况。广告正文写作要领包括以下几点内容。

（1）别用问题开头。虽然一个有创意的、吸引人的反问句可能会成功吸引受众，但是不要用类似"你需要一辆新车吗？"这种标准问题来作为广告正文的开头。广告受众已经阅读过上千种这样的广告了，他们也已经被问烦了，要向更深入的方向挖掘，以吸引受众的注意力，用一个有创意的方式来告诉受众你有他们需要的产品。

（2）写一段过渡性的话来吸引读者继续阅读。标题下面一行的位置是在观众脑海中为自己公司营造深刻印象的好地方。在写了神秘的、令人震惊的、富有感染力的标题后，需要写一些实质性的内容，否则标题就会被认为只是吹牛而已。要用过渡性的语言来告诉受众，产品是有实力的，而并非徒有虚名的。要牢记，每个词都很重要。过渡性语句也要跟标题一样吸引人，因为在广告结束之前，随时都有可能失去受众。

另外，在广告正文中提及产品的主要优点将会吸引受众。

（3）引起受众对产品的购买欲望。过渡性语言也是产品强有力的宣传机会，让他们认为产品就是他们想要的东西。如果产品对消费者来说的确有益，那触动消费者心弦，让他们买到可以提高生活质量的产品，就不是什么让人羞耻的事情了。

怀旧是抓住人心的好方法，如"我们用最好的祖传辣椒秘方，做出和爷爷秘制辣酱一样好的酱"。在广告中涉及人们健康的问题也会有很好的效果，如"你工作努力过头了——健身吧，让我们帮你学会享受生活"。

3. 广告口号

广告文案的口号，又称广告口号、广告标语、广告主题句等，是企业和团体为了加强受众对企业、产品或服务等的一贯印象而提出的。在广告口号中经常使用简短性、口号性的、表现产品特性或企业理念的句子。广告口号是基于长远的销售利益,向消费者传达长期不变的观念的中间渠道。广告口号一般情况下都很简洁、短小、精练,字数控制在 5～8 个字,一般不应超过 12 个字。

4. 广告附文

广告附文是在广告正文之后向受众传达企业名称、地址等信息,或者购买产品或接受服务方法的附加性文字。因为是附加性文字,它在广告文案中的位置一般总是居于正文之后。因此,广告附文也称随文、尾文。广告附文最主要功能是鼓励用户采取行动,告诉大家如何购买你的产品。广告文案的末尾,告诉消费者下一步该怎么做,给消费者指导,让他们能更方便地购买产品或联系你。如"想获取更多的信息,请拨打 010-5555××××"等,并加上产品的网址或二维码等信息。

当然,不同媒体的广告文案,因载体及阅读环境的原因,构成要素也不尽相同。如平面广告文案,包括报纸、杂志等印刷广告及大部分户外广告,它们的结构最为典型,受众可以同时看到文案的标题、正文、口号和附文 4 个部分;而广播广告文案是以口头语言为载体的,它的结构比较模糊,受众很难在其中体会到标题、正文、口号和附文的区别;电视广告文案是用语言和文字两种载体来传播的,标题、正文、口号和附文可以用人物对白、画外音、字幕等形式加以区别,而且广告语通常是在广告结尾与附文同时出现,比广播文案的结构清晰;网络广告文案因其载体的特殊性,4 个要素也不一定完整展现。

【练一练】如图 3-4 所示的 5 则广告案例,是在广州某商业街店门口拍摄的,请分析广告内容并回答以下问题:

(1)请指出它们的广告类型(产品、品牌、活动、促销、公益);

(2)找出每则广告的 4 个要素(标题、正文、口号和附文);

(3)总结广告 4 个要素的合适放置位置。

图 3-4 广告案例

图 3-4　广告案例（续）

3.1.3　广告文案写作的 3 种技巧

在介绍广告文案的写作技巧之前，我们先来看以下 3 则广告文案。

A 文案：一流健身器材，练出完美身材。

B 文案：每天坚持健身，减压、减肥又塑形。

C 文案：不开心的时候，流泪不如流汗；你有 160 斤重，你的悲伤比你更重；每次洗完澡站在镜子前，都舍不得穿上衣服。

A 文案很常见，使用了极端的形容词和无意义的押韵，什么算是"一流"？什么叫"完美"？在淘宝网、京东的无数商品详情页里，在满大街的宣传单里，消费者已经见过它们太多次，但却像一群打过照面就消失的路人，始终走不到心里去。

B 文案开始抛弃云里雾里的形容词，和消费者讲道理，文字朴实。可是在信息爆炸时代，消费者"听过的道理比你吃过的盐都多"，"道理我都懂，就是懒得动"才是现实。不把血淋淋的真相剖开，很难影响消费者的决策。

C 文案懂道理，更懂洞察，也适当使用了文字游戏。它洞察到了 B 文案中"减压、减肥、塑形"背后那些活生生的原因，每一句都有画面感。在文字上也运用了一些小技巧，比如将"流汗"和"流泪"比照、将抽象的"悲伤"的重量和具象的"160 斤"体重对比，以及对"洗完澡照镜子"这一常见小动作的调侃。

我们需要做的就是像 C 文案一样，想办法提高文案的"内容价值"，让文案变得"有内容"，能够像一个有趣的人一样，通过聊天引发好奇、表达态度、提供信息……让文案"说人话"。

文案"说人话"，是想象你对某个产品真的非常满意，是把用户想象成你的哥们/闺蜜，你对你的哥们/闺蜜会怎样介绍产品，怎样与他们分享呢？

【示例】什么是"说人话"的文案？

把"智领人先，创意永恒"直接变成"这个产品有创意"，把"最极致的舒适，颠覆体验"直接变成"这个产品很舒服"就是"说人话"的文案？

可是，这也太无聊了吧（虽然这的确是人话）！那怎么办？

既然是让文案"说人话"，我们先看看人是怎么说话的——

想象一下你周围的女性朋友中，当她们谈论香水的时候，会不会直接说"我买了一瓶香水""这是一瓶香水""女生需要香水"？一般不会，她们往往会使用各种技巧来提高说话的内容价值，引起别人的兴趣，例如，"我从来不买香水，但是昨天买了第一瓶香水……"（制造反差），"我爱死香水了，要是把我放在孤岛上饿3天，回来第一件事不是吃饭，而是喷香水！"（极端情景），"我特别讨厌那些只会花钱买大牌香水，却根本不考虑是否适合自己的人！"（表达情绪）。

有3种技巧让文案"说人话"：将观点变成大量事实、将空洞的形容变成具体的细节描写、将观点和专业术语转化为场景化表达。

1. 将观点变成大量事实

当描述某个产品的时候，需要思考支撑你的观点的事实是什么。其中，哪些事实会让读者产生兴趣？哪些事实能够增加观点的说服力？产品、观点、事实三者的关系如表3-1所示。

表3-1 产品、观点、事实三者的关系

产　品	观　点	事　实
网络课程	这是一门非常好的课程	教你月薪5万元
奶茶	这是一种好奶茶	一年12亿人次在喝
手机	这是一款好手机	充电5分钟，通话2小时 前置2 000万柔光双摄，照亮你的美
护肤品	奢享之美，专属珍贵的你	用了3个月，真的不比某小黑瓶差

2. 将空洞的形容变成具体的细节描写

我们常常会看到很多文案用一些不知所以的形容，描绘了一个非常抽象的画面，结果就是看完文案都不知道它要表达什么，这就是空洞的形容。

与之相对应的，就是用更多的细节把产品或服务的特点表达出来。很多时候，最好的切入点就是能够和生活产生关联的细节，或者读者过去经历过，并已经在大脑中形成认知的场景。空洞的形容与具体的细节描写对比表如表3-2所示。

表3-2 空洞的形容与具体的细节描写对比表

产　品	空洞的形容	具体的细节描写
手机	极致工艺的钛合金手机边框	从一块钢板开始，它需要历经180道工序、35个小时雕琢打磨才能成为您手中仅重19克的手机边框
美食	饕餮美味，全城罕有	平均来说，一顿饭的用餐时间是40分钟，但在这里，这个时间是1.5小时，因为，这里的顾客总会在吃完自己点的菜之后，忍不住再加几道

3. 将观点和专业术语转化为场景化表达

将观点和专业术语转化为场景化表达的目的是当读者看到文案的时候，能够把自己带入描述的场景里产生共鸣或引发求知欲。要达到这样的效果关键是找准你的产品与用户潜在场景的匹配点。你可以为商品找到对标物，用大家早已熟知的物品加上行为动作来描述一个陌生的产品。

在如表3-3所示的表格中，很好地将课程卖点、手机拍照功能进行了场景化表达。

项目 3 创意类文案撰写技巧

表 3-3 观点和专业术语转化为场景化表达

产　品	观点和专业术语	场景化表达
课程	8 大知识点，全面串讲 PRD、后端产品逻辑、技术实现原理	如果您上完这门课并认真完成了全部练习，我们保证，您将拥有可以在产品经理岗位面试时，全面碾压 95% 以上 HR 的能力
手机	夜拍能力超强，配备×××技术	能清晰拍出银河的手机

【示例】早期无人机的熟知度并不高，某品牌在推出时用"会飞的照相机"去推广，巧用照相机作为标杆并加上定语"会飞的"，让人在脑海中产生深刻印象。

很多手机经常采用该方式宣传手机拍照功能，如果仅用 1 亿像素、5 000 万像素等专业术语，用户或许感知不深；假设用"你不妨用它来拍月亮"，或许会有不同的用户反应。

【想一想】在如图 3-5 所示的 6 句关于产品的文案中，哪句文案是场景化的表达？

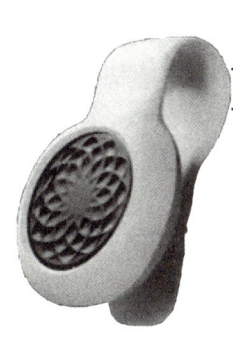

智能宝宝追踪器

· 为爱制造，闪耀登场。
· 我们追求卓越，创造精品。
· 随时随地，把爱传给孩子。
· 原来，熊孩子就藏在床底下。
· 让温馨随身相伴，让真爱留在心底。
· 随身安慰，让爱加倍。

图 3-5 产品文案示例

任务实训

【实训 1】假设你穿越古代，你会如何向古代人介绍汽车、飞机、电梯、地铁、网络这些现代事物，请选取其中一个事物制作一则平面广告？

【实训 2】为学校无偿献血活动设计一则公益广告。

任务评价

评价类目	评价内容及标准	分值（分）	自己评分	小组评分	教师评分
学习态度	全勤（5 分）	10			
	遵守课堂纪律（5 分）				

续表

评价类目	评价内容及标准	分值（分）	自己评分	小组评分	教师评分
学习过程	能说出本次工作任务的学习目标（5分）	40			
	上课积极发言，积极回答老师提出的问题（5分）				
	说出广告的定义及分类；描述平面广告文案的4个要素；说出广告文案写作的3种技巧（10分）				
	能够按照广告文案写作的3种技巧，撰写广告文案（20分）				
学习结果	"任务实训"考评（50分）	50			
合计		100			
所占比例		100%	30%	30%	40%
综合评分					

任务 3.2　裂变海报设计

工作任务单

工作任务	裂变海报设计	教学模式	任务驱动
建议学习	2课时	教学地点	一体化实训室
任务描述	本任务帮助小美了解裂变海报的类型及构成要素，掌握裂变海报的制作方法		
学习目标	知识目标	➢ 说出裂变海报的3种类型 ➢ 辨别裂变海报构成的6大要素	
	技能目标	◆ 能够利用设计软件制作裂变海报	
	素养目标	✓ 通过裂变海报设计训练，培养不断创新、精益求精的职业素养	
实训目标	利用设计软件制作裂变海报		

知识导图

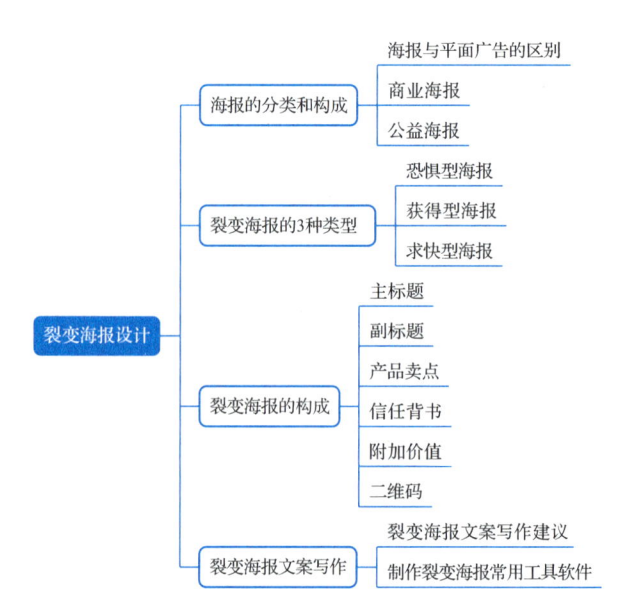

```
                            ┌─ 海报与平面广告的区别
            ┌─ 海报的分类和构成 ─┼─ 商业海报
            │                   └─ 公益海报
            │
            │                   ┌─ 恐惧型海报
            ├─ 裂变海报的3种类型 ─┼─ 获得型海报
            │                   └─ 求快型海报
            │
            │                   ┌─ 主标题
裂变海报设计 ─┤                   ├─ 副标题
            │                   ├─ 产品卖点
            ├─ 裂变海报的构成 ───┼─ 信任背书
            │                   ├─ 附加价值
            │                   └─ 二维码
            │
            │                   ┌─ 裂变海报文案写作建议
            └─ 裂变海报文案写作 ─┴─ 制作裂变海报常用工具软件
```

项目 3　创意类文案撰写技巧

> 任务实施

【课前思考】海报与平面广告有什么异同？

_____

_____

3.2.1　海报的分类和构成

1. 海报与平面广告的区别

当人们谈起平面广告时，有时会理解成海报。其实，海报只是平面广告的一种，二者之间是有区别的。海报与平面广告的区别如表3-4所示。

表 3-4　海报与平面广告的区别

比较项目	海　　报	平　面　广　告
从定义和性质上看	海报通常是一种宣传方式，用于演出、活动等具有宣传性的张贴物。它包含活动的性质、主办单位、时间、地点等内容，主要利用图片、文字、色彩、空间等要素进行完整的结合，以达到宣传的效果	平面广告是一种更为广泛的广告形式，泛指以长、宽两维形态传达视觉信息的各种广告媒体，包括印刷类、非印刷类和光电类等多种形态
从内容和目的上看	海报的内容相对具体和针对性强，主要用于宣传某一特定的活动或事件	平面广告的内容更为广泛，可以是商品、服务、品牌等各种信息的推广，旨在吸引目标受众的注意力并促进销售，或者提升品牌形象
从表现形式和设计风格上看	海报的设计更注重创意和视觉效果，以吸引人们的眼球并传递信息	平面广告更注重信息的传达和说服效果，通过文案、图形、色彩等元素的巧妙组合，引导受众产生兴趣或购买
从传播渠道上看	海报通常张贴于人们易于见到的地方，如公共场所、街头巷尾等，其广告性色彩浓厚	平面广告则可以通过各种媒体进行传播，如报纸、杂志、户外广告牌等，覆盖范围更广

海报按性质可以分为如下 4 类。

● 商业海报：主要用于宣传商品或商业服务，其设计需要恰当地配合产品的格调和受众对象。

● 文化海报：主要宣传各种社会文娱活动及展览，设计师需要了解活动的内容以表现其风格和主题。

● 电影海报：用于电影的宣传，主要目的是吸引观众注意，刺激票房收入。

● 公益海报：带有一定的思想性，对公众有教育意义，以弘扬爱心奉献为主要目的。

这里主要看看商业海报及公益海报的表现形式。

2. 商业海报

商业海报是一种成本较低的宣传、营销工具。在电子商务领域，上到大型企业，小到商铺，都会采用商业海报来拉新促活、引流推广。商业海报的形式多种多样，这里按使用场景分为 9 类，如表 3-5 所示。

表 3-5 商业海报按使用场景的分类

海报类型	内容特点
招聘海报	需强调公司招聘信息、职位要求和福利待遇等关键内容
长图海报	较长尺寸的海报，通常用于展示更多的信息，包含多个文本段落、图片和图表等元素，可用于介绍商品或服务详细信息
促销宣传单	主要用于促销活动的宣传和推广，突出宣传产品或服务的优势，同时提供相关的促销细节和购买方式
企业宣传册	用于介绍公司整体形象、核心价值观和业务范围等，包含公司历史、发展成就、团队介绍和项目案例等内容
3折宣传单	可折叠成3层的宣传单页，用于宣传产品或服务，展示产品特点、价格、优惠等详细信息，方便携带和分发，适合在展会、商场等场合使用
展板海报	用于展览或大型活动中的展示信息，包含大量图片、文字和图表，用于介绍公司、产品或项目等
易拉宝海报	一种固定在可伸缩的展示架上的广告，用于展示信息、宣传画面等，便于携带和安装，用于展览、会议、演讲等场合
电商主图海报	用于在电商平台上展示商品，商品照片尽量清晰地显示产品特点和细节，吸引人的设计和排版可以增加产品的点击率和销售量
商品详情页	在电子商务平台上用于展示商品详细信息，包括商品描述、规格、价格、评价等内容，商品图片需保证清晰，突出商品特色和卖点

【找一找】在生活中，你见过哪些类型的商业海报？这些海报中的广告4要素（标题、正文、口号、附文）是齐全的吗？

_____

_____

3. 公益海报

企业为了塑造自身企业或品牌形象，也会制作公益海报。公益海报是平面广告的一种，也包含口号、标题、正文、附文4个要素。

公益海报主要围绕改善和解决社会共同利益问题而组织开展，内容广泛，主要包括以下类型：政治政策类，如民族自信、改革开放、科技兴国、推进民主和法制、扶贫等；节日类，如"五一"节、教师节、重阳节、植树节等；社会文明类，如保护环境、节约用水、节能减排、无偿献血等；健康类，如反吸烟、全民健身、爱眼等；社会焦点类，如就业、打假、扫黄打非、反毒、希望工程等。

2023年世界献血者日海报，国家卫生健康委员会除主海报外，从分享、感恩、守护、希望4个方面设计了4款海报。

【阅读材料】2023年世界献血者日海报

【练一练】请用凡科快图工具，为你们学校制作一张无偿献血公益海报，要求包括海报的4个要素。

广告口号：学校 Logo+ 你为学校创造的广告语（非必需）。
广告标题：标题自拟，要求说人话，吸眼球（必需）。
广告正文：12 月 24 日在图书馆前参与无偿献血。
广告附文：报名二维码。
参考步骤如下。
步骤 1：登录凡科快图网站。
步骤 2：单击"开始免费作图"按钮，用微信扫描二维码登录网站。
步骤 3：在"新建设计"模块中选择"横版海报"选项，选择你喜欢的模板进行设计创作。
步骤 4：创作完成后，将设计好的海报提交到老师指定的位置。

3.2.2 裂变海报的 3 种类型

裂变海报是指利用海报作为载体的一种营销方式，它通过借助朋友圈、微信群、公众号等工具，将信息传播出去，以吸引用户的兴趣点，从而引导用户转发、共享，或者直接引导用户付费购买。裂变海报在下面这些行业应用较多。

- 电子商务：用于推广产品特卖、限时折扣等活动。
- 教育培训：吸引用户报名参加课程或讲座。
- 餐饮服务：宣传新菜品或特惠活动。
- 娱乐休闲：推广电影、音乐节、旅游目的地等。
- 健康美容：宣传健身课程、美容服务等。
- 科技产品：介绍新技术、新产品的特点和优势。

裂变海报一般有 3 种类型：恐惧型海报、获得型海报、求快型海报，如图 3-6 所示。

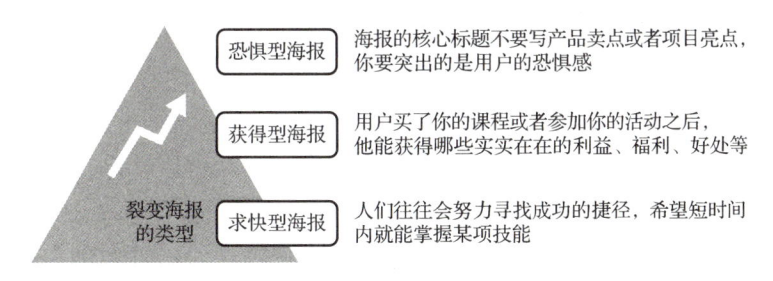

裂变海报的类型	说明
恐惧型海报	海报的核心标题不要写产品卖点或者项目亮点，你要突出的是用户的恐惧感
获得型海报	用户买了你的课程或者参加你的活动之后，他能获得哪些实实在在的利益、福利、好处等
求快型海报	人们往往会努力寻找成功的捷径，希望短时间内就能掌握某项技能

图 3-6 裂变海报的类型

1. 恐惧型海报

恐惧型也被称为痛点型，就是用一句话击中用户现实生活中遇到的问题，这个问题就是用户的痛点。

所谓痛点，一定是用户深层次且真实的需求，有需求就意味着有缺失感，而这种感觉有时候用户是感觉不到的，需要指出来才能意识到这个问题，而痛点描述可以让用户产生心理压力，即你若不这么做，你将会面对什么样的困境，从而愿意行动。

既然是痛点,是不是还需要一个解决方案呢?这就需要给用户一个心理安慰,进而他就会思考这个问题,那么解决问题的方法就是行动,去付费。如"短命鬼,通常不系安全带"。

基本思路:描述直击心底的恐惧性场景+满意的解决方案+完美效果。

2. 获得型海报

获得型海报应用最多的就是公众号的任务裂变,标题简单直接,告诉用户参与海报活动,就可以获得什么。公众号大多以资料包或书籍等为引流道具,如某公众号,引流产品一般以职场学习类书籍为主。

一般这种获得的结果会分为:财富获得(隐性财富)、生理获得(实物+虚拟)、心理获得(愉悦感+获得感)。如"免费领取,新手学电商从入门到精通"。

基本思路:内容/产品/服务+用户能够得到的好处。

3. 求快型海报

求快型海报也称速成型海报,这类海报最鲜明的特点就是短、平、快,如1小时拥有改变一生的财富能力,7天晋级高级运营,15天蜕变训练营,1节课读懂富人逻辑等。

基本思路:时间少/学习量少+呈现效果(优质)。

【练一练】如图3-7所示的海报示例中,分别属于哪种类型?

图3-7 海报示例

_____
_____
_____

3.2.3 裂变海报的构成

【想一想】还记得平面广告的4个要素吗?在如图3-8所示的裂变海报中,哪些要素与平面广告的要素类似?

项目 3　创意类文案撰写技巧

图 3-8　裂变海报示例

一般的裂变海报，包含标题、副标题、产品卖点、信任背书、附加价值、二维码 6 个要素，如图 3-9 所示。

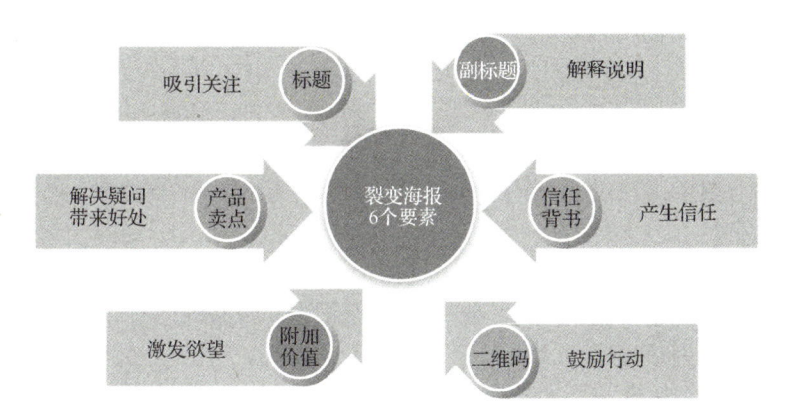

图 3-9　裂变海报的 6 个要素

1. 主标题

一张海报主标题的重要性至少占了裂变海报所有内容重要性的 50%，主标题的目的是引起用户注意，让用户看完整个海报。

提高主标题的效果其实也很简单，有如下几种方法。

- 醒目：将字体放大加粗；
- 痛点：解决用户恐惧的执行方案；
- 共情：写上引人共鸣的文案。

2. 副标题

副标题的作用就是对主标题进行解释、阐述和补充，是对主标题的升华。用一句话精简地概括主标题，让用户看完之后清晰地知道你能提供什么。

3. 产品卖点

产品卖点主要给用户阐述能解决哪些问题，或者能给用户带来哪些好处。产品卖点的底层逻辑就是给用户足够的好处，满足其购物心理。面对各种优惠活动，用户往往更容易下单购买。产品卖点通常与福利相关联，如免费、1元特价、3人团购等。

【示例】某公众号的"升职加薪7天集训"海报，利用价格锚点，"原价5 999元课程，扫码免费学"，并用红色字体加粗，提醒用户关注"免费"字样，从而让用户参与扫码，同时获取转发、分享，进而完成初步获客。

4. 信任背书

信任背书可以以KOL（关键意见领袖）、权威机构、行业认证，或者公司、品牌、明星、达人及具有一定影响力的人物等作背书，引导用户点击、转发和分享，再加上真人推荐或朋友好评，让用户产生信任，体现专业性、权威性，告诉用户付出行动即可收获期望的结果。

5. 附加价值

利用价格锚点、福利或限时限量，让目标人群产生紧迫感，从而立即采取行动。

锚定效应指的是人们在对某人某事做出判断时，易受第一印象或第一信息支配，就像沉入海底的锚一样把人们的思想固定在某处。价格锚点即是商品价格的对比标杆，相当于一个基准线，直接影响着购买者对于价值的判断。

除价格外，福利也能激发目标人群的行动，如额外赠送资料包/工具包、扫码即送×××资料等。

利用人们害怕失去的心理，在价格与福利前面加上"限时""限量"等词语，更能促进目标人群的行动，如前1 000名用户、今天24点前等。

6. 二维码

裂变要有入口，没有二维码的海报就相当于关着门演戏，只能听到声音却看不到画面，自然不会有人去买票了。二维码就相当于一扇门，打开了用户才能进来，有地方可去，喜欢内容自然就买单了。

在设置二维码时，除图片是否清晰、大小是否合适，是否有长按扫码功能外，还要特别关注二维码的时效性。建议使用活码，避免因二维码过期带来的困扰。

注意：裂变海报为适应手机阅读习惯，一般是长方形，并且裂变海报基本按照AIDA模型流程来设置，即用主标题和副标题来引发关注（Attention），用产品卖点和信任背书来引发兴趣（Interest），用附加价值来激发欲望（Desire），用二维码来引导行动（Action）。因此，裂变海报6个要素的顺序不能乱。在裂变海报排版时，也常采用"三四三"法则，即上部30%的位置放标题和副标题，中部40%的位置放产品卖点和信任背书，下面30%的位置放附加价值和二维码。当然，有时根据排版需要，副标题也会放在中部位置。裂变海报排版示例如图3-10所示。

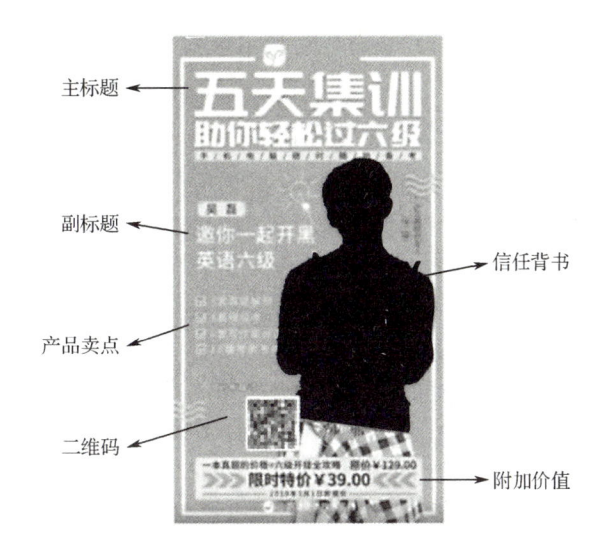

图 3–10　裂变海报排版示例

3.2.4　裂变海报文案写作

1. 裂变海报文案写作建议

裂变海报文案写作是一个结合了创意、简洁性和吸引力的艺术性创作过程。一个优秀的裂变海报文案需要迅速吸引受众的注意力，同时清晰地传达产品或服务的核心价值和优惠信息。以下是一些关于如何撰写裂变海报文案的建议。

（1）标题要引人入胜：标题是文案的灵魂，需要简洁有力，能够立即抓住受众的注意力。尝试使用疑问句、陈述句或引人入胜的短句，使受众产生好奇心或共鸣。

（2）明确价值和优惠：在文案中明确阐述产品或服务的核心价值，以及通过裂变海报提供的独家优惠或限时特价。这样可以帮助受众迅速理解参与活动的潜在好处。

（3）使用简洁明了的语言：避免使用复杂的行业术语或冗长的句子。用简短、有力的词语传达信息，保持文案的清晰和可读性。

（4）创造紧迫感：利用限时优惠、数量有限等元素创造紧迫感，促使受众迅速做出决定。

（5）展示用户评价或案例：如果可能的话，包含一些来自用户的正面评价或案例研究。这可以增加受众对产品或服务的信任感。

（6）保持设计一致性：文案应与裂变海报的整体设计风格保持一致，以增强视觉效果和品牌识别度。

（7）提供明确的行动召唤：告诉受众应该做什么，比如"立即扫描二维码加入我们的社群"或"立即购买享受优惠"。

（8）使用清晰的图片和图形：结合适当的图片和图形，使文案更加生动并增强视觉效果。确保图片与文案内容相符，并能吸引目标受众的注意力。

（9）测试和优化：在发布之前，对文案进行测试和优化。看看哪些内容最能吸引受众的注意力，哪些内容可能需要改进。

（10）保持真实和透明：避免使用误导性的语言或虚假的承诺。确保文案真实地反映产品或服务的实际情况和优惠详情。

【练一练】如图 3-11 所示的征求广告的裂变海报制作得好不好？为什么？该何修改？

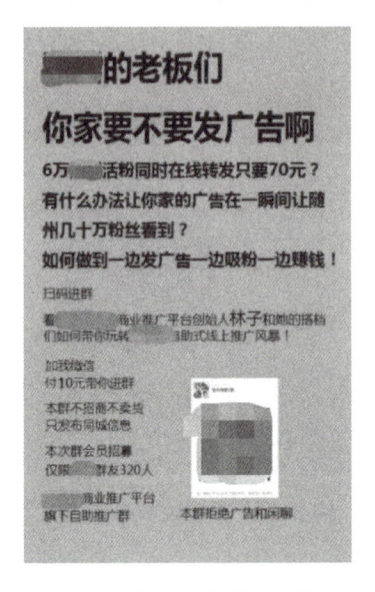

图 3-11　征求广告的裂变海报

_____

_____

分析：该海报主标题为"××的老板们，你家要不要发广告啊"，主标题文案不够吸引人；副标题为"6 万……一边赚钱！"文字不够精简；产品卖点和信任背书不够明显，难以让人心动；要求读者加微信、付 10 元带你进群等动作，比较烦琐。

修改后的裂变海报有 3 个版本，如图 3-12 所示，你认为哪个更好？

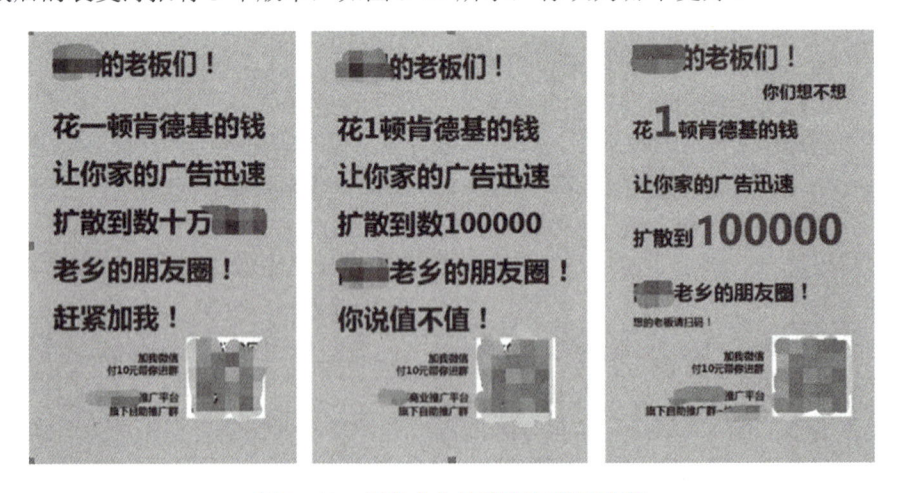

图 3-12　征求广告的裂变海报修改稿

总结：

在如图 3-12 所示的海报中，左侧海报传递了一个痛点，即花一顿肯德基的钱就能把广告扩散到十万老乡的朋友圈，满足了读者求快的心理；动作也只有一个，即加微信。

项目 3　创意类文案撰写技巧

中间海报，将汉字"一"变成了阿拉伯数字"1"，将十万变成了"100000"，更加直观。

右侧海报，对海报中的数字，用加粗字体、改变文字颜色、突出数字等带来更大的视觉冲击力。

我们在制作裂变海报时，需要注意以下几点：

（1）一张海报最多只能表达一个目的，击中一个最大的痛点。道理很简单，因为人们眼光在你的海报上停留的时间可能非常短。记住，海报不是手册，也不是百科字典。

（2）阿拉伯数字的感知力会比文字的感知力要强。

（3）可以通过变换字体和颜色、调整字号大小、改变排版方式来突出重点。

【练一练】如图3-13所示的两张裂变海报有哪些不同点？哪个更好？为什么？

图 3-13　裂变海报示例

_____

_____

2. 制作裂变海报常用工具软件

海报设计网站非常多，如表3-6所示为常用的海报制作工具软件。

表 3-6　常用的海报制作工具软件

名　　称	特　　点	说　　明
Canva 可画	非常流行的在线设计工具，模板库丰富，可以帮助用户快速创建各种类型的设计	一种支持多平台的在线平面设计工具
稿定设计	仿PS功能的在线图片编辑网站	模板数量和质量上稍有不足
图怪兽	在线作图工具，职场人必备，模板和样式多，公众号配图、课程封面图、节假日海报，海量模板随便选	一天只能免费下载一次，不能无限次下载；若下载需求量大，则需要付费
Ibaotu 包图网	原创商用的设计图片网站，模板风格大多都有浓厚的商用气息，质量非常好	商用

续表

名　　称	特　　点	说　　明
凡科快图	支持在线编辑的极简图片编辑工具，有丰富专业的海报设计模板可下载使用；模板丰富，包括手机海报、印刷海报、DM宣传单、长图海报等；还有在线智能抠图功能、拼图等功能，可免费使用	简单的在线图片编辑工具

我们可以借助工具来设计裂变海报，下面以凡科快图为例说明创建步骤。

第一步：打开凡科快图网站，注册或登录，在右上角搜索栏输入"裂变"字符，搜索裂变海报的相关模板，选择喜欢的模板点击即可进入编辑界面。

第二步：进入编辑界面后，选中海报中的图文元素，根据想法进行修改调整（像制作PPT一样）。

第三步：修改完后保存，点击右上角的"点击下载"按钮，即可得到设计的海报。

任务实训

【实训1】假设你们社团将邀请你的老师去做一场线上直播讲座，要求你设计一张海报。请为海报拟3个主标题，要求恐惧型、获得型、求快型各一个。

【实训2】请按裂变海报标准样式，用凡科快图或你熟悉的设计网站工具，制作一张裂变海报。

【实训3】请按照如表3-7所示的裂变海报评分表，对你同学的作品进行评分，评出最优作品。

表3-7　裂变海报评分表

序　号	海报要素		分　值	评分标准	评　分
1	主标题		0～3	定位是否精准，是否满足用户心理、直击痛点	
2	副标题		0～1	是否对主标题有补充，是否突出海报主题	
3	信任背书	自身口碑	0～0.8	自身口碑是否强大	
		朋友背书	0～0.6	是否有朋友背书	
		品牌背书	0～0.6	是否有品牌背书（个人品牌、企业品牌）	
4	产品卖点		0～1	产品卖点是否突出，能否吸引目标人群	
5	附加价值	价格锚点	0～0.8	是否拥有价格锚点，有几重价格锚点	
		福利活动	0～0.5	是否拥有福利活动，福利活动是否能直击痛点	
		限时限量	0～0.2	是否设置限时限量活动	
6	二维码		0～0.5	二维码是否清晰，大小是否合适，是否有长按扫码功能	
7	设计		0～1	颜色是否符合大众审美，排版是否合理	
总评分			10	—	

任务评价

评价类目	评价内容及标准	分值（分）	自己评分	小组评分	教师评分
学习态度	全勤（5分）	10			
	遵守课堂纪律（5分）				
学习过程	能说出本次工作任务的学习目标（5分）	40			
	上课积极发言，积极回答老师提出的问题（5分）				
	说出裂变海报的3种类型；辨别裂变海报构成的6个要素（10分）				
	能够利用设计软件制作裂变海报（20分）				
学习结果	"任务实训"考评（50分）	50			
合　计		100			
所占比例		100%	30%	30%	40%
综合评分					

任务 3.3　商品详情页文案编写

工作任务单

工作任务	商品详情页文案编写		教学模式	任务驱动
建议学习	2课时		教学地点	一体化实训室
任务描述	如果想入职电子商务公司，不仅需要文字功底好、会作图，还要求具备一些专业技能，包括设计商品的详情页、撰写直播脚本等，本任务帮助小美学会如何编写商品详情页文案			
学习目标	知识目标	➢ 概述消费者购物心理5个环节 ➢ 举例说明赢得消费者信任的3种途径 ➢ 描述引导消费者下单的4种方法		
	技能目标	◆ 能够结合产品优势和消费者诉求来寻找产品卖点 ◆ 能够按照商品详情页的逻辑排布，撰写商品详情页文案		
	素养目标	✓ 通过卖点提炼的学习，培养精益求精的工匠精神 ✓ 通过对成功案例的剖析，培养创新意识		
实训目标	设计一份煽动性强、逻辑清晰、转化率高的商品详情页			

知识导图

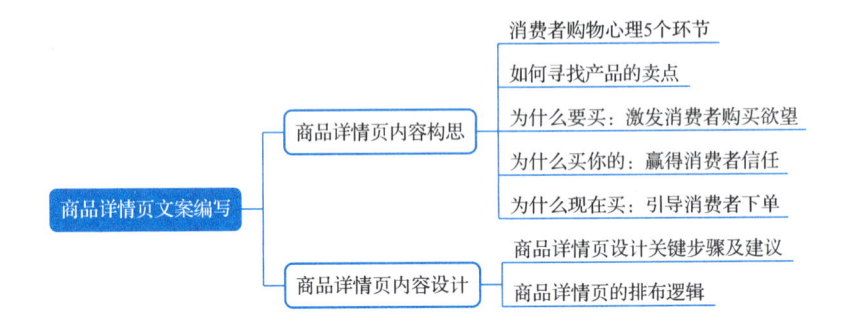

```
                              ┌── 消费者购物心理5个环节
                              ├── 如何寻找产品的卖点
            ┌─商品详情页内容构思─┼── 为什么要买：激发消费者购买欲望
            │                 ├── 为什么买你的：赢得消费者信任
商品详情页文案编写─┤                 └── 为什么现在买：引导消费者下单
            │                 ┌── 商品详情页设计关键步骤及建议
            └─商品详情页内容设计─┤
                              └── 商品详情页的排布逻辑
```

任务实施

【课前思考】当你在网络上购买商品时，你一般会关注商品的哪些要素？你认为商品详情页应包括哪些内容？

_____

_____

_____

3.3.1 商品详情页内容构思

商品详情页（简称详情页）对提高产品的转化率至关重要。

一个好的详情页就像专卖店里一个好的推销员，用文字打动各种各样的消费者，用视觉传达产品的特性；一个好的详情页，可以让目标受众对品牌和产品的认知从无到有，或者保持统一，或者认知升级，从而为后续的市场推广、产品销售创造良好的氛围；一个好的详情页，关键是要对消费者有深入透彻的洞察，能抓住消费者最强的需求点，用消费者喜欢的语言触动他的需求点，引起强烈共鸣，把产品的利益点和品牌的调性传递给消费者，从而愿意在店铺掏钱购买产品或服务。设计详情页是每位电商文案人员必备的技能。

详情页的任务是直接或间接地驱动销售，不管详情页有多美观、多"走心"、多有创意，如果没有提升销售额，这个详情页就是失败的。

那么，如何设计一份煽动性强、逻辑清晰、高转化率的详情页呢？首先，要了解顾客购物的心理；其次，要寻找、提炼、表达产品的独特卖点；最后，进行合理的逻辑排布。

1. 消费者购物心理5个环节

网络店铺的交易过程，不像实体店能看见实物、有营业员进行介绍、能够感知产品质量的好坏。因此，详情页就承担起推销产品的所有工作。在整个推销过程中它是静态的，没有交流，没有互动，消费者在浏览产品的时候也没有现场氛围来烘托购物气氛，这个时候消费者也会变得相对理性。因此，详情页应该考虑消费者购物的心理过程，有针对性地设计详情页的内容，从而达成消费者购买的目标。

一般来说，消费者购物心理过程遵循5个环节，如图3-14所示。

项目 3　创意类文案撰写技巧

图 3-14　消费者购物心理过程遵循的 5 个环节

（1）产生兴趣。消费者的关注点是这件产品的风格和样式等自己是否喜欢，因此要通过整体展示（摆拍、模特儿展示）来抓住第一眼印象。

（2）了解细节。消费者的关注点是这件产品的质量、功能等，因此要通过细节展示、功能展示、品牌展示等来吸引其注意力。

（3）考虑需求。消费者的关注点是产品是否适合自己，因此要通过功能展示、利益点阐述、尺码规格等来让消费者认为自己迫切需要这件产品。

（4）建立信任。消费者的关注点是产品的实际情况是否与卖家介绍的情况相符（是否正品？有无色差？尺码是否偏差？），因此要通过产品销量、买家评论和权威认证等来让消费者产生信任。

（5）决定购买。消费者的关注点是产品价格是否足够优惠，因此要通过活动促销信息（打折、满减、组合价、会员价）、优惠信息（包邮、优惠券）等来帮助消费者做出购买决定。

因此，参考消费者购物心理过程，商品详情页的撰写可划分成"挖掘卖点→激发购买欲望→突出优势并取得信任→引导下单"4 个步骤。

【猜一猜】根据如图 3-15 所示的商品详情页截图，猜一猜它们对应的是哪个消费者购物心理过程？

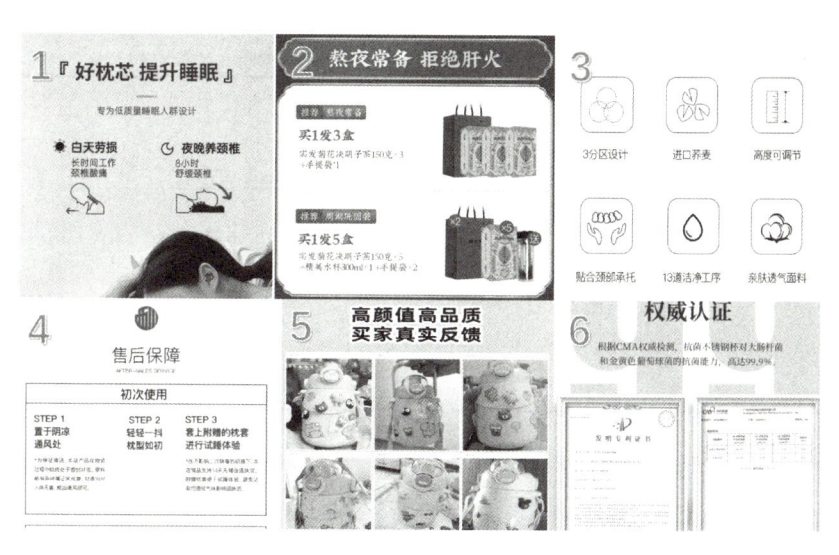

图 3-15　商品详情页截图

_____

_____

2. 如何寻找产品的卖点

产品的卖点是对产品优势进行筛选、提炼和分析，融合产品的已有优势，将其中最有价值的优势进行更深层次的提升,得出的最具特色的特点。

在前面的章节中,针对卖点提炼的基本方法进行了讲解,这里根据网店产品的特色,结合案例进行深入的分析。

1)利用九宫格法发散产品的卖点

九宫格法是创意产生的简单练习法,对于卖点提炼非常有用,具体操作方法如下:拿一张白纸,用线条隔成九宫格,先在中间一格填上产品名称,然后在其他8格填上此产品的众多优点。可以从产品角度,用图表的方式列出产品的特征,这些特征就是产品的卖点;也可以从业务角度(成本、价格、付款方式、折扣、配送方式、包装等),用图表的方式列出能给予消费者的便利点。例如,土鸡蛋卖点提炼九宫格示意图如图3-16所示。

个头大	蛋黄金黄色蛋白结构紧致	散养
口感好无腥味	土鸡蛋	科学专业的产业链条
养殖基地环境优良	全冷链配送	包装精美

图3-16 土鸡蛋卖点提炼九宫格示意图

【练一练】请在购物平台上搜索"保温杯",并浏览详情页的信息,利用九宫格卖点提炼法,将详情页中产品的优点填入如表3-8所示的表格中。

表3-8 保温杯产品九宫格卖点提炼

	×××(品牌名称)保温杯	

2)从不同的角度挖掘产品的卖点

从不同的角度挖掘产品卖点对商家来说至关重要,它不仅能够增强消费者对产品的认知,提升购买欲望,还能够显著地增强商家差异化竞争力。通过深入分析产品的多样特性和提供的综合价值,商家能够更准确地定位目标市场,制定有效的营销策略,并以此脱颖而出,实现差异化竞争。此外,强调独特的卖点有助于塑造品牌形象,建立消费者信任,进而提高品牌忠诚度。同时,全面了解产品的多维卖点也为未来产品开发和市场扩张提供了宝贵信息,助力商家不断创新和成长。总之,从不同的角度挖掘和展示产品卖点是企业市场营销和品牌建设不可或缺的一环,有助于企业在竞争激烈的市场环境中立于不败之地。

(1)满足不同消费者需求:消费者购买产品,购买的是产品的使用价值。因此,他们最关心的是产品能解决什么样的"痛点",能给自己带来什么好处。产品的基本功能与消费者的核心利益息息相关，也直接影响消费者的购买决策。挖掘产品的卖点，首先可以考虑从满足用户需求的角度出发。

（2）突出产品特色：每个产品都有其独特之处。从不同的角度出发，比如产品的成分、生产过程、外形等，寻找产品在质量、技术、原料、工艺流程、产地等方面的特点。即使是一个毫不起眼的产品，它也有多方面的特点，我们可以从中找到卖点切入的角度。

（3）提高竞争力：从竞争产品的角度出发，寻找产品的差异化卖点，通过竞争对手没有或没有提过的卖点，率先在用户心中建立品牌形象。先入为主，使后面的竞争者难以形成挑战。

（4）增加说服力：一个产品如果只从一个角度介绍，可能会显得单薄无力。不同角度的卖点能为产品提供全面的评价，从而增加说服潜在客户购买的可能性。

（5）应对市场变化：市场环境和消费者喜好是不断变化的。多角度挖掘卖点有助于产品随时做出调整，以适应新的市场趋势。

（6）促进创新：在寻找新的卖点的过程中，企业可能会发现产品改进和创新的机会，进而推动产品升级和发展。

（7）加强品牌形象：清晰而多样的产品卖点有助于树立品牌的专业形象，使消费者认为品牌关注细节，注重品质。

（8）优化营销策略：了解产品的多个卖点可以更好地制定营销策略，包括广告宣传、促销活动和销售话术等。

（9）提升用户体验：从用户使用场景、用户体验出发挖掘卖点，能够更好地解决用户的痛点，提升用户满意度和忠诚度。

【想一想】请根据如图3-17所示的详情页信息，讨论以下两个问题：

（1）该详情页里的产品，其主要卖点是什么？

（2）除了该卖点，还可以从哪些角度切入进行宣传？

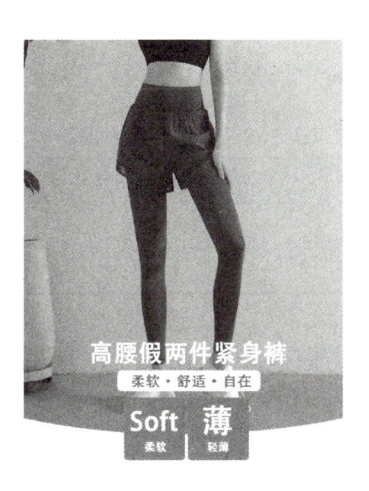

图3-17 某品牌瑜伽服详情页截图

3）从消费者评论中挖掘产品的卖点

评论是消费者对产品最真实、最直接的反馈。通过对产品的评论，可以洞察消费者对产品的态度、情感倾向和兴趣点，从而及时调整产品的核心卖点和商品详情页的营销重点，最大化地驱动销售。

【练一练】【案例1】在某品牌纸尿裤的评论中，以下这些内容提及的频率较高："偏厚，适合晚上使用""略微偏厚，适合夜间使用要求，一晚上一片，第二天屁股还很干爽""很厚实，不容易漏，兜尿挺多，一晚上换一两次就好了"等。

【案例2】某品牌保温杯的消费者评论如图3-18所示。

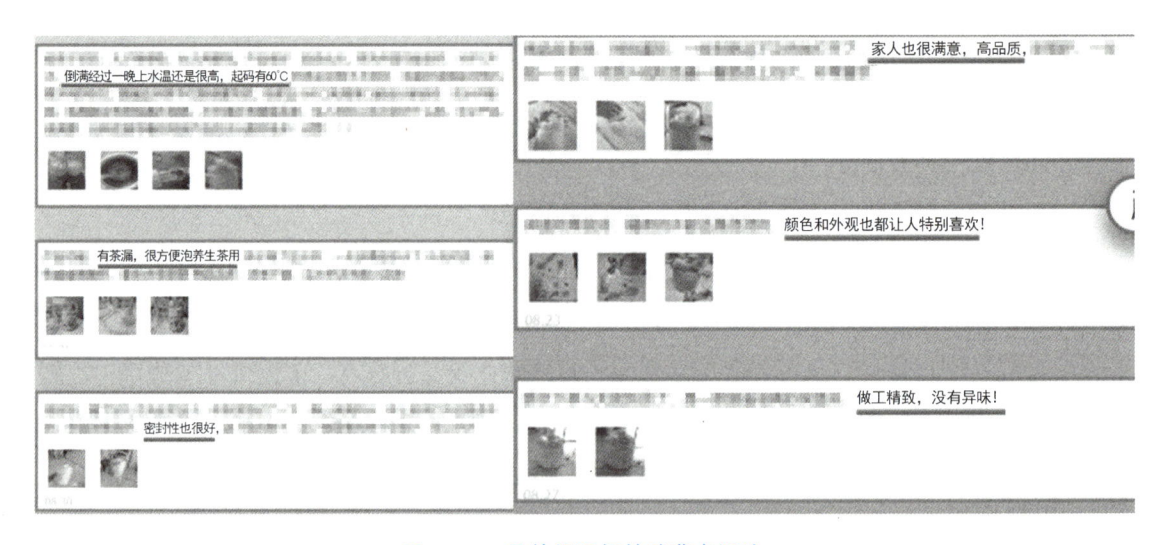

图3-18 品牌保温杯的消费者评论

请从以上两个消费者评论案例中提炼隐藏的卖点，并将其填入表3-9中。

表3-9 评论区卖点提炼

案 例	产品名称	卖 点
案例1		
案例2		

3. 为什么要买：激发消费者购买欲望

商品详情页就是说服消费者进行购物的过程，需要充分利用产品的价值、新奇的样式、鲜明的色彩、精致的包装等满足消费者的好奇心和感官刺激，从而把消费者的购买欲望充分调动和激发出来。具体来说，激发消费者购买欲望可以从以下几个方面入手。

1）感官占领

马汀·林斯特在 *Brand Sense* 一书中提出了5感营销理论，让消费者"感受"到产品，通过具象的色彩、声音、气息、味道、质感来勾勒一幅美好图景，当消费者的视觉、嗅觉、触觉、听觉等感官受到充分的刺激，消费者将忍不住慷慨解囊，做出购物行为。优秀的详情页必须让消费者看到后就能联想到具体的情景或者回忆，通过具体、形象、充满画面感的语言可以给消费者最真实的感受，让消费者在购买产品之前，就能在大脑中体会使用你的产品是什么样的一种感觉。

社会心理学家研究得出：一件能够引起情境想象的事物，更能进入人们的内心深处，这种现象被称为"鲜活性"效应。感觉，是神经系统的"营养"，通过各种感觉刺激的信息输入，神经系统会对外界产生反应。所以，写文案一定要有"感觉"，这样才能够唤醒消费者对某种情境的具体画面感，才能真正打动消费者的内心。

那么，详情页如何充分调动消费者的感觉，占领消费者的感官呢？可以从 6 个基本感觉系统，即视觉、嗅觉、听觉、味觉、触觉和感觉去描绘消费者使用你的产品是什么感受。眼睛看到了什么？鼻子闻到了什么？耳朵听到了什么？舌头尝到了什么？身体触摸到了什么？内心感受到了什么？

【示例】某按摩器：脉冲按摩带来拍打般酥酥麻麻感，从神经到血管，再到肌肉能够得到深层次的放松。

某牛腩：21 种香料所配，一口下去，味道还有 3 重层次感，配餐米饭是"世界米王"。

某音响：音色圆润，音质清晰通透，听感细腻柔和。

某阅读器：整机 190 克，笔记本重量，携带 1 万本图书跑大街，也不过如此的轻松。

某品牌体重秤：100 克，喝杯水都可感知的精准。

某进口鲜奶：来自欧洲牧场的天然奶源，奶牛在 1 万平方米的大草原里日晒超过 10 个小时以上。

商品详情页示例 1 如图 3-19 所示。

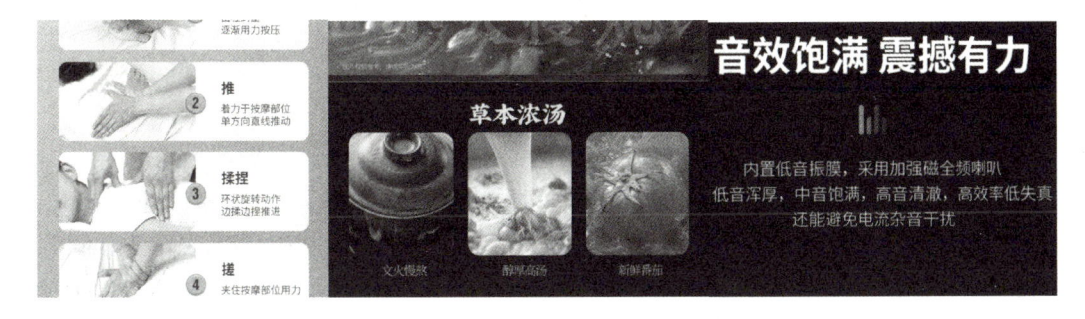

图 3-19　商品详情页示例 1

从视觉、嗅觉、听觉、味觉、触觉和感觉出发对产品优势进行筛选、提炼和分析，将其中最有价值的优势进行更深层次的提升。

2）恐惧诉求

恐惧既是人们一种很普遍、很基本的共性心理状态，也是一种影响广、力度强、传播快的心理情绪。因此，针对消费人群中普遍存在的担忧、害怕心理，恐惧诉求常常被广告创作人员作为诉求主题来影响和说服消费者。从不使用广告产品的不良后果中，警诫人们防止不良或不幸结果的发生，给人们造成一种心理上的震撼。

通过描述痛苦场景和相应的严重后果，激发消费者的恐惧诉求，运用"敲警钟"的方法唤起人们的危机意识和紧张心理，进而触发对产品的需求。商品详情页示例 2 如图 3-20 所示。

图 3-20　商品详情页示例 2

【示例】某止咳口服液"孩子咳嗽老不好,多半是肺热,用某某牌小儿肺热咳喘口服液,清肺热,治疗反复咳嗽,妈妈一定要记住哦!"该广告文案中的"恐惧点"是孩子咳嗽老不好,多半是肺热,它把事情的负面因果指出来,让咳嗽老不好的孩子的妈妈感到害怕,进而会激发她的购买行为。

某漱口水"食物残留,口腔细菌繁衍,你是否存在这些口腔问题:口腔细菌?口气困扰?牙菌斑?食物残留?刷牙只能清洁 25% 的口腔面积,75% 的面积还未清洁到位。表明清洁远不够!"该广告文案中的"恐惧点"是口腔清洁远不够,导致细菌繁衍带来一系列口腔问题,让关注口腔问题的消费者感到害怕,从而产生购买行为。

3)认知对比

消费者心理学研究表明,消费者在做出购买决策时,通常并不愿意了解所有的可以获得的产品信息,更可能是通过与产品本身无关的外部因素来判断的——"这个是知名品牌,应该质量更好!",从而做出"满意的""足够好的"决策。在这种情况下,小品牌是非常弱势的,因为消费者直接根据品牌或产地来决定是否购买,而不会详细比较产品本身。因此,小品牌需要通过跟成熟产品进行对比,使消费者充分了解产品本身的差异性,从而突出产品的竞争优势,引导消费者从简单粗暴的"品牌知名度或产地"到详细深入准确地了解"产品的特性",商品详情页示例 3 如图 3-21 所示。

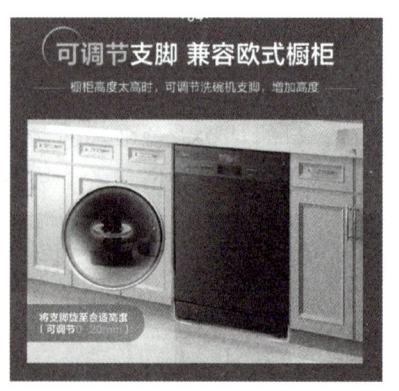

图 3-21　商品详情页示例 3

通过自家产品和竞品的认知对比，凸显自家产品的优势，打消消费者的疑虑，让他们信服你的产品。认知对比更适用成熟品类产品，通过描述竞品的不足，如产品差（设计、功能、质量等方面）和利益少（带给消费者的好处少，甚至有坏处），进而描述自家的产品好且利益多。利用熟知的产品进行对比，使效果更加直接。

【示例】某普通牛奶与水牛奶的对比：水牛奶具有产量稀少、营养价值更高的珍稀奶源，每头水牛的产奶量约为普通奶牛的1/4。具体营养价值对比如下：

普通牛奶	vs	水牛奶
25.1g/kg	蛋白质	37.8g/kg
1.39%	氨基酸含量	1.94%
0.08mg/100mg	铁	0.16mg/100mg
0.67g/kg	免疫球蛋白	10.7g/kg

此外，还可以利用与熟知产品进行对比，使产品效果体现得更具体化、实物化。

【示例】某品牌U型枕：主打卖点是轻便易携带，仅仅2罐可乐大小，方便带去任何地方。

某国产品牌纸尿裤：主打卖点是柔软，穿着轻柔、舒适；将宝宝置于用棉花打造的柔软垫子上，感觉轻轻如羽，云朵般的呵护。

4）使用场景

使用场景说的是一个关于"什么人在什么情况下要解决什么"的问题，有3个关键因素：对象（用户）、动作（需求）、情景（场景）。因此，详情页需要通过直观的功能展示和利益点阐述，把"用户—需求—场景"融合起来，让消费者认为自己迫切需要这件产品，给消费者一个具象化的理由，使其选择或者更倾向于你的产品。

【示例】怕上火就喝王老吉。它的使用场景就是去火，当你上火的时候，你想到的就可能不是祛热药，而是王老吉。

场景化需要通过较多图片及数字展现出使用场景，在身临其境下消费者更容易形成较为深刻的产品认知，从而抓住第一眼印象。

【示例】在如图3-22所示的商品详情页中，用数据说明关节问题与年龄之间的关系，证明大多中老年人都会有关节困扰问题。同时，用多张图片展现出使用场景，激起消费者的共鸣。

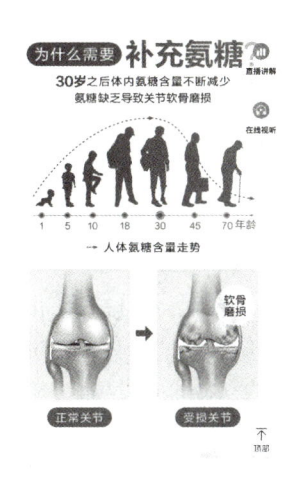

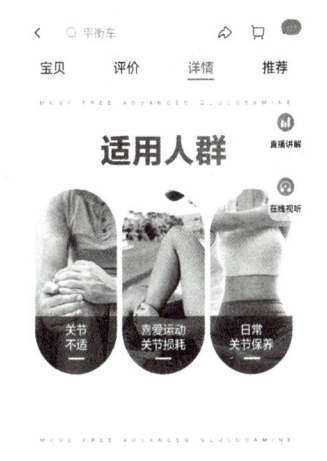

图3-22 商品详情页示例4

广告文案的目的，就是让产品跟目标客户间建立起联系。关联性越强，产品被选择的概率越大，这也是文案一直强调的与产品的相关性。产品跟生活的场景息息相关，没有场景就不会有消费。因此，最重要的并不是"我是谁"，而是"我的消费者用我来做什么"。

【示例】如图 3-23 所示的商品详情页是某品牌一款防皱商务衬衫，通过场景描述来引发痛点共鸣，进而将产品跟目标客户建立起联系。

图 3-23　商品详情页示例 5

那么，如何为产品设计一个恰当的使用场景呢？

首先，梳理出产品可支持的使用场景。通过分析产品的目标客户，可知他们有哪些需求，他们最迫切的需求是什么。根据产品的功能、形状、口味及延伸功能等要素，找到相对应的多个消费场景，尽可能多地找出产品的备选场景。比如剃须刀，便于携带，你就可以设计一个装进口袋的场景；长久续航，你可以设计一个全城停电一周的场景，当别人都满脸胡茬时，而你的客户却依旧干净帅气。

其次，梳理现有竞品，尤其是强势竞品的对应消费场景。碰到强势对手，我们就选择另外一条路，毕竟，生活中的使用场景非常丰富。

最后，确立产品独有的场景，或者还没有打动目标客户的场景，这些都是机会。这里要注意一点，使用场景千万不要贪。比如你卖一瓶饮料，你给它设计了很多场景，能提神、能养颜、能降暑、能祛火等。你的产品看起来无所不能，但对于客户来说，你的产品什么都不能。

即便你的产品功能和其他同类产品相似，没有特别出众的竞争力，那你只需要选择一个正确的共鸣场景。将这个场景中最大的痛点描述出来，你就可以占领产品在目标客户心中的位置，引发传播及销售。某坚果使用场景示例如图 3-24 所示。

5）从众心理

从众心理指的是个人受到外界人群行为的影响，而在自己的知觉、判断、认识上表现出符合于公众舆论或多数人的行为方式，从众心理存在于我们生活的方方面面。在进行商品消费时，也有明显的从众现象。因此，商品详情页可以利用人们的从众心理，通过明示或暗示产品"畅销"来获取消费者的信任，从而更容易产生购买。

同样在电商购物的过程中，很多消费者往往采用销量降序的方式，优先考虑销量排名靠前的商家。在进行产品挑选的时候，会考虑自己是否需要及产品到底质量如何，而畅销代表着已经有非常多的人做出了选择。因此，在商品详情页中凸显产品的畅销和热卖是非常有必要的。

图 3-24 某坚果使用场景示例

6）消费者证言

购物的时候，消费者除了通过商家描述对产品进行了解，往往还会通过已经购买过该产品的相关用户的评价来帮助自己尽快做出决定，消费者更愿意相信消费者，在使用的评价中进一步提高对此产品的认同感。

因此，在详情页中，精选消费者证言来佐证产品的优质，让感同身受的消费者现身说法，更能让消费者信服，从而能够充分激发消费者的购买欲望。需要特别注意的是，收集评论容易，但是精选的评论，必须能击中消费者的内心，切入其核心需求。买家秀和榜单示例如图 3-25 所示。

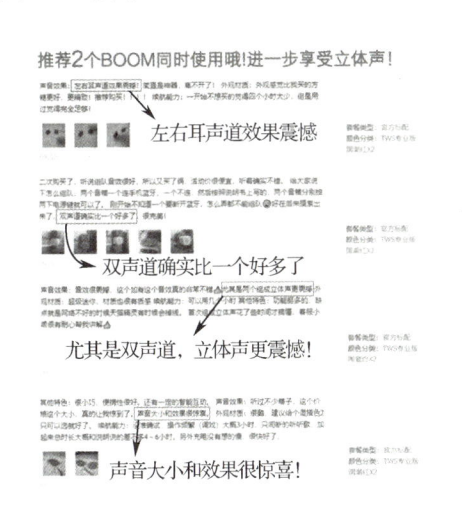

图 3-25 买家秀和榜单示例

【练一练】请搜索"花草茶"关键词，挑选一款产品，从 6 个维度分析其详情页中包含的激发购买欲望的因素，完成表 3-10 的填写。

表 3-10　激发购买欲望的因素

产品名称	维　　度	激发购买欲望的因素（有打√并分析，没有打×）
	感官占领	
	恐惧诉求	
	认知对比	
	使用场景	
	从众心理	
	消费者证言	

4. 为什么买你的：赢得消费者信任

当消费者的购买欲望被激发出来后，会对同类型产品的不同品牌进行比较，在这个过程中，我们需要通过无可辩驳的事实向消费者充分证明产品的品质，从而赢得信任，具体方法有如下几种。

1）权威背书

如果想要赢得消费者信任，我们要给消费者理性证据，通常不是自吹自擂，而是请"外援"为我们撑腰，比如用实验结果说话，请权威机构背书等。同时，需要塑造权威的"高地位"，展示出权威的专业、严谨和巨大影响力。描述权威的"高标准"很严苛，一般人无法获得，得之不易。因此要通过品牌授权、产品销量、买家评论和权威认证等来让消费者产生信任。除此之外，还可以从产品技术先进性的角度强调产品蕴含的科技含量，从而提高消费者心理上对产品的价值感知。商品详情页示例 6 如图 3-26 所示。

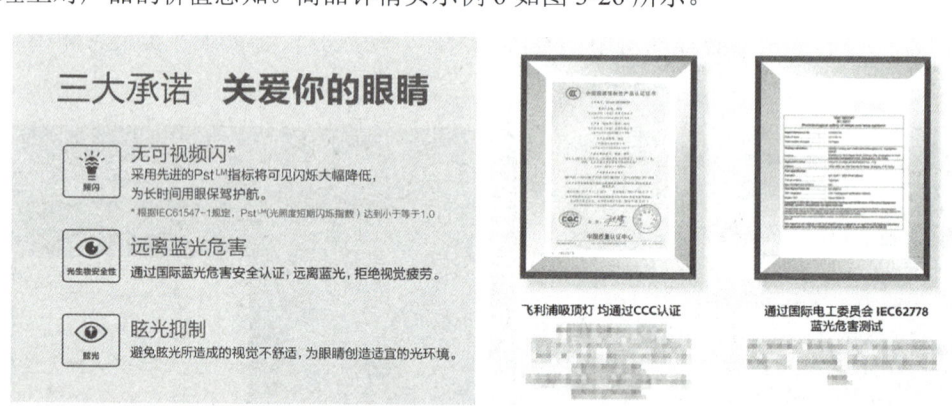

图 3-26　商品详情页示例 6

【示例】某玻璃餐具的佐证：××公司是世界 500 强，成立于 1851 年，1915 年创造耐热玻璃系列产品，开发了耐热陶瓷玻璃并应用于航天。

某防晒衣的佐证：经国家纺织品服装服饰产品质量检验中心（广州）检测，产品均通过 "FZ/T 74007-2019 户外防晒皮肤衣"测试，即作为防晒皮肤衣的性能和效果一致，消费者可放心购买。

某国产品牌纸尿裤的佐证：智能微孔单渗技术，速达吸收层，聚水不易反渗。

某指甲剪：将生物仿真学应用到设计过程中，使用外科手术级不锈钢。

2）事实证明

产品的优势若仅通过文字描述会略显空洞，说服力不够强，所以最好能用事实或数据说明来进一步验证和说明。消费者的关注点是产品的质量、功能等,通过对成分、功能、品牌的描述,直观地让消费者感知到产品价值和优势,了解细分的产品属性具体能为消费者解决什么样的困扰,充分说明产品的优质。某折叠屏手机的产品文字说明为"轻至275g,黄金折叠比例,自由悬停,解放双手",对产品的重量、折叠方式和功能都做了简洁而清晰的说明。用事实证明的商品详情页示例7如图3-27所示。

图 3-27　商品详情页示例 7

【示例】写产品属性的时候,尽量多使用数字、地名和专业名词,越具体越好,如写"1 200万像素"优于"高像素",写"阿克苏长绒棉"优于"优质长绒棉"。写产品作用的时候,要通俗易懂,越简单越好,如"手机拍照清晰""衣服不刺激皮肤""电脑运行流畅"等。

最能直观体现事实的方法,就是用数据进行作证,因为数字可以把抽象的事实具体化,商品详情页示例8如图3-28所示。

图 3-28　商品详情页示例 8

3)化解顾虑

消费者在最后决定下单之前,往往还有最后一点顾虑:万一产品不合适需要退换货怎么办?是否送货上门、确保安装?因此,赢得消费者信任的最后一步是通过实事求是、直观准确地告知买家所能提供的售后内容及时间,从而化解消费者的最后顾虑。化解顾虑的商品详情页示例9如图3-29所示。

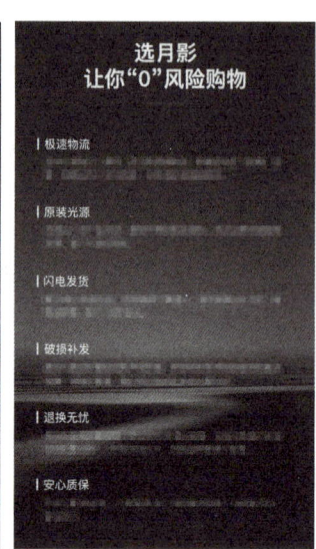

图 3-29　商品详情页示例 9

5. 为什么现在买：引导消费者下单

文案的最终目的是让消费者从心动转为行动，最终掏钱购买。如果仅仅让别人"心动"，但是没有付出最后的"行动"，可能让文案功亏一篑。决定消费者是否马上下单通常是产品的价格是否足够优惠，因此当消费者心动了的时候，可通过价格锚点、利益分摊、正当消费和限时限量等方法，让消费者马上行动起来。

1）价格锚点

价格锚点指商品价格的对比标杆，当消费者判断商品的价值时，常常需要有个供参考的标准来比较，价格锚点就是商家设置的参照标准。因此，可以通过设置较高的价格锚点，来凸显目前价格的优惠，促使消费者尽快做出购买决定。某按摩椅店铺就非常熟练使用价格锚点，将较高的日常价通过活动折扣、店铺满减等方式进行一步步折扣，算出较优惠的最终到手价，商品详情页示例 10 如图 3-30 所示。

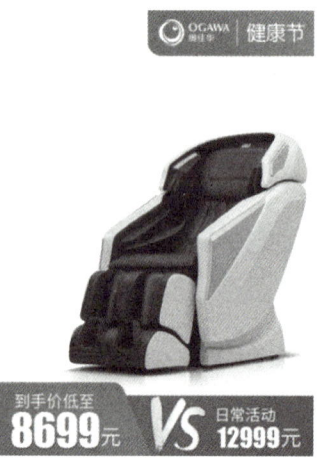

图 3-30　商品详情页示例 10

2）利益分摊

当购买的商品属于高价耐用品时，较高的价格往往让消费者难以下定购买的决心，这时候可以用利益分摊的方式，将较高的价格平摊到每天/每次，心理感受上立刻感觉价格没那么让人望而却步了。健身卡的销售就非常熟练使用这个方法，将一张数千元的健身卡平摊到每天，换算后消费者会感觉划算多了。某价格较高的洗碗机，将费用平摊到单次，使用费用仅需 0.51 元，大大打消了消费者的购买心理障碍。商品详情页示例 11 如图 3-31 所示。

图 3-31　商品详情页示例 11

3）正当消费

正当消费是说服消费者购买的产品是确实有需要的，而不是为了个人的享受或者受消费观念的影响，以减轻消费者下单时的罪恶感，从而做出购买行动。某品牌的 AI 学习机，以 3 大理由来说服消费者，购买它确实是非常必要的，对孩子的学习、护眼都帮助很大：13 寸大屏可以护眼；AI 精准学可以查缺补漏；小初高的全科资料非常齐全。从正当消费角度来说服消费者，一般可以从个人健康、事业发展、关爱家人和礼品消费等几个角度来进行。

4）限时限量

限时限量也就是通过时间限制和数量限制来激发消费者的购买行为。当页面出现"双十一"6 折、"数量有限，抢完即止"等促销活动时，消费者往往会感受到"若现在不买，可能就亏了""再不买，就卖完了"的紧迫感，在短时间的决策压力下，更可能促使消费者在特定时间内迅速做出购买决定。某洗碗机品牌通过"前 20 名送半年洗涤套餐""前 500 名加赠配件包""限量 2 000 套"等限时限量方法来引导消费者尽快做出购买决策。商品详情页示例 12 如图 3-32 所示。

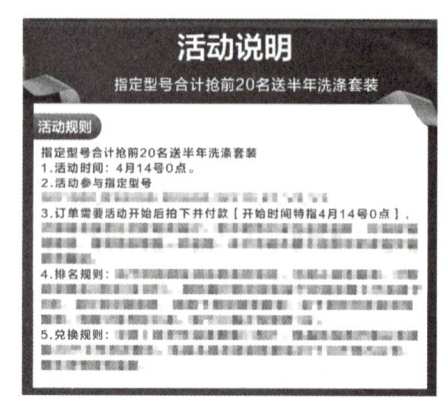

图 3-32　商品详情页示例 12

3.3.2　商品详情页内容设计

1. 商品详情页设计关键步骤及建议

当设计商品详情页内容时,需要确保信息全面、准确、吸引人,并符合用户浏览和购买的习惯,以下是一些关键步骤和建议。

1）页面布局结构与层次

清晰的结构:确保页面布局简洁明了,方便用户快速找到所需信息。一般来说,商品详情页应包括商品主图、标题、价格、促销信息、描述、规格参数、用户评价等部分。

视觉层次:通过合理的视觉层次设计,突出重要信息,如商品主图、标题和价格等。可以使用颜色、字体大小、排版等方式来实现。

2）商品主图与标题

高质量的商品主图:展示清晰、美观的商品图片,多角度展示商品特点。可以使用多张图片,以便用户更全面地了解商品。

吸引人的标题:标题应简洁明了,突出商品的核心卖点。避免使用过于复杂的词汇和句式,确保用户能够迅速理解商品的特点。

3）价格与促销信息

明确的价格:显示商品的原价、现价以及优惠信息,确保用户能够一目了然。

促销标签:使用醒目的标签或图标来展示促销信息,如限时折扣、满减等,激发用户的购买欲望。

4）商品描述与规格参数

详细的商品描述:提供商品的详细描述,包括材质、功能、使用方法等。确保描述准确、生动,让用户对商品有更深入的了解。

完整的规格参数:列出商品的详细规格参数,如尺寸、重量、颜色等,方便用户进行比较和选择。

5）用户评价与问答

真实的用户评价:展示其他用户对商品的评价和反馈,提高用户的信任度。同时,积极回应用户的问题和疑虑,增强用户的购买信心。

互动问答:设置问答区域,鼓励用户提问和分享使用心得,为潜在购买者提供更多参考信息。

6）其他注意事项

响应式设计：确保商品详情页在不同设备上都能良好地显示和交互，提高用户体验。

加载速度：优化页面加载速度，避免用户等待过长时间。

安全性：确保页面安全，保护用户的隐私和交易安全。

2. 商品详情页的排布逻辑

商品详情页的排布逻辑，是指商品详情页面的设计和内容展示顺序，以吸引顾客并促使他们购买，主要包括以下内容。

- 商品标题：简洁明了地展示商品名称，突出关键词，便于搜索和理解。
- 商品图片/视频：展示高质量的商品图片/视频，让顾客从多个角度了解商品的外观、功能和细节。
- 价格和促销信息：清晰地展示商品价格、优惠折扣、促销活动等信息，让顾客了解购买成本。
- 商品评价：展示其他购买者的评价和评分，帮助顾客了解商品的质量和使用体验。
- 商品描述：详细介绍商品的功能、特点、规格、尺寸等信息，让顾客全面了解商品。
- 售后服务：说明退换货政策、保修服务等售后支持，增加顾客的信任感。
- 购买流程：简单明了地介绍购买流程，包括下单、支付、配送等环节，让顾客轻松购买。
- 相关推荐：展示与当前商品相关的其他商品，提高顾客的购买意愿和转化率。
- 店铺介绍：介绍卖家的信誉、实力和服务质量，增加顾客的信任度。
- 联系方式：提供卖家的联系方式，方便顾客咨询和沟通。

以上排布逻辑可以根据商品类型、目标客户和卖家策略进行调整，以提高商品详情页的吸引力和购买转化率。比如，如果结合客户的购买心理，找到、提炼并表达了产品的卖点以后，我们就可以在原来的基础上，优化详情页内容的逻辑顺序，让顾客能更加有条理地看到我们想表达的内容。

除此之外，商品详情页还可以运用"营销思考3步法"和"顾客心理5环节"进行排布，如表3-11所示。

表3-11 商品详情页排布方法

营销思考 3步法	顾客心理 5环节	商品详情页具体设计13项
为什么要买	引发兴趣模块	1. 品牌介绍（可调换到最后）
		2. 焦点图（引发兴趣）
		3. 目标客户群设计——买给谁用
	激发需求	4. 场景图（激发潜在需求）
为什么买你的	信任到信赖	5. 商品详细介绍（逐步信任）
		6. 购买好处（利益点）
		7. 为什么购买（逃避痛苦点）
		8. 同类型商品对比（价格、价值）
		9. 顾客评价、第三方评价（产生信任）
		10. 用户的使用价值文案和图形设计

续表

营销思考 3步法	顾客心理 5环节	商品详情页具体设计13项
为什么现在买	信赖到拥有	11. 拥有后的感觉塑造（强化信任，给客户100%购买的理由）
		12. 给掏钱人购买理由——送恋人、送父母、送领导、送朋友
	替客户做决定	13. 发出购买号召（为什么立刻、现在、马上在我的店铺购买）

任务实训

【实训1】寻找产品的卖点。假如你是某品牌手机的一位运营专员，现在需要为店铺某款新上市的手机撰写商品详情页文案。请利用九宫格法的发散思维，从产品或业务的角度，尽可能多地拓展产品卖点，并将结果填写在表3-12中。

表3-12 产品卖点填写表

	××品牌手机的卖点	

【实训2】表述自己的买点。假如你是一名大学生，最近想购买一款手机，用于日常学习和社交。请从自身角度出发，描述你对手机功能的真实需求并填入表3-13中。

表3-13 产品买点填写表

	我需要手机具备的功能	

【实训3】撰写销售文案的思路如图3-33所示。

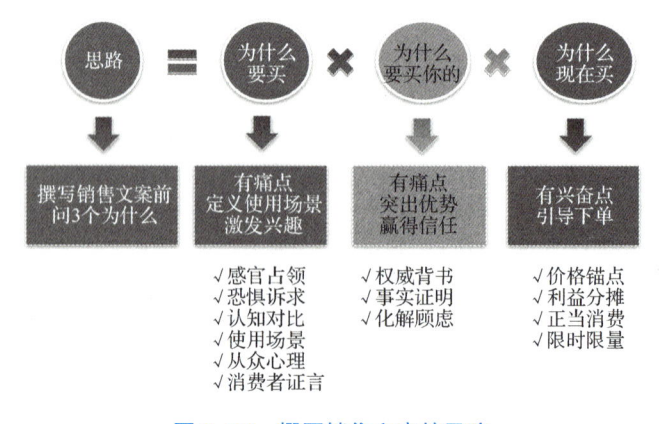

图3-33 撰写销售文案的思路

请结合本任务实训 1 和实训 2 中的卖点和买点，参考如图 3-33 所示的思路，策划商品详情页文案，将结果填入表 3-14 中。

表 3-14　商品详情页文案策划表

为什么要买手机	① ② ③ ④ ⑤ ⑥
为什么要买这款手机	① ② ③
为什么要现在下单	① ② ③ ④

任务评价

评价类目	评价内容及标准	分值（分）	自己评分	小组评分	教师评分
学习态度	全勤（5分）	10			
	遵守课堂纪律（5分）				
学习过程	能说出本次工作任务的学习目标（5分）	40			
	上课积极发言，积极回答老师提出的问题（5分）				
	概述消费者购物心理5个环节；举例说明赢得消费者信任的3种途径；描述引导消费者下单的4种方法（10分）				
	能够结合产品优势和消费者诉求来为产品寻找卖点；能够按照详情页的逻辑排布，撰写商品详情页文案（20分）				
学习结果	"任务实训"考评（50分）	50			
合　　计		100			
所占比例		100%	30%	30%	40%
综合评分					

任务 3.4　直播脚本编写

【工作任务单】

工作任务	直播脚本编写		教学模式	任务驱动
建议学习	2 课时		教学地点	一体化实训室
任务描述	有一位新手主播的直播脚本需要小美编写，要求尽量详细地将直播时各个环节的直播内容设计完善			
学习目标	知识目标	➢ 了解直播脚本的 5 个要素 ➢ 熟悉直播团队各岗位的分工 ➢ 了解直播脚本的基本范式		
	技能目标	◆ 能够对产品卖点进行挖掘，能够撰写情境化的产品脚本 ◆ 能够合理安排产品讲解和福利活动的时间，带动直播节奏		
	素养目标	✓ 具备"实事求是，诚心推荐"的直播内容创作理念 ✓ 具备认真负责、爱岗敬业的工作态度		
实训目标	能够编写完整的直播脚本，包括直播流程和产品脚本			

【知识导图】

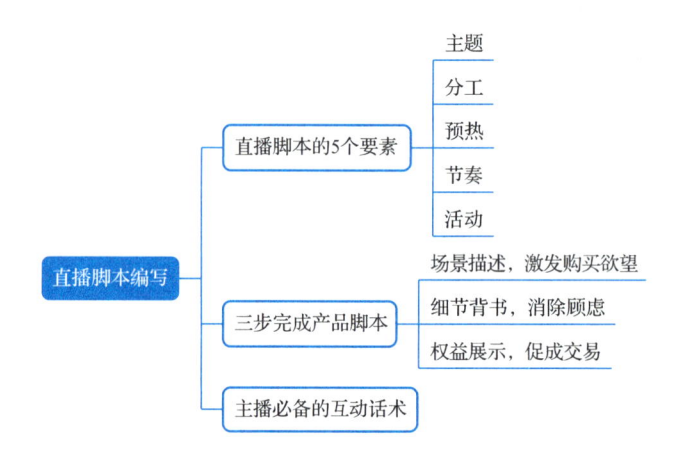

```
                              ┌─ 主题
                              ├─ 分工
           ┌─ 直播脚本的5个要素 ─┼─ 预热
           │                  ├─ 节奏
           │                  └─ 活动
直播脚本编写 ─┤                  ┌─ 场景描述，激发购买欲望
           ├─ 三步完成产品脚本 ─┼─ 细节背书，消除顾虑
           │                  └─ 权益展示，促成交易
           └─ 主播必备的互动话术
```

【任务实施】

【课前思考】什么是直播脚本，你觉得直播脚本应该具备哪些要素？

_____
_____
_____

3.4.1　直播脚本的 5 个要素

直播脚本是主播在直播过程中参照的文本，用来规范直播流程、引导话题和掌控直播节奏。直播脚本对于一场直播来说起着至关重要的作用：一个优秀的直播脚本，能够帮助主播更加流畅地进行直播，提高直播的观赏性和互动性，从而达到吸引用户、促进销售的目的。直播脚本需要将本场直播的基本信息、任务分工等进行展示，并将整个直播流程进行梳理，对重要信息进行强调，从而让整个团队明确地知道在什么时间该做什么，将直播活动有条不紊地进行下去。对于直播带货脚本来说，只要把握主题、分工、预热、节奏、活动这5个关键要素，直播效果就可以控制了。直播脚本的5个要素如图3-34所示。

图3-34 直播脚本的5个要素

1. 主题

直播的主题十分重要，相当于给整场直播定下了一个方向。本场直播的内容是什么？用户为什么要看这场直播？团队应该怎样组合、宣传产品？这些都需要以直播主题为中心进行拓展延伸。所以，只有在确定了直播的主题以后，才能制订后续计划，否则导致目标用户不精准、推广文案无从入手、直播内容宽泛、直播间流失率高等问题。常用的直播带货主题有以下5类。

（1）节日主题。节日主题就是根据不同的节日确定的主题。比如"春节""七夕情人节"，可以设计为"春节拜年好货精选""七夕情人节宠爱专场"等主题。

（2）时节主题。在不同的时节，用户的需求也不一样，比如在夏季，用户的普遍诉求有防晒、美白、解暑、防蚊虫等；而在冬天，用户都会购买与保暖、御寒、显瘦、养生等方面的商品。因此，结合不同时节的特点进行组品，可以设计"特惠床品凉爽一夏""夏季防晒优选""冬日御寒好物"等主题。

（3）目标人群主题。不同的目标人群有不同的需求，本场直播的目标人群是什么？他们有什么特点？包括年龄、性别、职业、消费水平等，他们的需求是什么？想清楚这些问题，就能确定直播主题了，如"胖妹妹显瘦穿搭""新手宝妈必备好物"等。

（4）产品主题。从产品本身出发，设计能突出本场直播产品共性特点的主题，比如"好吃不胖的零食9.9元秒杀""故宫文创产品专场"等。

（5）活动主题。直播的大促活动向来受到用户的广泛关注，比如"双十一""双十二""6·18"等电商大促节日，还有每个月的多个主题活动，以及各品牌的专场活动等，我们都可以进行结合，比如"6·18 爆款返场巨优惠""家装节优选好货"等。

以上主题均可与价格进行结合，突显利益点，这样效果会更好。如表3-15所示列举了一些直播主题的正反面案例。

表3-15 直播主题的正反面案例

正面案例	反面案例
透气防晒衫，这个夏天拒绝闷热（强调透气卖点，激发用户需求） 源头厂家外销爆款，快来捡漏（强调利益点，刺激用户的捡漏心理） 淘宝/天猫爆款真皮女包，一件代发（品牌和爆款做信任背书，增强信任感） 广东桂味大荔枝，现摘现发，顺丰包邮（强调溯源地和新鲜感） 80支面料床品厂家清仓，囤货请进（数字增强信任感）	厂家直销置物架原超市、商场499元直播现场通通18元全国包邮（无断句不通顺） 油漆 大厂代工 DIY 颜色 女生可刷 小罐油漆 无色无味 颜色多 工厂直播讲解（关键词堆砌，含义不明，没有代入感） 美味烤鸡脖（标题过于简单，没有突出特色）

2. 分工

在直播脚本中，应当明确团队成员的分工，这样每位成员不仅知道自己的职责所在，也能清楚本场直播其他人负责的分工内容，从而及时有效地进行沟通协作。如表3-16所示是比较完善的直播团队分工表。

表3-16 直播团队分工表

分　工	职　责
主播	负责掌控直播流程，讲解产品，控制直播节奏，引导购买转化
副播	配合主播进行产品展示，强调利益点、卖点
助播	给主播递品、撤品，引导评论区互动
场控	负责直播设备与后台设备的调试，直播中要配合主播进行互动，及时反馈后台数据，以便主播做出应对
策划	撰写直播脚本、产品脚本、预热文案，与主播保持沟通
拍摄剪辑	制作预热视频和直播切片，为直播间持续引流
商务	负责产品的整理、排期及招商，及时对接商家，确保直播相关信息准确

3. 预热

在直播脚本中要写明预热文案，方便进行预热视频的发布及直播预告的设置。预热文案非常重要，是对直播主题的再加工，要用简短的文字激发用户的观看兴趣，建议以具体产品、人群区分等细节为切入口，用一个话题带出所有的产品，切忌"虚"和"空"，比如"母婴好货，宝妈们看过来"，就不如"手把手教新手宝妈怎样买奶瓶"；也可以直白地讲出消费者的利益点，比如"大牌捡漏，李宁跑鞋低至199元"。

4. 节奏

如何控制直播节奏？首先，要在脚本中明确直播流程，将各个时间段应该做的事情梳理清楚，使整场直播有条不紊；其次，要提炼话术，将开播的情景话术、每个产品的讲解话术、利益点话术、情景导入话术、粉丝互动话术等都进行提炼。

5. 活动

直播间需要设计像开场红包、福利秒杀、抽奖等活动，并将这些活动合理分布在整场直播活动中，以此来吸引用户、留住用户，增加直播间的活跃度。

直播脚本的基本范式如表3-17所示。

表3-17 直播脚本的基本范式

时　间	2023年4月14日星期日 19:30-23:15
主　题	厨房小家电折扣专场（共20款产品）
分　工	主播、产品脚本——安迪；运营、场控、直播脚本——阿涛；商务——小七；助播——王平平
目　标	在线人数：2万人；转化率：10%；1号产品、3号产品、9号产品订单成交量均大于800个
开场预热 19:30-19:35	提醒粉丝签到打卡、打招呼、强调每天直播时间等

续表

品牌介绍/活动介绍 19:35-19:40	本场是"××厨电专场",主推的1号产品××破壁机和9号产品××烧烤炉
产品快速介绍 19:40-19:55	将今天所有的款全部快速过一遍,不做过多停留,不看粉丝评论,不跟着粉丝的节奏走,强调1号产品、3号产品、9号产品的成交情况
50元直播间专属优惠券 19:55-20:00	发券前预热1～2分钟,适当互动;引导关注,然后倒计时发放50元直播间专属优惠券
产品讲解+互动 20:00-22:00	讲解主推款1号产品(介绍10分钟),内容包括讲解测评内容、介绍优惠券活动情况、与粉丝互动; 讲解2～5号产品(每款产品介绍5分钟),内容包括产品特点和折扣信息; 截屏抽奖活动(5分钟); 讲解6～10号产品(每款产品介绍5分钟),内容包括产品特点和折扣信息; 截屏抽奖活动(5分钟); 讲解11～15号产品(每款产品介绍5分钟),内容包括产品特点和折扣信息; 现金红包+"秒杀"活动(5分钟); 讲解16～20号产品(每款产品介绍5分钟),内容包括产品特点和折扣信息
返场推荐 22:00-23:00	对呼声较高的几款产品进行返场推荐,再发放一波优惠券,并与粉丝互动
总结及结束 23:00-23:15	活动总结、强调主推款产品卖点、发货时间、下场直播预告并引导关注
复盘时间	2024年4月14日星期日　23:15-24:00

【阅读材料】淘宝直播标题设置注意事项

3.4.2　三步完成产品脚本

1. 场景描述,激发购买欲望

在一场直播中,"激发购买欲望"非常重要,是排在第一位的。

直播刚开始,一定要让消费者产生购买欲望。让消费者产生购买欲望的最好方法是营造一个场景,与其产生共鸣,让他觉得自己也遇到过这样的情景,需要用这个产品解决问题。

比如茶具,可以营造这样一个场景——当你去朋友家做客时,你和朋友一边聊天,朋友一边用茶具给你泡茶喝,偶尔还说几句关于茶的小知识、小故事。这样的场景不仅让你感觉到了朋友之间的融洽和自在,而且觉得自己受到了尊重。但当朋友来到你家时,你却只能用纸杯给他倒水喝,你想想是什么样的感觉?通过这样的情景对比,让消费者联想到自己之前遇到的类似情况,从而产生购买茶具的欲望。即便是没有遇到这种情况的消费者,也通常会为了避免出现这样的情景而产生购买欲望。

那么,怎样才能策划出这样一个场景呢?这就需要从产品本身的卖点出发,搜集很多相关的资料,提炼出一个适当的场景。比如茶具的卖点在详情页里都有,历史悠久、汝窑文化、手工烧制等。策划场景的具体方式可以通过百度、知乎、小红书、快手、抖音、微信等各个平台，搜集和卖点相关的信息以及与茶文化、茶具文化相关的资料，在资料的查找和整理过程中可以提炼出关联度很高的场景，比如"为什么广东人人手一套茶具"。

【练一练】小美拿到直播产品清单后，将他们一一列举出来，请结合人群定位将相关的场景描述填写在如表3-18所示的表格中。

表3-18 产品场景描述

产　品	场　景　描　述
×××PW5粉色静音纤薄无线鼠标	
×××发光人体工学有线高灵敏鼠标	
×××透明苹果华为通用三模快充鼠标	

2. 细节背书，消除顾虑

细节背书主要分为两部分内容：

（1）把产品的一些细节卖点列出来，方便主播梳理信息；

（2）列举消费者可能会产生顾虑的地方，通过设计合理的话术，配合现场演示、品牌背书等方式打消消费者的顾虑。

比如某品牌充电宝，脚本中就可以列出"45分钟可以充满手机电量""可携带登机""比半个手机还小"等特点。另外，还可以补充一些对比，加强消费者对产品的好感，比如在"45分钟可以充满手机电量"后面，可以写上"其他品牌需要6个小时"。

3. 权益展示，促成交易

权益展示是促成交易的最后一步，通过展示当前产品的优惠信息，指明消费者能获得的福利，从而促成交易。脚本中要尽可能地列举清楚价格差异、优惠券、福利等权益信息。

【阅读材料】美妆护肤产品脚本

【练一练】小美发现在直播产品中，有一款鼠标产品的脚本信息不全，于是点进该产品的商品详情页面查看，发现产品痛点、产品特点及测评使用信息缺失，请扫描二维码，阅读该产品的详情页信息，补全该产品的脚本内容，并完成表3-19的填写。

【阅读材料】×××鼠标的商品详情页

（说明：痛点及产品特点可以在商品详情页中总结；测评信息可以在小红书中搜索。）

表3-19 某产品脚本

产品名称	品牌名称	价格优势	痛　点	产品特点	测评使用
×××G102第二代游戏鼠标 RGB流光灯效鼠标 轻量化设计 游戏鼠标 游戏级8 000DPI传感器 黑色	××	京东价109元/个 直播价99元/个			

3.4.3 主播必备的互动话术

对新手主播来说，不知道说什么，不知道怎么说，直播间没人，直播间冷场……这是很多刚入行的主播都会遇到的问题。如表3-20所示总结了直播带货的7种参考话术，为主播提供思路。

表3-20 直播带货的7种参考话术

类别	核心点	参考话术
开播话术	介绍自己、介绍今天的主题、引导粉丝互动	欢迎来到××（主播名）的直播间，今天是9.9元零食专场，好吃不贵，开心美味！宝子们给主播点个关注、点个小爱心好吗？点赞到1万的时候主播先发个大红包给大家
情景导入话术	从自身经历出发，营造购买情景	熟悉我的宝子们都知道，我超爱吃板栗，但又觉得剥壳太麻烦，所以当我遇到这种加工好的板栗时，都会囤一些，像今天我们直播间的这款，就是经过精心挑选、PK胜出的板栗王者！每一颗都很饱满
产品讲解话术	结合自身感受，形容到位、有重点	这是各种水果蔬菜制成的食品干，有苹果干、薯条干、红枣干、草莓干、秋葵干等，很多种，看着就很有食欲。我特别喜欢的一点是它不是那种很甜的味道，而是香香脆脆的，能吃出蔬菜水果原本的香味。而且，它的热量也不高，特别适合减脂期间的朋友们吃。我最近也在减脂，嘴馋的时候可以嚼几根
利益点话术	价格利益点，营造稀缺感	这个在天猫旗舰店的价格是19.8元一包，今天在我们直播间，直接买一包送一包！买两包送两包！每包只要9.9元！而且商家存货不多了，年底之前应该不会再有这么大的优惠力度，所以我强烈建议大家至少囤6包
粉丝互动话术	设计话题，引导评论	这条丝巾有两种颜色，都很好看：绿色的复古、优雅；蓝色的时尚、俏丽。不知道大家更喜欢哪种颜色呢？喜欢绿色的评论区扣1，喜欢蓝色的扣2，我们看看哪种更受欢迎，等下抽奖送3条给粉丝们
催单话术	打消用户顾虑，营造不买会后悔的气氛	不用想，直接拍，只有我们这里有这样的价格，往后只会越来越贵！而且这个款式，这种颜色，只有最后100件了，卖完就没有了
下播话术	感谢粉丝，进行下场预告	感谢×××位在线粉丝陪我到下播，更感谢从开播一直陪我到下播的粉丝×××、×××（念出上榜的粉丝名），你们的支持是我最大的动力！明天晚上6点，我还在直播间等大家，带给大家更多的福利

任务实训

【实训1】以"七夕节"为主题，设计一场直播活动。请以表格的形式呈现，内容包含主题、分工、预热、节奏、活动这5个关键要素。

【实训2】任意搜索一款薯片产品，写出其产品直播脚本。建议步骤：（1）通过详情页找出这款薯片产品的基本信息和卖点；（2）在小红书、抖音等媒体平台观看其他博主对该产品的描述；（3）综合搜集到的信息，设计该产品的使用情景、产品细节、福利折扣，形成产品直播脚本。

【实训3】根据如表3-20所示的参考话术，设计巧克力产品的情景导入话术、产品讲解话术、利益点话术、粉丝互动话术及催单话术。

任务评价

评价类目	评价内容及标准	分值（分）	自己评分	小组评分	教师评分
学习态度	全勤（5分）	10			
	遵守课堂纪律（5分）				
学习过程	能说出本次工作任务的学习目标（5分）	40			
	上课积极发言，积极回答老师提出的问题（5分）				
	了解直播脚本的5个要素；熟悉直播团队各岗位的分工；了解直播脚本的基本范式（10分）				
	能够挖掘产品卖点，撰写情境化的产品脚本；能够合理安排产品讲解和福利活动的时间，带动直播节奏（20分）				
学习结果	"任务实训"考评（50分）	50			
合　计		100			
所占比例		100%	30%	30%	40%
综合评分					

项目 4

编辑类文案内容规划与写作

任务 4.1 微信公众号文案撰写

工作任务单

工作任务	微信公众号文案撰写		教学模式	任务驱动
建议学习	2 课时		教学地点	一体化实训室
任务描述	本任务帮助小美掌握微信公众号文案的撰写技巧			
学习目标	知识目标	➢ 了解微信文案的类型 ➢ 熟悉微信公众号的设置		
	技能目标	◆ 掌握微信公众号的内容运营 ◆ 掌握微信公众号文案的排版与发布技巧		
	素养目标	通过微信公众号选题规划及内容策划的学习，培养学生的责任心及团队精神，培养学生高度的责任感和自我管理能力		
实训目标	掌握公众号的基本设置，学会微信公众号文案的排版与发布技巧			

知识导图

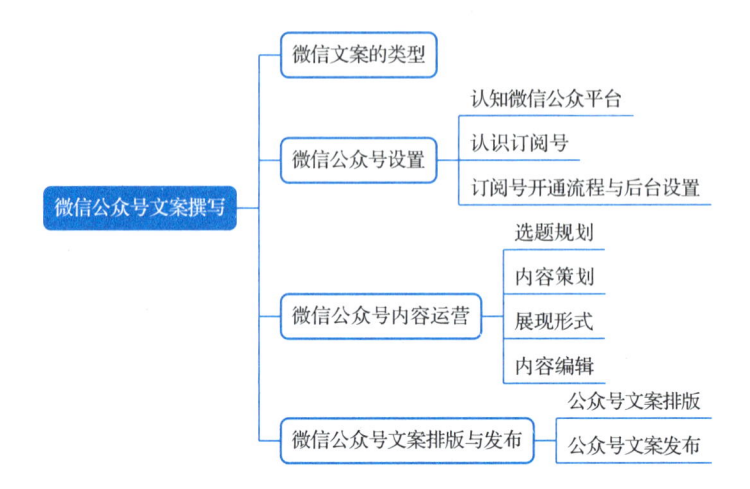

```
                          ┌─ 微信文案的类型
                          │
                          │                    ┌─ 认知微信公众平台
                          ├─ 微信公众号设置 ────┼─ 认识订阅号
                          │                    └─ 订阅号开通流程与后台设置
微信公众号文案撰写 ───────┤
                          │                        ┌─ 选题规划
                          │                        ├─ 内容策划
                          ├─ 微信公众号内容运营 ────┼─ 展现形式
                          │                        └─ 内容编辑
                          │
                          │                              ┌─ 公众号文案排版
                          └─ 微信公众号文案排版与发布 ───┤
                                                         └─ 公众号文案发布
```

任务实施

【课前思考】你使用微信发布过朋友圈文案吗？你对什么样的微信公众号感兴趣？这些公众号在内容设置及排版上各有什么特点？

_____

_____

_____

4.1.1　微信文案的类型

微信文案是指在微信平台上发布的文字内容，它涵盖了多种形式和用途，以下是一些常见的微信文案类型及其内容要点。

（1）朋友圈文案。朋友圈文案通常包括以下类型。
- 日常生活分享：描述个人生活点滴，如旅行、美食、读书心得等。
- 情感表达：表达情感状态，如喜怒哀乐，以及对朋友、家人的情感。
- 观点评论：对时事、社会现象或热点话题发表个人看法。

（2）公众号文案。公众号文案的内容结构如下。
- 标题：吸引读者点击，概括文章主题。
- 摘要：以简明、确切的方式提供文章或内容的主要信息。
- 导语：位于文章或内容的开头部分，是一段简短而引人入胜的文字，旨在吸引读者的注意力并激发其阅读兴趣。它起着引导读者进入文章主题、为内容做铺垫的重要作用。
- 正文：文章的主体内容，要求内容丰富、逻辑清晰。
- 结尾：总结全文，提供联系方式或呼吁读者互动。

（3）广告文案。微信广告文案通常包括以下内容。
- 产品介绍：突出产品特点、优势及适用人群。
- 优惠信息：限时折扣、满减、赠品等促销手段。
- 呼吁行动：引导用户购买或关注，如"立即购买""扫码关注"等。

（4）活动文案。活动文案的内容结构如下。
- 活动主题：明确活动目的和主题。
- 活动规则：详细介绍参与方式、奖励机制等。
- 活动时间：明确活动开始和结束时间。
- 互动引导：鼓励用户参与，如分享、点赞、评论等。

（5）群发消息。群发消息通常包括以下类型。
- 节日祝福：如春节、中秋节等传统节日的祝福信息。
- 日常问候：如早安、晚安等日常问候语。
- 产品推广：针对特定用户群体发送的产品推广信息。

（6）自动回复。自动回复通常使用在以下场景。
- 欢迎语：当用户添加好友或关注公众号时自动回复的欢迎信息。
- 常见问题解答：针对用户常见问题设置的自动回复内容。

这里以公众号文案为例，讲解如何进行公众号设置、公众号内容运营及公众号文案排版与发布。

4.1.2 微信公众号设置

1. 认知微信公众平台

微信公众平台是给个人、企业和组织提供业务服务与用户管理能力的全新服务平台。微信公众账号可以分为服务号、订阅号、小程序和企业微信（原企业号）4 种，如图 4-1 所示。

图 4-1 微信公众账号分类

特别注意的是：个人身份只能开通订阅号发布资讯，公司或组织才能开通服务号、小程序和企业微信。4 种微信公众账号的区别如表 4-1 所示。

表 4-1 4 种微信公众账号的区别

比较项目	服 务 号	订 阅 号	企业微信（原企业号）	小 程 序
上线时间	2013 年	2013 年	2014 年	2017 年
适合人群	企业/组织	企业/组织/个人	企业/组织	企业/组织/媒体
微信位置	微信消息列表 通讯录公众号列表	折叠进"订阅号"列表 通讯录公众号列表	微信消息列表 通讯录企业号专栏	微信发现最下方

续表

比较项目	服 务 号	订 阅 号	企业微信（原企业号）	小 程 序
消息频率	每月4条消息	每日1条消息	无限推送	无主动推送
接口权限	全部接口/微信支付	部分接口	部分接口	—
功能特色	服务/商业	信息传播/媒体资讯/品牌宣传	关注限制，需邀请用户才能关注	无须下载、用完即走的类App服务
使用定位	客户服务，商品销售	媒体宣传和传播	内部办公及沟通管理	用户不经常使用但是刚需的工具

（说明：举例中的订阅号名称可能随着时间的推移发生变化）

【想一想】以下情景分别应该用哪种类型的公众号？

学校的公众号应该选用＿＿＿＿＿＿＿＿＿＿＿＿＿＿＿＿＿＿＿＿＿＿＿＿＿

企业定期发送促销信息，应该选用＿＿＿＿＿＿＿＿＿＿＿＿＿＿＿＿＿＿＿＿＿

学校门口的肯德基门店应该选用＿＿＿＿＿＿＿＿＿＿＿＿＿＿＿＿＿＿＿＿＿

同学老乡会有无必要开通一个微信公众号，如果有必要，应该选用＿＿＿＿＿＿＿＿

公司为满足内部员工或供应商信息交流需要，应该选用＿＿＿＿＿＿＿＿＿＿＿＿

【阅读材料】微信公众平台运营规范

2. 认识订阅号

【想一想】常用的电商平台如天猫、淘宝、京东等，它们开通了微信订阅号吗？你觉得开通后的效果怎样？为什么？

＿＿＿＿＿＿＿＿＿＿＿＿＿＿＿＿＿＿＿＿＿＿＿＿＿＿＿＿＿＿＿＿＿＿＿

＿＿＿＿＿＿＿＿＿＿＿＿＿＿＿＿＿＿＿＿＿＿＿＿＿＿＿＿＿＿＿＿＿＿＿

＿＿＿＿＿＿＿＿＿＿＿＿＿＿＿＿＿＿＿＿＿＿＿＿＿＿＿＿＿＿＿＿＿＿＿

1）订阅号的定义

订阅号是微信公众号的一种类型，旨在为用户提供信息和资讯服务。它为媒体和个人提供了一种新的信息传播方式，主要功能是在微信端给用户传达资讯（功能类似报纸、杂志，提供新闻信息或娱乐趣事）。

适合人群：企业、组织、个人。

群发消息次数：订阅号（认证用户、非认证用户）1天内可群发1条消息。

2）订阅号的分类

订阅号的应用领域非常广泛，几乎涵盖了各个行业和领域。订阅号按应用领域的分类如表4-2所示。

表4-2 订阅号按应用领域的分类

类 型	说 明	举 例
新闻资讯类	提供国内外新闻资讯	新华社、人民日报、财经网等
科技类	提供科技资讯和创业信息	36氪、钛媒体、雷锋网等
健康类	提供健康养生知识和医疗咨询	健康时报、丁香医生、好大夫在线等

续表

类　型	说　明	举　例
生活类	提供生活方式和兴趣爱好相关的信息	美食杰、悦己女性、旅游攻略等
金融类	提供最新的金融资讯和投资理财建议	财经网、证券时报、华尔街见闻等
娱乐类	提供最新的娱乐资讯和影视音乐推荐	豆瓣电影、猫眼电影、音乐人等
政务类	提供政府政策和公共事务信息	政务微信、政府公报、政策解读等
知识类	提供大众知识或行业知识和专业知识	常见的各种健康知识公众号
经验类	提供人们在生活中总结出的一些心得、技巧、方法，既可以是大众的，也可以是专业的	键盘喵速排、辅助文章排版设计等

我们可以参考业界权威网站新榜，查看订阅号的日／周／月榜单，以判断订阅号的影响力。

【想一想】你的兴趣、爱好是什么？如果你运营微信订阅号，计划运营哪种类型？

3. 订阅号开通流程与后台设置

1）微信订阅号的开通

在开始发布微信推文前，我们需要注册微信订阅号。订阅号的主体可以是个人，也可以是企业。开通微信订阅号前，我们需要做如下准备工作：

- 想好订阅号的名字及头像；
- 开通 E-mail 邮箱；
- 准备好身份证件；
- 具有正常使用的手机号码；
- 绑定了本人身份信息的银行账号。

【阅读材料】微信订阅号（个人）注册流程

2）微信订阅号的基本设置

微信订阅号的基本设置内容如图 4-2 所示。

明确定位 → 确定名称 → 设置功能介绍 → 自动回复设置 → 菜单设置

图 4-2　微信订阅号的基本设置内容

（1）明确定位。设置基本信息之前，首先要对公众号进行明确定位，包括用户定位、服务定位和内容定位。

①用户定位，即用户要什么？我们要从如表 4-3 所示的 5 个维度进行分析。

表 4-3　用户定位的 5 个维度

分析维度	举　例
需要什么	某服装公众号的图文推送主要以活动信息、新品上架信息为主，因为品牌知名、受众较多（购买需求明显），所以用户最需要及时知道其活动及产品信息
喜欢什么	追明星、红人热点几乎是新媒体运营的常态工作，因为用户喜欢了解娱乐八卦，小编们自然投其所好
在意什么	纸尿裤早期的产品卖点为方便，但市场反响平平；将卖点更换为舒适健康后，市场却热度高涨。为什么呢？因为宝妈们更加在意孩子的健康
烦恼什么	游戏类公众号基本都会推送大量的教程类图文，因为游戏用户都有"不知道怎么玩好这款游戏"这样的烦恼
交流什么	母婴亲子类的公众号大多数都做过关于宝宝的投票活动，且效果优异；因为母亲热衷于交流分享与宝宝相关的话题与活动

② 服务定位，即我们能提供什么样的服务，如资讯、娱乐、功能等。比如，一家卖可乐的公司能提供的服务如图 4-3 所示。

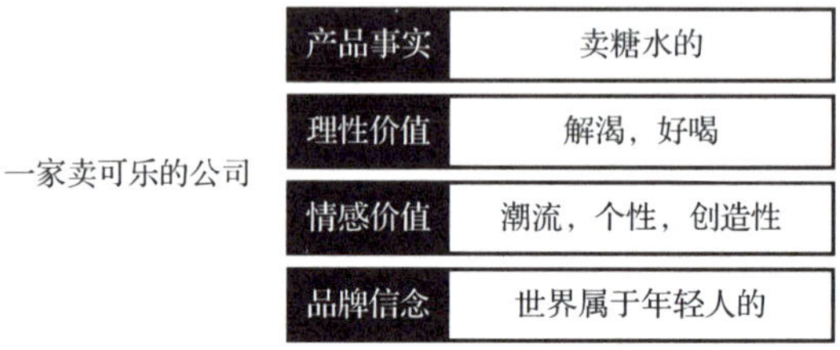

一家卖可乐的公司

产品事实	卖糖水的
理性价值	解渴，好喝
情感价值	潮流，个性，创造性
品牌信念	世界属于年轻人的

图 4-3　一家卖可乐的公司能提供的服务

③ 内容定位，即我们做什么？如我们的公众号具备什么样的功能，设置什么样的角色、主题，实施怎样的计划等。人民日报微信公众号的内容定位是"参与、沟通、记录时代。"，如图 4-4 所示。

人民日报

参与、沟通、记录时代。
198篇原创内容　560个朋友关注

图 4-4　人民日报公众号的内容定位

（2）确定名称。微信公众号的名称能起到品牌识别和风格延伸的作用。我们可以从不同的角度出发，打造属于自己特色的名称，如从目标用户角度、生活场景角度、地域文化角度、内容比喻角度及细分领域角度等。

微信公众号名称的组成：由字母（可大写、小写）、数字和横线组成，可以根据功能定位进行修改。

微信公众号的头像：企业公众号运营首选企业的 Logo 作为公众号头像。建议使用完整的高清图片，格式上最好居中。

公众号命名规则：3～30个字符以内；不支持设置空格、特殊符号；不需要和公司/组织名称保持一致，不能与其他账号名称重复。

企业公众号推荐命名格式：品牌知名度高或多品类的企业，推荐品牌名，如华为、李宁等；品牌知名度一般或品类单一的企业，推荐品牌名＋品类名，如××美妆、××文具。

总之，微信公众号命名需遵循以下原则。

- 简洁明了：名称应简短易记，避免冗长和复杂的词汇组合，这样更容易让用户记住并快速找到你的公众号。
- 突出主题：名称应反映公众号的主要内容或特色，让用户一眼就能了解你的公众号是关于什么的。例如，如果是旅游类公众号，可以包含"旅游""旅行"等关键词。
- 创意独特：在符合主题的前提下，可以尝试一些独特、有创意的名称，以吸引用户的注意力。但要注意避免过于独特而让用户难以理解或记忆。
- 避免生僻字和错别字：生僻字和错别字不仅难以记忆，还可能影响用户搜索和关注你的公众号。因此，建议使用常见、易懂的汉字。
- 考虑品牌定位：如果你的公众号有明确的品牌定位，可以在名称中融入品牌元素，以强化品牌形象。
- 检查重名情况：在确定名称前，建议搜索微信公众平台，确保没有重名的公众号。这样可以避免潜在的法律纠纷和混淆用户的情况。
- 易于搜索：考虑用户在搜索公众号时可能使用的关键词，确保你的公众号名称包含这些关键词，以提高被搜索到的概率。
- 避免涉及敏感词汇：确保公众号名称不包含任何敏感、违规或政治色彩浓厚的词汇，以避免被微信公众平台封禁。

（3）设置功能介绍。作为公众号门面的功能介绍，其内容设置非常重要。"微信公开课"公众号功能介绍如图4-5所示。

图4-5 "微信公开课"公众号功能介绍

微信公众号功能介绍设置技巧如表4-4所示。

表4-4 微信公众号功能介绍设置技巧

介绍类型	编辑要点	举 例
内容价值	公众号对你而言有什么价值	分享全球顶尖创意文案，激发你的灵感创造力，专业文案人学习交流平台（顶尖文案订阅号）

续表

介绍类型	编辑要点	举例
品牌价值	品牌价值 品牌荣誉 企业规模 品牌历史	参与、沟通、记录时代（人民日报订阅号） 了解最新的小米手机从这里开始（小米手机订阅号）
产品价值	产品卖点及其带来的用户价值	产品经理不再是一个岗位名称，而是一种思维方式。不论你是"超级个体"，还是公司的经营者、管理者，是否具备超强的产品思维都将是你成功的关键要素（人人都是产品经理订阅号）

（4）自动回复设置。微信公众号的自动回复功能是一种强大的工具，能够显著提高用户与公众号之间的交互效率，同时为用户提供更好的体验。自动回复功能主要包括被关注回复、消息自动回复和关键词自动回复等几种形式。

① 被关注回复：当用户首次关注公众号时，系统会自动发送一条预设的欢迎消息。这种回复对于与用户建立初步联系、展示公众号特色或引导用户进行下一步操作非常有效。你可以根据公众号的定位和目标受众，设计个性化的欢迎消息，如介绍公众号的功能、推送热门文章或提供优惠活动信息等。

被关注自动回复的形式及设置技巧如表 4-5 所示。

表 4-5 被关注自动回复的形式及设置技巧

形　式	设　置　技　巧
文字	文字风格宜拟人化； 先打招呼拉近关系，再介绍公众号的价值/服务，最后引导用户互动（超链接）
图片	适用于主推活动期间使用； 一般使用高清精美的活动海报； 图片最好植入二维码，引导客户参与
图文	表现力强； 设计要素包括图文标题、图文封面、图文摘要等
语音	新颖有趣，具有"温度"； 60 秒时间限制； 结尾最好引导用户互动

② 消息自动回复：当用户向公众号发送消息时，如果公众号的人工客服没有及时回复，系统可以根据预设的规则自动回复用户。这种回复可以是一条简单的确认消息，告知用户已收到他们的信息，并会尽快处理；也可以是一个更具体的回答，根据用户的问题或需求提供相关信息或建议。通过消息自动回复，你可以确保用户在任何时间都能得到及时的反馈，提高用户的满意度和留存率。

③ 关键词自动回复：关键词自动回复允许你根据用户发送的消息中的关键词来触发特定的回复。这种功能对于提供针对性的信息和服务非常有用。例如，你可以设置当用户发送"活动"这个关键词时，自动回复相关的活动信息；当用户询问某个产品的价格时，自动回复相应的价格信息。通过合理设置关键词和对应的回复内容，可以提高回复的准确性和效率，同时减少人工回复的工作量。

关键词回复形式及示例如表 4-6 所示。

表 4-6 关键词回复形式及示例

形　　式	示　　例
菜单回复	尊敬的客户：您的回复小 × 已收到。非常感谢您的支持和关注！ 回复以下数字快速查询： [1]　查询［账单］［积分］ [2]　申请信用卡及大额分期 ……
联系方式回复	感谢您的回复，如需服务可致电 400-880-×××× 或加客服 QQ 号 11223×××
收到信息回复	感谢您的回复，你的信息小编已收到，会尽快在 48 小时内回复您，麻烦耐心等待

（5）菜单设置。公众号的菜单一般分为一级菜单和二级菜单。一级菜单通常设置在 3 个以内，每个一级菜单下可以设置最多 5 个二级菜单，即通常所说的"3 横 5 竖"。常见的公众号菜单形式如图 4-6 所示。

图 4-6　常见的公众号菜单形式

常见的公众号菜单类型有"高冷型"菜单栏、"对话式"菜单栏和"忙碌型"菜单栏等。不同类型的菜单栏适合不同的公众号风格和运营需求。例如，"高冷型"菜单栏适合功能相对简单、板块较少的公众号；而"对话式"菜单栏则更适合人格化、互动性强的公众号。

在设置菜单时，还需要注意菜单的命名和内容编辑。菜单的命名应该简洁明了，能够准确反映其功能或内容。内容编辑则需要注重信息的准确性和可读性，避免过于复杂或冗余的表述。

除了基本的导航功能，公众号的菜单还可以设置图文信息、文字信息、图片信息、语音信息、视频信息等多种内容形式。同时，菜单还可以链接到公众号的历史文章、小程序、外部网页等，实现更丰富的功能拓展。

4.1.3　微信公众号内容运营

内容运营是指基于产品的内容进行选题规划、内容策划、内容创意、展现形式、内容编辑、内容优化、内容传播等一系列与内容相关的工作。这里从选题规划、内容策划、展现形式和内容编辑 4 个角度进行讲解。

1. 选题规划

1）填写选题规划表

内容运营的首要任务是进行选题规划，即策划出下一阶段的主要内容形式、内容选题等，并填入选题规划表，作为下一阶段的内容运营总纲。某饮食类公众号选题规划如表 4-7 所示。

表 4-7　某饮食类公众号选题规划

星期	内容形式	推送时间	内容选题	暂拟标题
星期一	图文	18:00	美食 DIY	5 步教你蒸蛋羹
星期二	图文	18:00	旅行美食	都说江南美景，那江南有什么美食
星期三	图文	18:00	美食盘点	盘点：6 种超省时间的早餐做法
星期四	图文	18:00	健康美食	为什么要劝你多吃木耳
星期五	图片	18:00	挑食材	苹果怎样区分品种
星期六	图片	22:00	夜宵推荐	泡面的另类吃法
星期日	图文	22:00	下周吃啥	马上冬至，据说吃这些不冻耳朵

2）确定选题方向

日常撰写公众号文章时，确定选题方向的方法如下。

（1）从内容定位中挖掘关键词，再通过关键词的延伸和组合来确定文章的选题方向。

（2）从精准用户的需求出发，分析自己公众号的用户群，以他们的需求和痛点为基本出发点，结合自己擅长和专注的领域确定选题方向。

（3）追热点。追热点的选题角度为"热点关键词+内容定位+用户痛点"（注意负面的、政治类的热点尽量不要碰）。

（4）借鉴同行。竞争对手是你不容忽视的灵感来源，建议关注多个同行的公众号，以便博采众长。一般要关注 3 个维度的竞品公众号：第一，和自己各种条件相似的（更具借鉴价值，不易"水土不服"）；第二，比自己厉害的（学习思路、技巧，提升眼界，但要记住勿生搬硬套）；第三，做得不好的（少看，主要是警示自己，避免犯同样的错误）。

（5）借鉴爆文，关注自媒体的爆文（能爆往往是因为抓住了用户的眼球和需求）。借鉴爆文可以适当修改一些元素来进行应用，如更换字眼、更换对象、更换场景，甚至唱反调都是不错的应用方式。

3）好选题的特征

一个好的选题，应具备潜在用户多、吸引力强、选题新鲜 3 个特征。

（1）潜在用户多，即对此选题感兴趣的用户比较多，也就是说一个选题要爆，它的受众人群一定要广。唯有满足大多数人的需求，才有大概率成为爆文。

（2）吸引力强，即这个选题能有效地激发用户点击和阅读的兴趣，也就是常说的标题技巧。只有赋予选题强烈的需求吻合和话题性，才能促使用户点开浏览。

（3）选题新鲜，即这个选题还没"烂大街"，被消费程度低。当然不是说所有被用烂的选题就不能用了，只要能别出心裁，也能被使用。例如，这个事件别人都从 A 角度去谈，而你则反其道而行之，从 B 角度去谈。

4）找到好选题的技巧

（1）懂用户，更懂用户的需求和痛点。"为什么我常常写出阅读量超 10 万次的文章，因为我对用户爱得深沉"，只有你懂用户，为用户创造价值，那么用户就会用行动来为你站台。所以找好选题的第一条件是要尽可能多地写出目标用户的需求和痛点，然后在这些需求和痛点中选出 1～3 个去解决，以此来确定选题。

（2）尽可能选择大众化、受众群广的需求和痛点来切入，人群数量的上限决定你引爆的可能性的大小，前提是不能偏离内容定位。

（3）追热点要快、准、特别，当发现热点时，要迅速判断是否适合追。如果适合，通过什么角度去切入？一般热点都从两个方向去延伸：人和事。即这个热点事件中有哪些人物参与？可以从人物角度切入。这个热点事件是一件怎样的事？这个事件有哪些特点可以切入？

【阅读材料】选题规划方法

2. 内容策划

1）策划公众号内容调性

公众号必须在粉丝心中塑造一个专属形象，占据粉丝的心智。当用户一想到你专注的领域时，会立马想起你的公众号。为了达到这样的战略效果，我们必须在内容层面就明确"写什么"和"不写什么"，为用户提供具备识别度、持续一致的内容价值。

（1）内容定位。确定内容定位，需要解答以下 3 个问题：
- 用户是谁（人群划分）；
- 用户有什么需求（用户诉求）；
- 我们能满足用户什么需求（品牌诉求）。

回答这 3 个问题时，答案要具体、真实、精准。公众号内容定位的维度及示例如表 4-8 所示。

表 4-8　公众号内容定位的维度及示例

维　　度	示例 A 版本	示例 B 版本
用户是谁	女性白领	位于广州，对生活品质有追求，偏好拉丁文化风情的女性，一般多为白领与大学生，有出国甚至国外定居经验
用户有什么需求	美食、健康、旅游	喜欢正宗国外美食、偏好天然新鲜的原材料美食、钟爱拉丁国家风土人情
我们能满足用户什么需求	提供高性价比的美食	为用户提供原汁原味的拉丁美食与极具拉丁风情的用餐环境

（2）调性定位。公众号的调性定位其实可以总结为一句话，即以同时满足品牌需求和用户需求为核心追求，确定一个写作风格（人格化）即可。调性定位是非常难的一件事：一是你必须要给自己的内容调性找到显著的不同和差异所在；二是"调性"这个词毕竟务虚，即

便真的找准了，你要落到实处，找到具体的发力点也很不容易。

内容调性一般包括 3 个维度：
- 人格设定，即什么性格；
- 语言特点，即说话有什么特点；
- 价值取向，即认为什么是对的，什么是错的。

因此，当接手一个公众号时，先明确用户是谁，用户有什么需求，我们应该满足用户什么需求。把答案全部写在一张纸或黑板上，思考用户一般倾向于找谁解决这些问题。确定人格方向后，再提取这个人格应该有什么性格和特点，分析自己的品牌、产品的特征，进行多种组合。最后，在多种组合中选择最具差异化和契合度的特点作为公众号的内容调性。

2）构建写作素材库

"巧妇难为无米之炊"，一个文案若想灵感源源不断，保持持续、高质量的输出，必须要有专属的内容素材库，以便挖掘灵感、高效写作和引经据典。

（1）公众号素材搜集工具及方法。首先来认识一下哪些工具能帮助你搜集素材，公众号素材搜集的工具及方法如表 4-9 所示。

表 4-9 公众号素材搜集的工具及方法

平台	工具名	使用方法	备注
移动端	手机相册	看到好的素材立刻拍摄下来截图；看到手机端好的素材，可直接截图	注意要命名并简略写上记录的原因，最好进行云端备份，隔一段时间保存在 PC 机特定的文件夹里
	微信收藏夹	看到好的文章，马上收藏、添加特定标签	图文可能会失效，所以重要的文章最好将链接在 PC 端打开，复制到本地文件夹/笔记类的软件里
	微信文件助手	当有好的灵感时，可以马上用语音方式发给文件助手，闲暇时再以文字录入到别的笔记工具	快捷方便，适合记录突发灵感
移动端/PC 端	印象笔记	可以把好的素材、灵感记录到此类软件 App 中，移动端和 PC 端同步，使用方便	类似软件还有有道云笔记，注意分类整理
PC 端	方片收集	谷歌浏览器插件，适用于快速记录浏览器的素材	—
线下	笔记本	将好的灵感和素材以手写的方式记录下来	虽慢且烦琐，但面对高质量素材，这是最好的记录方法之一

（2）建立素材库。

① 标题库，即收集优秀的标题。标题具有很强的借鉴性，保存各种类型的好标题便于日常学习和借鉴。

② 内容库。内容库建议这样进行分类，按照文字、视频、音频、图片进行分类保存，在保存的同时添加此内容的收集理由。

③ 灵感库，即将平时自己迸发的和借鉴他人的灵感素材收集到此库。该库的功能与"点子王"的功能类似。

（3）素材库的更新与维护。"书到用时方恨少"，因此，不要总是在需要用时才去翻看素材库，日常也应该预留一些时间来翻阅，这样既可以提升素材库的使用效率，也可以提升自己的审美能力和文字感知力。分门别类并做到井井有条，将素材库里庞大的素材按照属性、用途进行分类，通过文件夹和文件名的命名来区分；定期清理素材库，将无价值、不使用的素材删除，或者移入待确认删除的文件夹。运营公众号的素材库截图如图4-7所示。

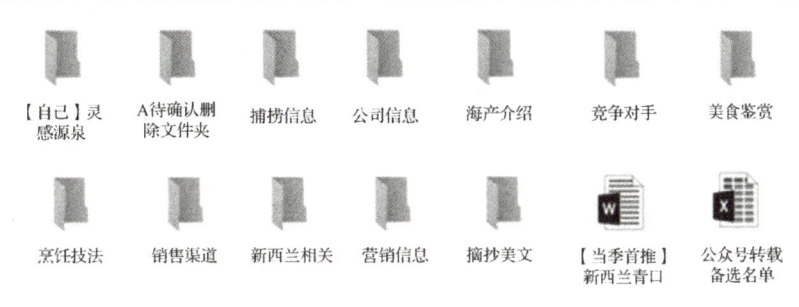

图 4-7 运营公众号的素材库截图

3. 展现形式

1）原创、转载和翻译

根据内容来源分类，展现形式可以分为原创、转载和翻译。

（1）原创。微信公众平台从创立以来采取了多种方式鼓励原创作品，比如，在2015年1月上线了微信公众平台原创声明功能，原创者可在微信公众平台后台的"素材管理"处进入"图文消息"编辑，点击"申请原创声明"按钮，并填写提交原创声明的信息。

（2）转载。长期坚持原创是一件非常困难的事情。所以，为了保持稳定的更新频率，部分公众号会采取转载的方式更新推文。转载是一种相对简单的内容制作方式，只需要获得原创方的授权，并遵循相关规定转载即可。

（3）翻译。除了转载，翻译也可以作为原创文章的补充。相比于纯原创，翻译耗费的时间相对较少，但相比于直接转载，翻译具有一定的技术门槛。

2）文字、图片、音频、视频

根据内容形式分类，展现形式可以分为文字为主型、图片为主型、音频为主型、视频为主型。

（1）文字为主型。微信公众号中的大部分推文是以文字为主的图文型，搭配少量的图片进行解释说明。对于此类公众号来说，文案是灵魂，配图则有锦上添花的作用。

（2）图片为主型。图片型公众号大多属于漫画型或照片型，漫画和照片是此类公众号最重要的部分。

（3）音频为主型。音频类公众号的核心在于声音，主播的声音决定了此类公众号的受众。

（4）视频为主型。视频类公众号的运营难度相对较大，需要较为专业的视频拍摄能力。

3）故事型、知识型、评论型

根据内容的体裁分类，展现形式可以分为故事型（记叙文）、知识型（说明文）、评论型（议论文）。

（1）故事型（记叙文）。记叙文是以记人、叙事、写景、状物为主，以写人物的经历和事物发展变化为主要内容的一种文体形式，通俗来说就是讲故事。大多数情感类公众号的推文都属于记叙文。

（2）知识型（说明文）。说明文是一种以说明为主要表达方式的文章体裁。它通过对实体事物科学的解说，对客观事物做出说明或对抽象事理的阐释，使人们对事物的形态、构造、性质、种类、成因、功能、关系或对事理的概念、特点、来源、演变、异同等能有科学的认识,从而获得有关的知识。许多以提供干货为主的公众号的推文都属于说明文,考虑到传播度,大部分公众号都会把干货内容写得非常通俗易懂,浅显有趣。

(3) 评论型(议论文)。议论文是以议论为主要表达方式,通过摆事实、讲道理,直接表达作者的观点和主张的常用文体。

4. 内容编辑

公众号文章结构一般包括标题、摘要、导语、正文和结尾5个部分。

1) 标题写作技巧

标题乃文章成败关键,毕竟在碎片化阅读的背景下,不点击是用户的常态行为。如何才能使标题出彩、夺人眼球呢?无非学套路(看爆文标题,纳入素材库供借鉴)、懂用户(多接触用户,多换位思考,以为用户产生价值为使命)、看数据(要有运营思维,善于分析文案数据,科学指导工作)3点而已。

(1)"抱大腿"。让标题出现名人、头衔、权威机构名称或热点事件。这里的"大腿"犹如日常消费中的知名品牌一样,能提升用户的熟悉度、内容的含金量,迎合用户追求权威和从大流的心理。"抱大腿"一般采用替换法,先根据内容将标题构思出来,然后对标题进行分词,根据分词展开联想,延伸思路直至能找到这个领域的"大腿",然后进行替换处理。

(2)用数字。"数字是上帝的语言",能用数字的地方就别用文字。因为数字的辨识度高、客观具体、直观明了。

(3)与用户有关。与用户有关,即想尽一切办法,让读者觉得"这篇文章跟我有关,我得点开看看"。

【阅读材料】不做标题党

2) 摘要写作法

公众号摘要,也被称为概要或内容提要,主要目的是以简明、确切的方式提供文章或内容的主要信息。它不加评论和补充解释,直接摘录要点,帮助读者快速了解文章的核心内容。

在公众号运营中,摘要扮演着重要的角色。它可以被视为文章的"预告片",起到预热和吸引读者的作用。一个好的摘要能够激发读者的兴趣,增加文章的点击率。摘要与标题、封面共同组成吸引用户点击阅读的第一展现要素,如图4-8所示的这种黄金展位的摘要,其重要性可想而知。

图 4-8 微信公众号的封面、标题和摘要

摘要写作技巧如下：

(1) 读后感。用户决定是否看图文，关键是文章价值的多少，将一句诚挚的读后感作为摘要，能帮助用户打消疑虑，用户更愿意点击浏览。

(2) 价值提炼，即把文章的核心价值概括给用户，让用户明确文章的价值点，帮助他阅读。

(3) 对标题进行补充，即用摘要延续标题，强化前后呼应，让价值点更加突出。

(4) 推荐语，即将图文的热度、稀缺度和重要性推荐给用户。

技巧总结：摘要不要过于长和啰唆，简洁明了，尽量用一句话让用户看明白（建议15个字以内）。

3）导语写作法

导语其实是新闻术语。由于新闻是非常成熟的写作形式，因此在很多文案写作中也会运用这个技巧，但这并不是非用不可的（如果你确定使用这一结构，最好持续地使用下去，以便形成自己的图文风格）。导语就是以简要的文句，突出最重要、最新鲜或最富有个性特点的事实，揭示新闻要旨，吸引读者阅读消息的开头部分。导语的写作方法如下：

(1) 内容概括或中心提炼。内容概括或中心提炼是最常用的导语写作方法。写这类导语不能急，应该是在你写完全文后方构思写作。其实就是用导语告诉用户这篇文章说什么，只需要在导语中用简洁干练的语言，将主体内容告诉用户即可。但要注意措辞的艺术性，即注意对用户的吸引力，避免过于平淡。

(2) 推荐语。虽然第一种方法常用，但有时候不是很适合新媒体文案的需求，反而是推荐语这种形式更加适合。所谓推荐语，就是给用户一个看这篇图文的理由，促使用户继续阅读。怎么写？有痛点切入和推荐理由两种方法借鉴。

(3) 帮助用户阅读。帮助用户阅读与第一种方法类似，但有所差异。这里的导语是指向用户交代此图文写作的背景及相关专业知识，避免用户遇到阅读障碍。图文可能有很多地方是用户不了解的，会严重影响用户的理解。在开篇交代这些内容，便于用户流畅阅读。

4）正文写作法

文章的正文写作难有规律和套路可讲，无法给出"放之四海而皆准"的写作公式。这里从微信公众号文案需要完成的3个目标出发，总结正文的写作技巧。

在发达的网络时代，互联网具有海量的信息、获取成本几乎为零等特点，用户是挑剔且浮躁的。吸引用户，需要在文章中完成3个目标：让用户读下去、让用户分享出去、让用户认可我们所说的（将核心诉求传递给用户）。为了完成这3个目标，我们可以在正文写作中使用以下一些技巧：

(1) 让用户读下去。常用技巧有标题与正文相契合、化繁为简、直击要害、学会讲故事、与用户分享你的秘密、激发用户的情绪等。写完文章后，不要急于发送给用户，先平静自己急于表现的内心，再仔细回看文章，你会发现很多问题的。如果可以给其他人看，提出修改意见会更好（当然追热点时要快，别在此步骤耽误太多时间）。

(2) 让用户分享出去。新媒体传播最重要的特性就是裂变传播，你的图文就是裂变传播最重要的武器之一。用户在什么情况下会分享一篇图文呢？生活就是最好的老师，现在可以打开你的微信，看看你经常转发什么样的文章，看看你的朋友圈都在转发什么样的文章，把它们记录下来，然后进行统计分析，尝试反推当时分享的动机，也许你会更有感触。

其实，分享就是一个社交动作，在社交中有哪些需求和特点呢？

① 新奇好玩。我们往往会和别人分享交流那些平常少见、反常甚至未出现的事。他们往往具有稀奇、有趣、好玩、私密、新鲜等特点，如明星的绯闻八卦、奇闻趣事等。

② 吐露心声。我们也经常向别人吐露心声、倾诉想法，如职场上常见的转发好员工标准之类的图文等。

③ 帮助他人。我们都有助人为乐的心肠，喜欢"赠人玫瑰，手有余香"。所以朋友圈也充斥着生活技巧、养生保健、防骗安全等图文信息。

④ 表达自我。我们更喜欢表达自我，甚至是攀比心理。例如，科比退役时很多球迷都主动发心情图文和转载相关图文来表达自己球迷的形象；很多游戏引入排名机制，并且很多玩家都会把成绩分享到朋友圈。

如果你的文章能满足用户的上述需求（哪怕一项），你的用户会用行动让你满意。可以通过这4点内容建立你的文章自检机制。写完文章后，检阅自己的文章是否拥有上述4点（拥有一点即可）；如无，你则需要根据内容方向，看看要往哪个要点去优化。

（3）让用户认可我们所说的。作为文案，价值传递是核心使命，但在运营过程中，往往要分阶段传递不同价值。图文撰写过程有两个阶段：第一是追求文章价值，即往往以图文的阅读率和转发率为核心，希望吸引更多用户的关注、建立用户的关注度与信任度；第二是追求商业价值，在满足第一阶段后，需要将自己的商业价值与用户价值结合，追求用户行为的改变。简单来说，就是先有粉丝，再建关系，最后谋求变现。

文章要达成用户认可，除了要与用户有关，还要能实质性地给用户带来价值。在公众号运营过程中，影响用户认可度有两方面的因素：公众号的影响力和传递价值的质量。

5）结尾写作法

人们常说写文章要"虎头""猪肚""凤尾"。因此，结尾对于文章写作很重要，结尾处要对文章进行总结、提炼、升华。结尾常用技巧如下：

（1）总结全文。对内容进行概括、提炼，突出其价值。

（2）强调文章观点，引发用户兴趣。

（3）根据文章内容，抛出问题，引起讨论和思考。

（4）"鸡汤"结尾，以情动人。

（5）结合用户，强化实用价值。

（6）号召、引导用户行动。

4.1.4　微信公众号文案排版与发布

1. 公众号文案排版

虽然文案的核心是内容与价值，但排版并非一无是处。一个好的排版能增强美好的阅读体验、提高阅读效率，同时能形成个人品牌的风格。

1）常用的排版软件

微信公众号排版软件非常多，常用的有135编辑器、秀米、i排版等，如图4-9所示。

图4-9　常用的微信公众号排版软件

135编辑器是大多数新媒体人使用的排版工具，主要应用于微信文章、企业网站文章及论坛发帖等多种场合，支持秒刷、一键排版、全文配色、公众号管理、微信变量回复、48小时群发、定时群发、云端草稿、文本校对等40多项功能。135编辑器页面如图4-10所示。

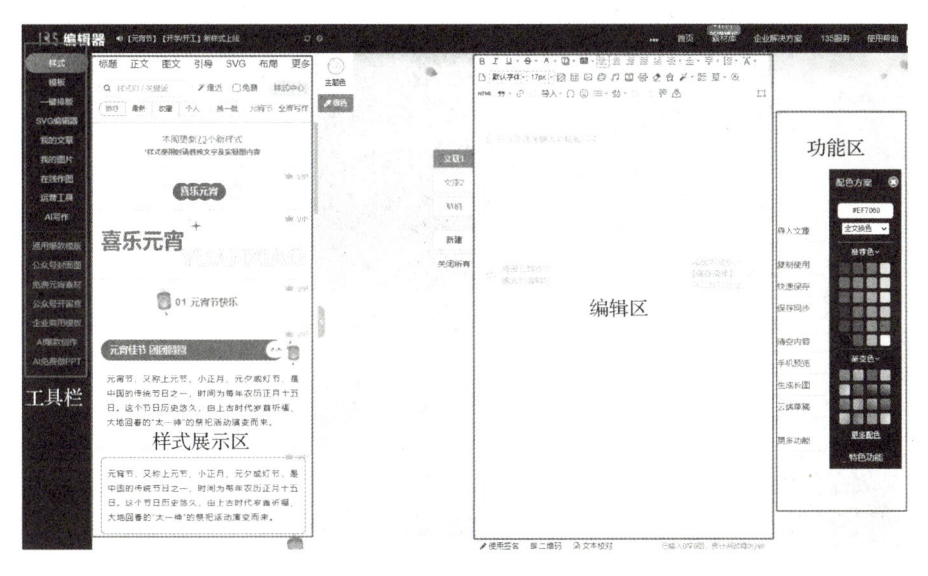

图4-10　135编辑器页面

【阅读材料】135编辑器界面介绍

2）排版风格

在排版过程中形成自我风格，有助于用户快速通过图文视觉效果建立品牌印记，在一定程度上能够提升品牌识别度，让公众号视觉形象更加突出。构建一套专属的排版风格，要求我们在图片风格、图文配色、字号、行距行宽、语气语态、图文素材等方面形成使用常态。针对不同类型的公众号，建议采取的排版风格如下：

如果是干货类的公众号，排版往往会选择清晰的简约设计，突出重点，图片主要采用有设计感的图片或带有操作指导的GIF动态图片。

如果是一个以故事、话题、观点为内容的公众号，排版应该更加注重文艺性，字号一般会偏小，图片采用影视截图及插画为主。

如果是一个资讯类公众号，排版以古朴、官方为主，图片多采用新闻图片。

如果是一个漫画输出公众号，则更加强调排版的设计能力，图片往往需要专业的设计师、插画师耗费较长时间来完成。

3）图片排版

运营公众号需要建立自己的图片库，避免出现临时上网搜索的情况。在日常工作中要刻意搜集图片素材，并对其分类管理，以便图文编辑时应用。但需要注意的是，使用图片时要注意防范图片侵权风险，通常以无版权或已购买（拥有版权）的图片为主。

（1）图片选择：选择与文章内容紧密相关的图片，确保图片清晰、高质量。避免使用模糊、低分辨率的图片，以免影响阅读体验。

（2）图片尺寸：根据公众号后台的建议和平台规则，设置合适的图片尺寸。一般来说，封面图建议使用 900 像素 ×500 像素的尺寸。公众号封面图示例如图 4-11 所示。

图 4-11　公众号封面图示例

（3）图片格式：推荐使用常见的图片格式，如 JPEG、PNG 等，以确保图片的兼容性和加载速度。

图片排版需要遵循以下原则。

（1）布局合理：在文章中合理安排图片的位置，避免图片过于密集或过于稀疏。可以将图片与文字相结合，形成图文并茂的效果。

（2）风格统一：保持图片的风格与公众号整体风格一致，以增强品牌识别度。可以使用统一的色调、字体和排版方式。

（3）添加说明：对于需要解释或说明的图片，可以添加简短的文字说明，帮助读者更好地理解图片内容。

（4）空行分隔：图片与文字之间最好间隔一行空行。

4）文字排版

公众号的文字排版对于提升阅读体验、传递信息效果及塑造品牌形象都至关重要。以下是一些关于公众号文字排版的建议。

（1）字体选择：建议使用简洁易读的字体，如常见的宋体、黑体或微软雅黑等。避免使用过于花哨或装饰性强的字体，以免分散读者的注意力。

（2）字号设置：字号大小应根据文章内容和排版风格进行调整。正文一般使用 14～16 号字，标题和副标题可以适当增大字号以突出重要性。段落之间的字号应保持统一，避免过大或过小的字号影响阅读体验。

（3）行间距与段间距：行间距建议设置为 1.5～2 倍，段间距则可以根据文章风格和内容进行调整。适当的行间距和段间距可以使文章看起来更加舒适，易于阅读。

（4）颜色搭配：文字颜色应与公众号整体风格相协调，避免使用过于刺眼或难以辨认的颜色。一般来说，黑色或深灰色文字搭配白色或浅色背景是比较常见的选择。

（5）重点标注：对于文章中的重点内容，可以使用加粗、斜体、下划线或不同颜色等方式进行标注。但要注意适度使用，避免过多标注导致读者视觉疲劳。

（6）段落划分：段落划分应合理，避免过长或过短的段落。每个段落应围绕一个中心思想展开，保持内容的连贯性和完整性。

（7）图文结合：适当添加图片、图表或视频等多媒体元素，可以使文章更加生动、形象。同时，要注意图片与文字的搭配和排版，确保整体风格一致。

（8）对齐方式：一般来说，公众号文章采用左对齐方式较为常见。但对于某些特定风格或排版需求，也可以尝试使用居中对齐或右对齐等方式。

2. 公众号文案发布

微信公众号文案的发布流程主要包括以下几个步骤。

（1）撰写与编辑文章：首先，在公众号后台或第三方编辑工具中撰写文章。确保文章内容有价值、有趣，并符合公众号的定位和风格。同时，注意调整文章格式，如字号、字体、行间距等，使其更易于阅读。

（2）上传并插入图片：根据需要，上传并插入图片或视频，以增强文章的视觉效果和可读性。确保图片高清、美观，与文章内容相匹配。

（3）设置标题与封面：为文章设置一个吸引人的标题和封面，以吸引读者点击阅读。标题要简洁明了，能够准确概括文章内容；封面要美观大方，与文章主题相符。

（4）预览与调整：在发布前，预览文章效果，检查是否有错别字、排版混乱等问题，并进行相应的调整。确保文章在视觉效果和阅读体验上都达到最佳状态。

（5）发布文章：完成上述步骤后，点击"发布"按钮，将文章推送到公众号上。注意选择合适的发布时间，以便在读者活跃的时间段内获得更多的阅读量。

除了以上基本流程，还有一些注意事项和技巧可以帮助提高文章的传播效果。

（1）注意文章质量：确保文章内容有价值、有深度，能够满足读者的需求和兴趣。

（2）优化排版与格式：使用合适的字体、字号和颜色，以及适当的段落划分和空行，使文章更易于阅读和理解。

（3）添加互动元素：在文章中添加互动元素，如问答、投票等，增加读者的参与度和黏性。

（4）定期更新与推广：保持定期更新文章，并利用社交媒体等渠道进行推广，扩大公众号的影响力和阅读量。

任务实训

【实训1】参考表4-3所示用户定位的5个维度，分析你的微信公众号的目标用户，完成表4-10的填写。

（1）你计划要做的微信公众号名称：_____。

（2）你的目标用户：_____。

（3）你的公众号内容定位（资讯、娱乐、功能）：_____

_____。

表4-10 用户定位分析表

分析维度	分析结果
需要什么	
喜欢什么	
在意什么	
烦恼什么	
交流什么	

【实训2】参考某服装品牌微信公众号菜单架构（见图4-12），设计出你学校微信公众号的菜单架构。

		校园招聘
	人气爆款	附近门店
本周优惠	教·你·穿	商品查询
当季新品	真·人·秀	旧衣助人
最新活动	穿衣·哲学	顾客心声
优惠活动	**搭配秘籍**	**自助服务**

图 4-12 某服装品牌微信公众号菜单架构

【实训 3】注册你的微信订阅号，完成你的微信公众号名称、功能简介、关注时的自动回复、栏目菜单等设置。

【实训 4】用 135 编辑器编辑一篇完整的公众号文案并同步到微信公众平台。

任务评价

评价类目	评价内容及标准	分值（分）	自己评分	小组评分	教师评分
学习态度	全勤（5 分）	10			
	遵守课堂纪律（5 分）				
学习过程	能说出本次工作任务的学习目标（5 分）	40			
	上课积极发言，积极回答老师提出的问题（5 分）				
	了解微信文案的类型；熟悉微信公众号的设置（10 分）				
	掌握微信公众号的内容运营；掌握微信公众号文案的排版与发布技巧（20 分）				
学习结果	"任务实训"考评（50 分）	50			
合　　计		100			
所占比例		100%	30%	30%	40%
综合评分					

任务 4.2　活动类新闻稿写作

工作任务单

工作任务	活动类新闻稿写作	教学模式	任务驱动
建议学习	2 课时	教学地点	一体化实训室
任务描述	小美加入校园宣传中心社团，成为校园宣传中心社团的一员。社团要求小美就学校近期举办的活动撰写新闻稿，编辑后发布至她的订阅号，同时投稿至学校的微信公众号		
学习目标	知识目标	➢ 说出消息构成的 5 个要素 ➢ 概说企业新闻稿的常见类型 ➢ 说明企业新闻稿的撰写和发布要领	
	技能目标	◆ 能够根据新闻稿撰写要求，撰写有吸引的新闻标题及导语 ◆ 能够撰写活动类新闻稿	
	素养目标	✓ 撰写新闻稿时坚持实事求是、客观理性的原则，具备社会责任感 ✓ 在撰写多个新闻标题过程中，培养精益求精的工匠精神	
实训目标	按照新闻稿的写作规则撰写 1 篇活动类新闻稿，发布至微信订阅号		

项目 4　编辑类文案内容规划与写作

知识导图

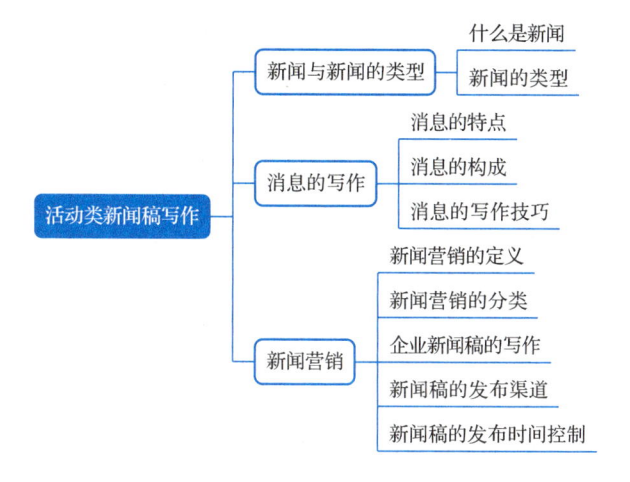

活动类新闻稿写作
- 新闻与新闻的类型
  - 什么是新闻
  - 新闻的类型
- 消息的写作
  - 消息的特点
  - 消息的构成
  - 消息的写作技巧
- 新闻营销
  - 新闻营销的定义
  - 新闻营销的分类
  - 企业新闻稿的写作
  - 新闻稿的发布渠道
  - 新闻稿的发布时间控制

任务实施

【课前思考】什么是新闻？新闻有哪些特点？

_____

_____

4.2.1　新闻与新闻的类型

1. 什么是新闻

新闻是新近发生事实的报道，它通过各种媒介向公众传播有价值的信息和事件。新闻具有真实性、时新性和及时性等特点。新闻的特点如图 4-13 所示。

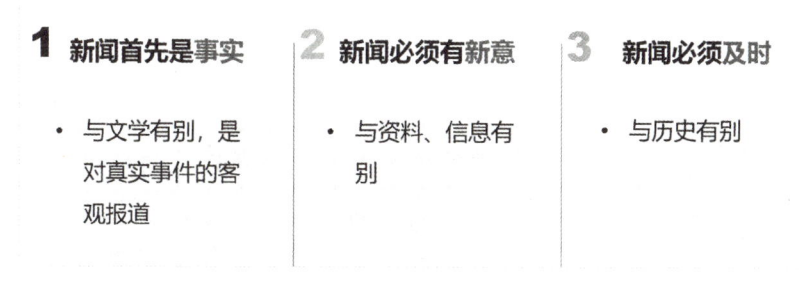

1 新闻首先是事实
- 与文学有别，是对真实事件的客观报道

2 新闻必须有新意
- 与资料、信息有别

3 新闻必须及时
- 与历史有别

图 4-13　新闻的特点

在项目 2 的任务 2.2 中，我们学习了什么是新闻价值及新闻价值的 5 个要素，包括时效性、重要性、显著性、接近性及趣味性，接下来我们看看新闻的类型。

2. 新闻的类型

新闻类型的分类多样，尚无一个有定论的分法。狭义的新闻指的是消息，是新闻报道中最简练、最短小的一种体裁；广义的新闻是指各种新闻体裁的总称，包括消息、通讯、特写、深度报道和评论等。

1）消息

消息是指用简洁、明快的语言及时报道新近发生的有价值事件的一种新闻文体，是新闻报道数量最大、最常见的新闻形式之一，讲究时效，主题简明扼要。

2）通讯

一种运用多种表达方式，具体、生动、及时地报道具有新闻价值的人物、事件、情况和问题的新闻文体。相对于消息而言，通讯的篇幅一般比消息长，同时会按照一个主题把一些性质相近或相关的材料组织在一起，作为一篇完整的通讯发表。

3）特写

一种再现新闻事件、人物或场景的形象化报道，用类似电影"特写镜头"的手法来反映事实，现场感较强，侧重"再现"，生动形象地将所报道的事实再现在读者面前。

4）深度报道

完整反映重要新闻事件和社会问题，追踪其来龙去脉，揭示其实质意义的一种高层次的报道方式，通过系统地反映重大新闻事件和社会问题、深入挖掘和阐明事件的因果关系以揭示其实质和意义并追踪和探索其发展趋向。

5）评论

针对新近发生的、具有普遍意义的新闻事件和迫切需要解决的问题直接发表意见的文章。

【练一练】打开人民日报微信公众号或学校共青团微信公众号，看看它们近期发布的推文属于哪些类型？

_____

_____

在新闻类型中，最常见的是消息、通讯和评论，它们的主要特点如图4-14所示。

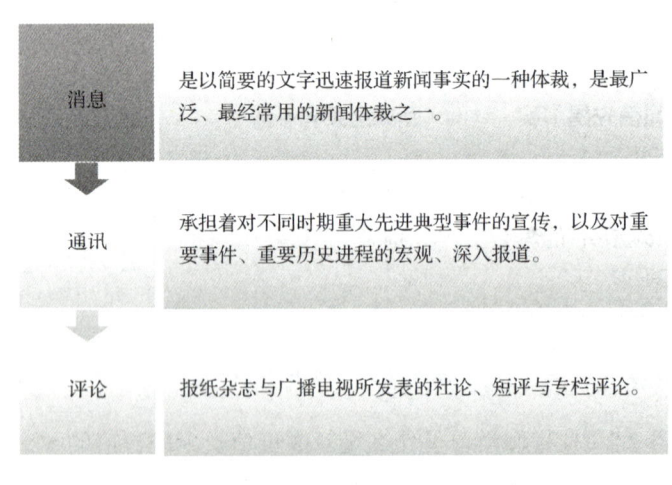

消息	是以简要的文字迅速报道新闻事实的一种体裁，是最广泛、最经常用的新闻体裁之一。
通讯	承担着对不同时期重大先进典型事件的宣传，以及对重要事件、重要历史进程的宏观、深入报道。
评论	报纸杂志与广播电视所发表的社论、短评与专栏评论。

图4-14 消息、通讯和评论的特点

4.2.2 消息的写作

1. 消息的特点

消息通常采取一事一报的原则,用事实说话,时效性强,篇幅短,以概述的方式把最主要、最精彩的内容反映出来。

2. 消息的构成

一条消息一般由标题、导语、主体、背景、结尾5个部分组成,其中不可缺少的是标题、导语和主体。

标题:对消息内容加以概括的简短文字。

导语:开头的一段话,简明概括基本内容。

主体:随导语之后,是消息的主干,是集中叙述事件、阐明问题和表明观点的中心部分,是全篇的关键所在。

背景:是事物的历史状况或存在的环境、条件,是消息的从属部分,常穿插在主体部分之中,也可以穿插在导语或结束语之中。

结尾:一般是消息的最后一句或一段话。根据内容的需要,消息的结尾可有可无。

3. 消息的写作技巧

消息应该交代新闻事件的6个要素:Who(何人)、When(何时)、Where(何地)、What(结果)、Why(起因)和How(经过),一般采用倒金字塔结构阐述,将最具新闻价值的内容前置,精练行文,总字数控制在200字左右。

倒金字塔结构的主要特点是按照新闻事实内容和重要程度的不同来安排段落,把最主要的、最新鲜的、最精彩的、最吸引人的内容放在第一段,然后是次重要的,依次递减写下去。一段只写一个事实。只陈述事实,不发表评论。倒金字塔结构如图4-15所示。

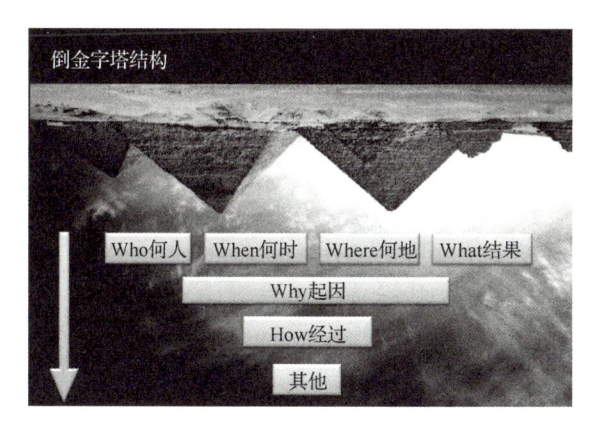

图4-15 倒金字塔结构

路透社达拉斯1963年11月22日报道肯尼迪总统遇刺的新闻,是公认的倒金字塔结构的范本,如图4-16所示。

肯尼迪遇刺丧命，约翰逊继任总统

【路透社1963年11月22日急电】肯尼迪总统今天在这里遭到刺客枪击身亡。

总统与夫人同乘一辆车中，刺客发三弹，命中总统头部。总统被紧急送入医院，并经输血，但不久身死。官方消息说，总统下午1时逝世。

副总统约翰逊将继任总统。

图 4-16 倒金字结构范本

【练一练】指出如图 4-16 所示的消息的标题、导语、主体、背景和结尾的内容。

_____
_____
_____

1）消息标题的写作

不同类型的传播媒介，消息标题的呈现形式和风格不尽相同，但一般写作遵循的原则如图 4-17 所示。

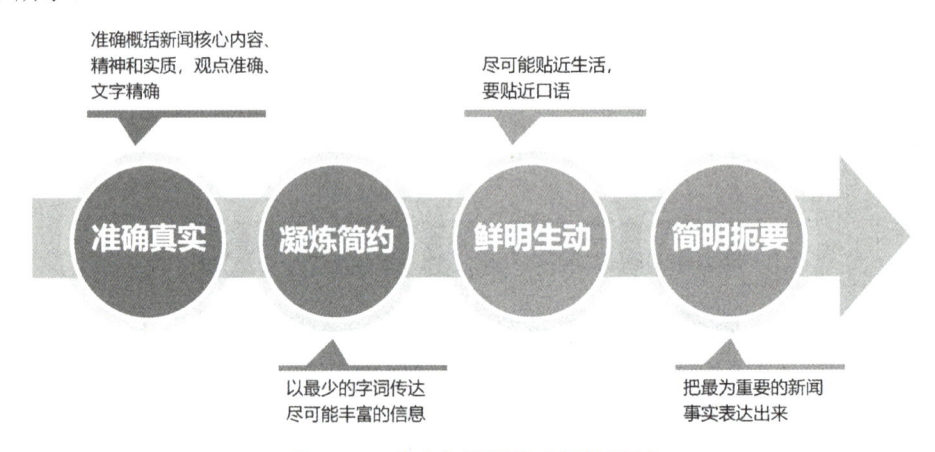

准确概括新闻核心内容、精神和实质，观点准确、文字精确

尽可能贴近生活，要贴近口语

准确真实　凝炼简约　鲜明生动　简明扼要

以最少的字词传达尽可能丰富的信息

把最为重要的新闻事实表达出来

图 4-17 消息标题写作遵循的原则

2）消息导语的写作

"立片言以居要"，导语是消息开端的一段或一句话，为了吸引读者的注意力，需要用简明、生动的语言把新闻中最重要、最新鲜的事实加以提炼、概括，是对标题的深化和补充。

【阅读材料】消息导语示例

3）消息正文的写作

导语之后的正文部分，应该展开叙述，补充说明标题和导语中提到的信息，如提供消息的细节，包括新闻背景、事件经过、事件原因、事件影响、各方评价等，主要突出内容的丰富性和表述的精确性。

不同消息的主体写作方式和风格不尽相同，但是，一般均遵循以下规则：
- 围绕导语，紧扣主题；
- 精选事实，点面结合；
- 叙述清楚，层次分明，时序结构、逻辑结构或者两者结合；
- 提供细节，包括新闻背景、时间经过、各方评论和影响等；
- 使用小标题和项目符号，增强可读性，便于读者寻找信息。

【阅读材料】消息正文示例

4）消息结尾的写作

总结式结尾。对消息交代的事实、思想或者道理进行总结、归纳。

提醒式结尾。多出现在揭露和服务性报道中，告诉受众要注意什么。

预见式结尾。指出新闻事件发展的未来趋势，而且要求所预见的趋势必须是有事实作为基础的，是科学的或者是具有权威的。

反问式结尾。提出问题，引导读者对新闻事件进行深入思索，起到令人深省的作用。

4.2.3 新闻营销

1. 新闻营销的定义

新闻营销是指企业借助大众媒体或者企业自有渠道（官方公众号、官方微博等），以新闻报道的方式将企业目标信息传播出去，对品牌和产品进行宣传推广的一种营销方式。企业挖掘经营过程中的新闻，吸引新闻媒体关注，然后由记者或内部策划人员站在客观公正的立场上，用事实说话，用事实报道，造成新闻现象与效应。简而言之，新闻是形式，营销是本质。

新闻营销能够在较短时间内快速提升产品的知名度，非常有利于引导市场消费、塑造品牌的美誉度和公信力，即使在媒体和大众获取信息方式发生巨变、营销方式多元化和互联网信息爆炸的今天，新闻营销仍然是企业必不可少的一种传播手段，它具有如下优点。

权威性：新闻被视为官方声明，往往由今日头条、搜狐、网易、腾讯等权威门户网站报道，传达的信息更容易被接受，受众对该品牌的认同度将会更高，也易于被其他媒体和中小网站转载，形成二次传播。

完整性：新闻稿较为完整和全面，有利于企业将想表达的信息表达得更充分，更容易引起受众的思考，加深受众对宣传信息的印象，达到更高的转化率。

高性价比：一般来说，同样版面的企业新闻传播，成本只有广告的五分之一，甚至更低，效果却往往不错。

目前，记者和自媒体人是撰写新闻稿的主力军。实际上，仍有很多人在为各种各样的媒介挑选内容，这就意味着他们对自己所报道话题的相关内容有着极大的需求，而新闻通稿就是一种来自企业的可靠信息记录，同时，它也是一种合法的消息来源，可以分享、点赞、评论、转发或是在此基础上进行再次创作。

2. 新闻营销的分类

从企业角度来讲，企业提供给社会的新闻包括产品新闻、企业活动新闻、人物新闻3大类。

1）产品新闻营销

产品新闻营销化身为新闻资讯、企业文化、行业资讯、评论等文字资源，以新闻的形式出现，给受众制造出信任感，增强产品的知名度。它紧抓受众的兴趣点和利益点，把产品卖点潜移默化地说得明白、透彻，使产品具备有个性、凸显卖点，体现行业权威的特征，最终达成销售的目的。

产品新闻稿的撰写，需要根据产品因地制宜，运用合适的方式，如新产品上市新闻、产品参展新闻、产品测评点评、买家体验新闻、产品联动新闻，或者参与热点话题、发表行业性观点等。

【阅读材料】产品新闻营销示例

2）企业活动新闻营销

企业活动新闻营销是在对企业及其所处行业进行调查和分析的基础上，挖掘该企业的成长经历、特色和社会贡献等能够提升企业形象的、最具传播价值的稀缺资源，以达到宣传企业的目的。企业活动新闻稿的内容包括企业文化观和价值理念、企业成长历程、品牌新闻、企业荣誉新闻、企业收购/融资新闻、危机公关新闻等。

【阅读材料】企业活动新闻营销示例

3）人物新闻营销

人物新闻营销能迅速建立新闻人物在业界和大众中的专业权威和行业地位，塑造良好的个人品牌形象，包括企业家形象、业界精英形象、社会公益形象，并将其打造成公众心目中具有影响力的社会公众人物，从而提升其企业、品牌等的知名度和美誉度。常用的方式有企业家个人荣誉及社会责任访谈、发表行业性观点、创始人访谈等。

【阅读材料】人物新闻营销示例

3. 企业新闻稿的写作

根据美通社发布的企业新闻稿调查报告，企业新闻中最常见类型是企业/机构的最新消息、动态，与传统新闻稿的主要形式是消息一样，企业新闻稿主要也是采用消息、动态的形式。

1）企业新闻稿标题的写作

企业新闻稿的标题，需有效地传递企业信息，简明扼要提炼活动内容和价值，如公司的名称、活动的名称、企业的表现等。

标题的字数一般控制在一行以内，字数在10～25个字之间。可使用数字来传递精准信息，如绩效或者是调查结果数据。有必要的时候，可用副标题来补充更多细节。以下分享一些不错的企业新闻稿标题撰写范例。

【示例】×××为代言人的品牌新闻稿摘录：
- 安踏携手×××，以无限热爱创造中国骄傲
- 安踏携手品牌代言人×××发布#因动而美#2021女子营销主题
- 三棵树签约×××创造健康美好生活

- 三棵树通过绿色产品和优质服务助力北京冬奥，用行动践行企业初心
- 三棵树借力冬奥促进品牌升级、推动健康中国建设
- 科勒正式宣布×××为品牌代言人——敢于发问，发现更多新可能
- 汤臣倍健Yep以科学营养助力×××征战冰雪，创造历史

这些标题长度控制在一行，直接点出产品名/企业名，言简意赅、短促有力量，让人第一秒就看到关键信息。既节省了读者的时间，又加深了印象。

2）企业新闻稿导语的写作

导语是对标题的补充，内容必须是最重要的，最新鲜的，精练行文（200字以内）。可以通过以下几种方法让导语更精练醒目。

（1）数字对比法。数字是最有说服力的。把新闻中的主要数字或读者关注的数字，巧妙地运用到新闻导语中，回答读者的问题，就能提高新闻的价值，给读者留下难忘的印象。

【示例】　　　　　　三一重工成为中国最大、世界第二大重型设备制造商

长沙2021年5月26日／美通社／第19期《福布斯》年度全球企业2 000强榜单发布，该榜单依据市值、销售额、利润和资产这4大衡量标准，评选出全球最大的2 000家上市企业。三一重工位列榜单第468位，成为中国最大、世界第二大重型设备制造商，仅次于卡特彼勒（Caterpillar）。

分析：简明概要地交代了基本新闻要素，同时阐述了新闻的重大意义：三一重工在全球企业2 000强榜单位列第468位，成为中国最大、世界第二大重型设备制造商。

（2）拉近时间法。对于已经发生了一段时间的新闻，使其"翻新"的办法就是：寻找时间要素的最近点，写出最新的新闻根据。

【示例】　　　　　　北京冬奥会，在你心中留下了哪些瞬间？

圣火缓缓熄灭，烟火渐渐散去，北京2022年冬奥会正式闭幕，但爱运动的人绝不会停下脚步！如果你也对赛场的精彩瞬间意犹未尽，时刻期待着下一届冬奥会早日到来，那么你一定也和中国健儿们一样，拥有一颗"爱运动"的心。中国队创历史佳绩，安踏包揽冠亚季军装备，安踏专业运动科技打造的中国军团装备，和运动员们一起，也成为赛场上耀眼的明星。

分析：安踏为保持新闻曝光度，对已结束的冬奥会进行"翻新"，向读者强调了安踏是中国军团运动装备提供商，这也就是我们常说的"新闻点"。

（3）提问作答法。在导语中，把读者普遍关心的、感兴趣的、新闻稿件中已经解决了的问题，先用疑问句式鲜明地提出来，而后用事实加以回答，使之更加引人注目、发人深思。

【示例】　　　　"澎湃"的力量：超越不可抗力，只为一台好的服务器

北京2022年1月12日／美通社／一台服务器，要经历多少打磨与雕琢，方能抵达客户？因果相承，浪潮服务器耀眼成绩的背后有着怎样的努力和坚持？高品质的代名词，何以得来？满足客户需求，一句说易行难的行业口头禅，要如何做到？

分析：导语开篇通过几个问题，一开始就抓住了读者的兴趣，比较容易引起共鸣，也更像是在新闻导语上设置"悬念"，吊起读者的胃口，"强迫"你不得不继续读下去。

3）企业新闻稿正文的写作

为了便于在移动端阅读新闻，正文可多采用简洁的语句，并用小标题和项目符号，增强可读性，便于读者寻找信息。

那么，实际新闻稿撰写过程中，如何寻找受到媒体青睐的新闻点呢？

（1）企业新闻价值点之善于借势。企业新闻策划的借势，是指借助具有相当影响力的事件、人物、产品、故事、传闻、影视作品、社会潮流等，策划出对企业有利的新闻事件。

比如雷军亲自担任新产品上市主讲人、为产品寻找形象代言人、赞助大型体育赛事活动、与其他品牌进行联合营销等。

（2）企业新闻价值点之巧挖热点。以点带面，借力新闻热点。巧挖热点需要挖掘行业内外存在的共同话题或者大众普遍关注的话题，只有针对消费者关注的热点做出对应的举措才最具传播价值。尽管话题只是一个切入点，但直击痛点的话题便是一个利器，而直击痛点的产品则最终保证了传播的效果。

（3）企业新闻价值点之善用数据。引用一些数据分析的新闻稿会更受媒体青睐。数据可围绕公司的核心产品或服务，这也是最能吸引目标客户的角度和话题。以"硬数据"开篇引出话题和产品服务，用有说服力的数据支撑内容，如多做消费者调查、新闻稿中适当引用权威行业调查分析机构发布的数据等，受众更易产生信任并接受品牌。

（4）企业新闻价值点之回归内容本身。不是每个企业每天都有"新闻点"等待报道的，更多的还是要结合企业自身的动态、产品和服务做常规传播。企业可根据时机适当放大那些有意思、有共鸣、有价值的事件，吸引媒体关注，或是通过社交媒体平台的互动，让受众主动去谈论。

（5）新闻稿的 SEO 优化。成功的新闻营销不但要有效地向读者传达信息，而且要使信息更容易被搜索引擎捕捉到。为了增加新闻稿的浏览量，可以从以下几个方面对新闻稿进行优化：

> 提高文章的内容价值。对媒体来说，视角新颖、具备信息增量、观点鲜明有深度的内容，会获得平台的资源倾斜，在同类文章中获得更多推荐。

> 选定和合理使用关键词。一篇新闻稿中关键词出现的次数（关键词密度）建议控制在 2%～8% 之间，自然地贯穿在文章中，避免死板堆积。

> 优化文章的视觉体验。文章展现形式对用户友好，标题、封面图传达信息清晰，配图相关性强，运用排版工具突出重点内容、对图片进行适当标注说明等，都有利于提高用户的阅读体验。

4. 新闻稿的发布渠道

新闻稿一般通过以下 3 种渠道发布给媒体记者：外包公关公司、新闻稿机构和自建媒体关系。新闻稿 3 种发布渠道的特点如表 4-11 所示。

表 4-11　新闻稿 3 种发布渠道的特点

渠　道	成　本	媒体范围	操作难度	特　点
外包公关公司	高	广	小	适合中小企业产品推广、速度快
新闻稿机构	低	广	中	稿件创意和质量要求高，难融入广告
自建媒体关系	低	窄	大	成本低

1）外包公关公司

写稿和媒体发布均外包给公关公司。公关公司服务专业、传播资源丰富，但是收费较高。他们在新闻稿的发布上，除了保证发布的展示量，一般还会同步策划线上线下的宣传活动，提升整体效果。

2）新闻稿机构

新闻稿机构主要指美通社和朝闻通。它们提供比较透明标准的新闻稿发布服务。和外包公关公司的区别是，新闻稿机构不直接写稿，只对稿件质量进行审核，如果稿件质量太差会拒绝发稿。优点是发布的效果有保证,并且费用较低,缺点是要自己去策划和制作内容。

(1)美通社。美通社成立于 1954 年,开创了企业新闻稿发布行业的先河,是全球最大的企业信息发布机构和领先的创新营销服务提供商之一,对于已经或者计划在美国和其他海外交易所上市的企业而言,使用美通社来发企业新闻稿是吸引投资人和满足监管机构信息披露要求的最佳途径。

(2)朝闻通。朝闻通成立于 2003 年,隶属于广州朝闻天下信息技术有限公司,是一家为企业提供全国文本、图片和多媒体新闻稿发布以及信息监测的机构。与国内外媒体机构及记者长期合作,稿件发布范围覆盖 5 大类:平面媒体(日报、晚报、商报、都市报、晨报)、专业及行业媒体、全国性网络媒体、地方信息港、专业网络门户网站。

3)自建媒体关系

对于业内比较知名的企业或集团,除了通过外包公关公司和新闻稿机构发稿,还会注重媒体关系维护,建立固定的媒体渠道。

自建媒体关系的优点是发布可以精确到点,且成本较低、快速直接;缺点是日常维护需要的人力对规模较小的企业难以施行,而且工作难度较大,媒体选择范围较小,发稿数量受限制,稿件发布率低。

5. 新闻稿的发布时间控制

除了内容和发布渠道,新闻稿的发布时间也会对推荐量和浏览量带来重要影响。新闻稿的发布时间需配合读者的生活、工作和休息时间等来确定。具体来说,新闻稿的发布时间有以下小技巧。

1)工作日

一般来说,周一是最忙的一天,大家都刚过完周末,迫切希望向外界发布新的消息。因此,在周一发布通稿,意味着比在周三发布遇到的竞争稿件要多得多。周五则是较好的时间,因为大多数人开始计划周末活动,纸质媒体大多也过了周四下午的截稿日。但是,如果你确实有需要发短小精悍的文章,有些编辑会乐于用它来填补版面上留下来的小块空白。

2)周末

周末通常是休息时间,不发布新闻通稿。但是,如果企业确实有震撼性的公告,如重大事件或产品发布等,在周末发会比在周一发更容易得到媒体转载。

3)时间安排

大多数新闻通稿发布的时间是上午 8:00-10:00,因此建议错开这段高峰期,要么早一点(5:30-7:30),要么晚一点(不要晚于 12:00)。

还有一个有趣的现象是,大多数人喜欢在半点或整点发布信息。例如,上午 8:00 或 9:30 往往是最多人同时发出稿件的时候。所以,若必须在早上高峰期发出稿件,最好错开半点或整点,比如,在 8:37 或 9:12 发布。这一点对提升网上排位至关重要,因为每个网站每天推出推荐阅读的文章有限,如果同时有 200 家公司一起发稿,你想挤到前面排位,压力会比较大。为了顺利锁定目标受众,最好还是错开高峰时间段发布新闻稿。

【练一练】如图 4-18 所示的企业新闻稿好不好,存在哪些问题?

_____

_____

_____

```
××专车为莘莘学子保驾护航

经过十年寒窗的莘莘学子们即将迎来人生中最重要的一次考试——高考。对
于即将参加高考的同学们来说，这次"生命中最重要的大考"是深夜里不曾
熄灭的灯，是奋笔疾书的沙沙声，是父母对自己殷切的期望，是18岁的成人
礼……

这个6月，全国14城，××状元专车整装待发，从家门到考场的路，由××保
驾护航，载考生舒适抵达，一切努力只为学子们从考场走出来时的那抹笑容。
```

图 4-18　企业新闻稿

任务实训

【实训 1】请指出下面文章中消息构成的 5 个要素。

马里一酒店发生枪战　多名中国旅客被困

新华网达喀尔 11 月 20 日电——巴马科消息：位于马里首都巴马科市中心的丽笙酒店 20 日早发生枪战，包括至少 7 名中国旅客在内的众多人员被困酒店内。

据一名被困酒店内的陈姓中国旅客通过微信向新华社记者介绍，当天早上六点半左右，酒店房间外传来多声枪响，随后又有零星枪声传来，走廊和房间内出现烟味，网络时断时续，前台电话无人接听。其发回的现场照片和视频显示，马里防暴警察已赶到酒店现场，目前正与袭击者对峙。

标题：_____
导语：_____
主体：_____
结尾：_____
背景：_____

【实训 2】假设你是比亚迪公司的文案人员，请为比亚迪公司停产燃油车撰写两个新闻标题。关于停止燃油汽车整车生产的说明如图 4-19 所示。要求：字数控制在 25 个字符以内；简明扼要，交代新闻要素；包含企业的信息，且和文章密切相关。

```
关于停止燃油汽车整车生产的说明

　　根据公司战略发展需要，比亚
迪汽车自2022年3月起停止燃油汽车
的整车生产。未来，比亚迪在汽车
领域将专注于纯电动和插电式混合
动力汽车业务。
　　同时，比亚迪将继续为现有燃
油汽车客户持续提供完善的服务和
售后保障，以及全生命周期的零配
件供应，确保无忧畅行。
　　比亚迪始终致力于用技术创新
满足人们对美好生活的向往，构建
绿色明天。此次比亚迪的战略调整，
围绕国家"双碳"战略目标，坚持
"创新""绿色"的新发展理念，以
科技创新动力，引领汽车行业变革；
以绿色低碳循环，推动社会可持续
发展。

　　　　　　　　　　比亚迪汽车
　　　　　　　　　2022年4月3日
```

图 4-19　关于停止燃油汽车整车生产的说明

标题1：_____
标题2：_____

【实训3】就你们学校或社团近期发生的大事（获奖、运动会、比赛、周年庆等），撰写一篇新闻稿，要求消息的5个要素齐全，用编辑器编辑后发布到你的微信订阅号。

任务评价

评价类目	评价内容及标准	分值（分）	自己评分	小组评分	教师评分
学习态度	全勤（5分）	10			
	遵守课堂纪律（5分）				
学习过程	能说出本次工作任务的学习目标（5分）	40			
	上课积极发言，积极回答老师提出的问题（5分）				
	说出消息构成的5个要素；概说企业新闻稿的常见类型；说明企业新闻稿的撰写和发布要领（10分）				
	能够根据新闻稿撰写要求，撰写有吸引的新闻标题及导语；能够撰写活动类新闻稿（20分）				
学习结果	"任务实训"考评（50分）	50			
合计		100			
所占比例		100%	30%	30%	40%
综合评分					

任务4.3 软文写作

工作任务单

工作任务	软文写作	教学模式	任务驱动
建议学习	2课时	教学地点	一体化实训室
任务描述	招生季来临，学校宣传中心请小美为电子商务专业招生撰写一篇招生软文，发布在她的微信订阅号上，同时投稿至学校的微信公众号		
学习目标	知识目标	➢ 概述软文与硬广、软文与新闻稿的区别 ➢ 描述软文写作的4个步骤	
	技能目标	◆ 能够根据企业营销需求构思、撰写软文 ◆ 能够根据软文风格编辑并发布至微信订阅号	
	素养目标	✓ 了解软文与新闻稿的异同点，培养遵规守纪的职业道德 ✓ 鉴赏优秀软文，形成传递正能量的社会责任感	
实训目标	撰写1篇用户体验类软文，编辑并发布至微信订阅号		

知识导图

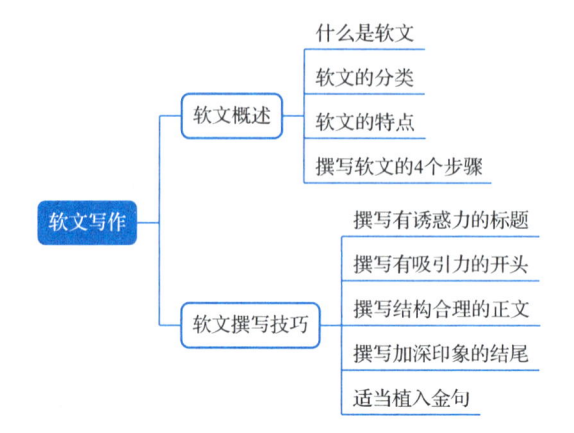

- 软文写作
  - 软文概述
    - 什么是软文
    - 软文的分类
    - 软文的特点
    - 撰写软文的4个步骤
  - 软文撰写技巧
    - 撰写有诱惑力的标题
    - 撰写有吸引力的开头
    - 撰写结构合理的正文
    - 撰写加深印象的结尾
    - 适当植入金句

任务实施

【课前思考】软文算不算广告，要不要遵守《广告法》？

_____
_____
_____

《互联网广告管理办法》由国家市场监督管理总局根据《广告法》《中华人民共和国电子商务法》等法律、行政法规制定，于2023年2月25日发布，自2023年5月1日起施行。

对于什么是互联网广告，《互联网广告管理办法》第二条是这样描述的："第二条 在中华人民共和国境内，利用网站、网页、互联网应用程序等互联网媒介，以文字、图片、音频、视频或者其他形式，直接或者间接地推销商品或者服务的商业广告活动，适用《广告法》和本办法的规定。"所以，用文字、图片方式推销商品或者服务，有可能是互联网广告。

如何鉴定互联网广告？《互联网广告管理办法》第九条是这样规定的："第九条 互联网广告应当具有可识别性，能够使消费者辨明其为广告。对于竞价排名的商品或者服务，广告发布者应当显著标明'广告'，与自然搜索结果明显区分。除法律、行政法规禁止发布或者变相发布广告的情形外，通过知识介绍、体验分享、消费测评等形式推销商品或者服务，并附加购物链接等购买方式的，广告发布者应当显著标明'广告'"。

4.3.1 软文概述

1. 什么是软文

顾名思义，软文是相对于硬性广告（简称"硬广"）而言，由企业的市场策划人员或广告公司的文案人员来负责撰写的文字广告。企业通过软文向消费者传递品牌和产品的价值信息。成功的软文能用消费者喜欢的语言触动他的需求点，引起强烈共鸣，从而愿意掏钱购买产品或者服务。

一篇能稳定带来有效流量、成功的软文，首先是一篇有价值的好文章，使读者有继续阅读的理由。同时，它与读者息息相关，存在话题性，受众愿意传播，且不能轻易看出它是软文，进而主动进行最大化传播。最后，传播到达的受众是产品的目标用户，能够实现软文的预设目标（公关、品牌塑造或销售等）。

1）软文与硬广的区别

相对于硬广来说，软文的精妙之处在于一个"软"字，好似绵里藏针，收而不露，克敌于无形。通过软文，把一个品牌和一些事情联系在一起，消费者会记得更为深刻，而且其渗透力强、商业味道淡、可信程度高、广告投入成本低。软文通过渐进式的叙述，追求"春风化雨、润物无声"的传播效果。因此，相比硬广，软文是"隐形杀手"，无形中吸引读者的阅读兴趣，使其能潜移默化地接受品牌，具有一定的可信度。它在不知不觉中就"俘虏"了读者的心，引导消费者去记住这个产品，或者吸引他去购买。

3）软文与新闻的区别

软文是指在文案范围内完整的一篇宣传性的文章。与广告语、广告图配字、广告脚本等零散的形式不同，软文是针对品牌或产品的某一个主题详细展开、能让读者获得这个主题详细信息的完整文章。软文是针对企业的产品或服务的，具有很强的功利性，一般只能在部分人群中产生影响。所以软文必须将企业问题社会化，让更多的人关注。

新闻是指报纸、电台、电视台、互联网等媒体经常使用的记录与传播信息的一种文体，其特性为：真实性、准确性和时效性。新闻是针对社会的人和事，具有很强的社会性、客观性。报道的内容是大众普遍关注的、与人们生活密切相关的。

把软文写成新闻，是软文写作的最高境界！

2. 软文的分类

软文有3种基本类型：新闻型、行业型和用户型。

1）新闻型软文

新闻型软文一般可以分为以下几种类型。

（1）新闻通稿。新闻通稿型软文本质更接近于硬性广告，和硬性广告的区别在于它是由官方发布，较为权威，其写作模式和传统新闻稿类似。

（2）新闻报道。新闻报道型软文是从媒体的角度来报道某件事情，采用正规的新闻格式，里面穿插广告，非专业人士很难辨别是新闻还是软文。它的形式可能是报道某一种新产品，但是其写作的形式让人感觉它是站在客观的角度来写的，只做一些叙述和评论，这样容易让人产生信任感，不知不觉把产品形象印在了脑海中。

（3）人物访谈。相对于新闻通稿的公式化语言及新闻报道的说教式、单向灌输式内容而言，人物访谈这种形式更容易让人接受。它由一般新闻的单向灌输向渗透式、感召式、互动式转变。企业与媒体通过访谈聊天的形式表达出来的内容和理念更具亲和力、吸引力和感染力，能够做到以理服人、以情动人。受众常常对于企业大篇幅的赞扬与溢美、华丽的业绩数据展示等视而不见，却被一篇小小的访谈打动，原因就是后者有血有肉，能够让受众近距离感受到这个企业和企业中的人，而不是冷冰冰的新闻稿或数字。

2）行业型软文

行业型软文面向行业内人群，这类软文的主要目的是扩大行业的影响力，奠定行业的品牌地位。一家企业的行业地位直接影响到其核心的竞争力，甚至会影响到最终用户的选择。行业型软文对行业专业知识的要求比较高，因此，要在明确写作目的和写作要求的基础上，尽可能多地、有针对性地搜集相关资料并尽快了解，这样才能保证下笔的流畅性。一般的行业型软文可以分为以下几种类型：

（1）经验分享。经验分享型软文以传播知识与经验为主，作者在对行业非常了解的前提下，通过传播有价值的行业知识或行业经验，建立企业在行业内的品牌地位。此类文章能帮助读者解决问题和了解行业资讯，读者在受益的同时，更可能进行分享和转发。

（2）观点交流。与经验分享型软文分享知识不同的是，观点交流型软文主要是以思想上的交流取胜。经验分享型软文要求作者具备比较强的行业知识，因此并不适合所有人。而观点交流型软文相对来说要容易一些，只需要有思想、善于思考就可以了。它一般通过与读者产生共鸣来建立公信力和知名度。我们在很多行业网站上看到各种作家专栏的文章，实际上都可以理解为这一类软文。

（3）人物访谈。成功的企业 CEO 或企业高管的人物访谈，能迅速建立新闻人物在业界和大众中的专业权威形象和行业地位，从而提升其企业、品牌、作品等的知名度和美誉度。

3）用户型软文

用户型软文面向最终的消费者，其主要作用是增加产品在用户中的知名度与影响力，赢得用户的好感与信任，甚至可以引导用户产生消费行为。用户型软文的表现形式因产品的多样性而种类繁多，但不管是哪一种表现形式，最基本的原则只有一个：以用户需求为主，能够为用户提供价值。

根据表现形式和具体的手法不同，用户型软文大致可以划分为悬念型、故事型、情感型、诱惑型、促销型。

（1）悬念型。悬念型也可以叫设问型，核心是提出一个问题，然后围绕这个问题自问自答。例如，"这家店到底什么来头，让广州人凌晨 2 点钟还在这里吃饭？"通过设问引起话题和关注是这种软文类型的优势。但是必须掌握火候，提出的问题首先要有吸引力，答案要符合常识，不能作茧自缚、漏洞百出。

（2）故事型。故事型软文通过讲一个完整的故事带出产品，使产品的"光环"和"神秘"给消费者心理造成强烈的暗示，使销售成为必然。例如，"××产品是真好，我太愿意为她花钱了。"讲故事不是目的，故事背后的产品线索是文章的关键。听故事是人类最古老的知识接受方式，因此故事的知识性、趣味性、合理性是软文成功的关键。

（3）情感型。情感型诉求一直是广告文案的重要组成部分，软文的情感表达由于信息传达量大、针对性强，当然更可以使人心灵相通。例如，"我想要保持一点棱角，活得真实，一样值得骄傲。"情感最大的特色就是容易打动人，容易走进消费者的内心。因此，情感营销一直是营销百试不爽的"灵丹妙药"。

（4）诱惑型。实用、受益、优惠 3 种属于诱惑型软文的特点，诱惑型软文的写作手法是为了能够吸引读者，让其主动点击软文或直接寻找相关的内容。因为它能给受众解答问题，或者告诉受众对他们有帮助的信息，当然也包括打折的信息。

（5）促销型。促销型软文常常跟在上述几种软文见效之后，如"年末清仓！我们不玩'套路'，我们玩真的"，这样的软文或者是直接配合促销使用，或者是通过"攀比心理""影响力效应"等多种因素来促使你产生购买欲望。

3. 软文的特点

软文的本质是广告，因此软文营销追求低成本和高效回报，不要回避商业的本性。但是，常常有各种伪装形式，如新闻资讯、管理思想、企业文化、技术、技巧文档、评论、包含文字元素的游戏等文字资源。

软文的宗旨是制造信任，使受众从信任到信赖，从信赖到购买。关键要求是把产品卖点说得明白透彻，使受众记得住。因此，其着力点是兴趣和利益，重要特性是口碑传播性。

4. 撰写软文的 4 个步骤

按照软文的结构，我们将软文撰写分为 4 个步骤，如图 4-20 所示。

图 4-20　软文撰写的 4 个步骤

4.3.2　软文撰写技巧

1. 撰写有诱惑力的标题

好的标题是获取点击率非常重要的一个因素，一个有诱惑力的标题要简单直接、引人关注、吸引人打开，并且转发率要高。实际操作中，我们应该如何提高软文标题写作能力呢？

软文标题写作能力虽然不是一蹴而就的，但也是有规律可循的：首先，多看阅读量突破 10 万次的文章题目，收集和分析它们的写法、观点和表达方式；其次，尝试模仿，勤奋练习，在自己的软文中借鉴成功软文的写作方法；最后，分析自己文章的后台数据，总结和领会。

在前面的学习任务中，我们介绍了标题的"5 法 12 式"基本写作方法。这里我们将结合软文的特点，通过案例，分析阅读量突破 10 万次的文章标题，总结软文标题写作的技巧和创意。

1）凸显对比——把意义相反的词语放在一起（趣味性法则之俏皮式）

将意义相反或者代表相反意义的词语纳入同一句子，凸显对比。

【示例】"它是一头牛，却跑出了火箭的速度！"等。

将同一词义的词语，以不同量级的形式纳入同一句子，形成趋势对比。

【示例】"月薪 3 000 元 VS 月薪 50 000 元"等。

2）引起好奇——悬念让读者一口气读下去（趣味性法则之探秘式）

抖包袱。

【示例】"还珠格格里最悲剧的其实是容嬷嬷"中容嬷嬷最"悲剧"，为何？设下了一个包袱。

反逻辑。

【示例】"输了也开心的人生，很值得一过吧"等。

留白法。

【示例】"你和'00 后'的差距，不只是年龄"，除了年龄，那还有什么？这就是运用了留白法。

反问法。

【示例】"为什么有些人用一年时间获得了你十年的工作经验"等。

3）名人效应——名气是跑得最快的宣传员（显著性法则之借名人名企式）

用名人、名企的名字命题需坚持以下原则：能用名人、名企的名字，就不用普通人的名字；能用近期的名人，就不用过气的名人；能用当红的名人，就不用人气不旺的名人；能用大家熟悉的名人，就不用陌生的名人。

【示例】"这个世界，为何偏爱×××"。

4）引起共鸣——让读者大呼你懂我（接近性法则之情感接近式）

在题目里加入情感因素。

【示例】"别逼婚了，我觉得没人配得上我"等。

在题目里加入自身体验。

【示例】"每日早起是一种什么体验""青梅竹马是一种什么体验"等。

在题目里加入熟悉的生活化场景。

【示例】"今年过节不收礼，收礼只收脑白金"等。

5）简化题目——让大脑偷会儿懒（接近性法则之思想接近式）

越是简单的、熟悉的词语，越是能够快速被大脑注意和识别，越是复杂、宏观和陌生的词语，越是不容易被大脑记住。

简化题目，变生僻词汇为熟悉的词汇。

【示例】"有广场舞的地方，就有江湖"等。

活化题目，变抽象题目为形象化题目。

6）热点引爆——站在风口才能飞起来（时新性法则之热点事件式）

紧跟热点，把握好节点，写出新意。

【示例】"这下全世界都知道上海人爱喝咖啡了"等。

2. 撰写有吸引力的开头

当大部分人想到文章开头的作用时都会说"吸引读者"，实际上开头的作用有多种。销售型软文的开头可以有3种写法：痛点提问法、故事法开头、纠错式开头。

1）痛点提问法开头

痛点提问法开头是用得最多的套路之一，寻找一个生活场景，然后在场景中直戳用户痛点，用户真的痛了，他就会去寻找解决办法。痛点提问法开头，可以有两种形式：直接提问或互动提问。

（1）直接提问。一个问句简短有力，用户会马上思考这样的场景，紧接着你就可以给出一个完美的解决方案，这样既能吸引用户注意，又可以不生硬。

【示例】某款暖风机是这样开头的："问你一个问题：当你冻得双脚冰凉，忍不住发抖时，你用什么温暖自己？""问你一个问题：当你早起总是被口气纠缠，牙龈总爱发炎，你用什么办法去缓解？""问你一个问题：当你……你……"这种提问句式很好用，感觉像是老朋友见面，面对面倾心交谈一样，很有亲和力，让用户迅速放下警惕心理，进入你的文章正文。

（2）互动提问。互动提问就是让用户参与到问题中来，这样用户往下阅读的欲望会更强。

【示例】Hi，下面5句话，你有同感就打√：
- 经常要写微信推文（　　　）。
- 我困惑如何想出抓人眼球的标题（　　　）。
- 我困惑如何洞察用户的痛点（　　　）。
- 我困惑如何设计长文案的结构框架（　　　）。
- 我的文案有些平淡，感染力不够（　　　）。

勾选0～1个：请关闭这个页面。

勾选2～3个：你有中度"文案焦虑症"，心神不宁的你需要"解药"。

勾选4～5个：毫无疑问，你有重度"文案焦虑症"，下面每一个字都对你非常重要。

2）故事法开头

故事可以使用在文案中的很多环节，如标题、引文等，以增强卖点的真实性，真可谓是文案界的"万能撒手锏武器"！

那怎么写一个好的故事开头呢？主要有下面的4点。

（1）包含5个要素。5个要素包括时间、地点、人物、环境、事件（起因、经过、结果）。

可以不用全部包含，但要保证故事的完整性和可读性。

（2）为产品出场铺垫。在这个故事开头的时候，要告诉用户说明了一个什么道理，为什么要这么做呢？因为你要引出产品，或者刺激用户动机。

【示例】去年夏天，一个大学好友过生日，我提着蛋糕来给她过生日。见了面发现，姑娘又胖了不少，尤其是肚子上的那几圈赘肉，配那条剪裁精致的裙子，实在辣眼睛。而且当天她既没洗头，也没化妆。

我开玩笑似的说："大寿星，今天过生日，好歹也打扮打扮给我们看看啊！"朋友忽然低下头，无奈地说："人胖了怎么打扮都不好看啊。"

我忽然明白了她说的："人胖了怎么打扮都不好看"。

原来胖不是最可怕的，最可怕的是，胖让一个人失去自信和欲望。一个没了自信、没了欲望、放弃自己的人，多半就是条"咸鱼"了。

最后一句"忽然明白了"后面的就是一个道理，其实就是在为产品（可以是健身、减肥、瑜伽等）出场做铺垫。

（3）叙述方式。想好了上面两个步骤后，你还要考虑故事的叙述方式，主要有两种：陈述体和对话体。

陈述体就是以第一人称向用户转述的口吻叙述。

【示例】咖宝宝今天又来唱反调了。其实大多数人（包括我自己），今天都中了套路。从购买习惯角度来说，有些促销其实并没有真正的实惠。"开头只说了"没有真正的实惠"，但没有解释"为什么没有真正的实惠"，读者自然会想知道。

对话体则是设置一个对话的情境，相当于在用户面前重新演绎。用对话塑造场景，将日常生活片段用简洁的语言说出，配合画面，会让用户联想到自己，较强代入感往往意味着较快的认同感。

【示例】"粉丝七七愤怒地跟末那说：叔，最近有个男人追我。"读者看完之后，会好奇"为什么被人追求会愤怒"，自然会阅读下文。

（4）贴近生活。还有一点特别重要，就是你的故事一定要贴近生活，最好是发生在我们身边的。人都会对发生在身边的事情感触更深刻！

3）纠错式开头

什么是纠错式呢？就是指出用户过去的一个错误的认识，而且用户听了会有这样一种感觉：原来是这样！为什么要纠正错误？原因有二：一是人本性里面的求知欲，你指出了我的错误，那么我就想知道到底错在哪里？好了，用户这样想就"入坑"了，我们成功吸引了他的注意力；二是因为我们要提供正确的解决方案，进而引出我们的产品。

纠错式开头有一个很好用的思路：指出错误＋严重后果＋给出结论。

【示例】某款防晒喷雾是这样写的：

很多人以为（包括曾经的我），被晒到最多变黑，捂几天就白回来了。其实你不知道的是，紫外线潜藏着让你变丑、变老等4种危机。（指出错误）

为什么会这样呢？说到底还是——没有及时做好晒后修复工作。（指出错误）

如果不及时压制，不出一个月，皮肤就会看起来变得很糟糕。（后果）

所以，晒后修复格外重要！（下结论）

3. 撰写结构合理的正文

软文内容的写作，可以用3种结构，如图4-21所示。

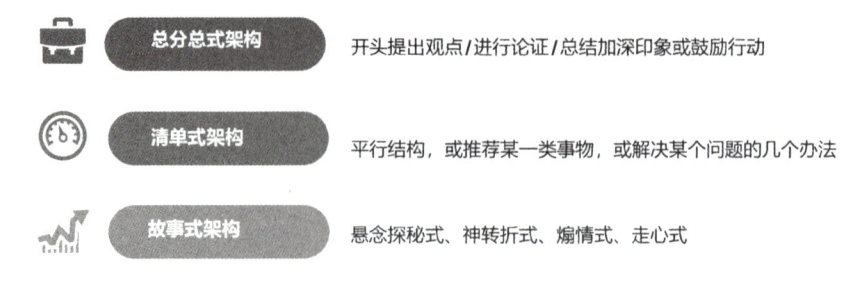

总分总式架构	开头提出观点/进行论证/总结加深印象或鼓励行动
清单式架构	平行结构,或推荐某一类事物,或解决某个问题的几个办法
故事式架构	悬念探秘式、神转折式、煽情式、走心式

图 4-21　软文内容写作的 3 种结构

1）总分总式架构

总分总式架构这是软文用得最多的架构之一：软文开头先整体概况，提出观点；软文中间分点进行论证；软文结尾总结，加深印象或鼓励行动。这种结构简单，对读者的阅读水平要求不高，会多次强调核心观点，比较适合让读者接受你的观点并且记住。同时，也非常有利于自己在规划内容时列出核心观点，再一步步展开。

【示例】　　　　　　　　为什么我从来不敷面膜

（1）因为我很宅。我不用出门去逛街，皮肤不好，我完全不在乎，哈哈！

（2）因为我有对象。我不用找对象了，皮肤要那么好干吗？我对象可好了，他爱的是我的内涵，才不会在乎我的外表！

（3）因为我有手机。我皮肤不好？我美颜技术好啊。每天只要花上 1 个小时修图，拍摄的照片一样可以漂漂亮亮的。

总结：如果你不想像我一样，天天宅在家，你还是乖乖地敷面膜吧；如果你还是单身，抓紧敷面膜吧；如果你嫌美颜麻烦，敷面膜更靠谱；如果你……还是敷面膜吧。

【练一练】1.关注某个微信公众号，找出总分总式结构的软文。2.参考上面的"为什么我从来不敷面膜"软文，为学校电子商务专业构思一篇招生软文。

_____

_____

2）清单式架构

用清单列表方式列出用户所要的信息，或者是自己要呈现的内容，清单的信息往往是平行结构，并没有非常强的关联。最常见的方式有以下两种。

（1）推荐某一类事物。例如，产品推荐类文章：彩妆产品的性价比之王大盘点。

（2）解决方案类。你遇到什么问题，我来从不同的角度提供几种解决方案。比如，解决方案类文章：健身坚持不下来，很可能是你吃得太憋屈了。

清单式结构或者说平行结构的好处是不需要很强的逻辑能力，只需要介绍清楚自己的目的并列出相关的分支内容即可，操作非常简单，而且内容来源丰富，只要是信息量大的内容都可以这样进行提炼。清单式的文章还可以简化思维，给读者一种帮我精选信息、节省时间的感觉。

在用这种清单结构的时候，标题往往起到了很重要的作用，在标题上明确列出有具体几点内容也很容易让人形成期待。

【练一练】1.关注"洞见"微信公众号,找出清单式结构的软文,可以参考评测类软文（见图 4-22）。2.参考清单式软文架构，为学校电子商务专业构思招生软文。

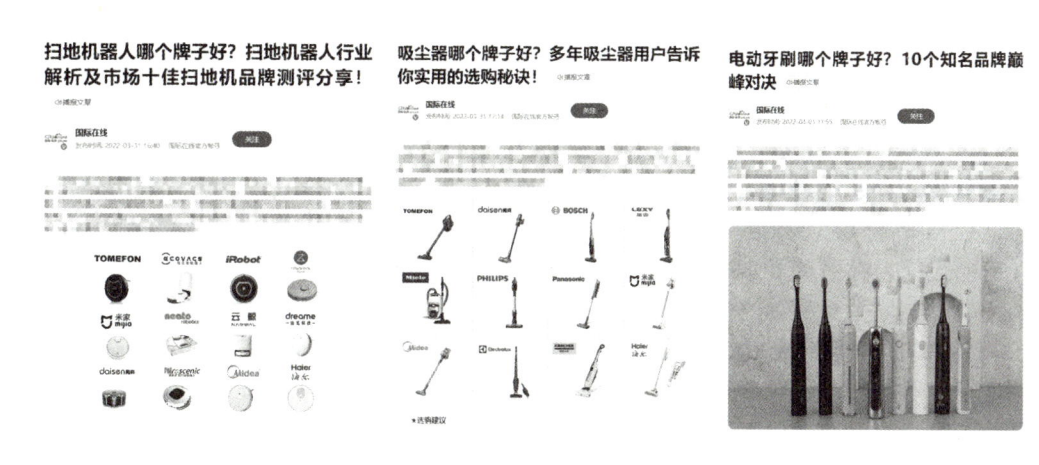

图 4-22　评测类软文

3）故事式架构

人们通常喜欢听故事，如果能通过有趣的故事抓住读者的好奇心，将读者带入情节，往往更能引发读者的阅读兴趣，使营销效果最大化。

那么，如何撰写一篇能打动读者、赢得读者认同和好感的故事式软文呢？我们可以参考"目标—阻碍—努力—结果—意外—转弯—结局"的故事写作 7 步法，如图 4-23 所示。

图 4-23　故事写作 7 步法

【示例】以电影《肖申克的救赎》为例。
- 目标：肖申克的目标是什么？银行家，金领生活。
- 阻碍：含冤入狱，监狱生活毫无希望。
- 努力：利用专业知识，改善监狱生活。
- 结果：成为图书管理员、狱长会计师，生活真的好起来了。
- 意外：证明自己清白的学生犯人出现。
- 转弯：证人被杀，利用挖了 19 年的通道越狱。
- 结局：他得到了自由。

【练一练】1. 以《美人鱼》电影或近期火爆的反转型电影为例，用故事写作 7 步法分析其故事结构。2. 参考故事类结构文章，为学校构思电子商务专业招生软文。

4. 撰写加深印象的结尾

与开头相比，结尾的形式要少一些。因为制约开头的因素较少，主要来自题目和内容，所以开头形式的发挥空间较大。相比之下，结尾受文章风格、主体内容、写作目的和写作节奏等因素的影响，受到的制约较大，所以形式有限。下面讲述结尾的具体作用和形式。

1）加深读者印象的结尾

正文得出结论或表明态度之后，结尾处再次强调，以便加深读者印象。加深印象是结尾最常见的作用，可以通过以下 4 种形式实现。

① 总结全文／总结感受。在通篇论证了观点或表达了感情之后，结尾再总结一次，会加深读者的印象。

【示例】"……为你变得有趣，为你变得有生气；为你变得有爱，为你长长久久在一起。没什么原因，就是因为真的喜欢你。"整篇文章就讲了一个故事，目的是表达"在喜欢的人面前，我才活泼有趣起来"，最后再强调一次"为你变得有趣……就是因为真的喜欢你"，以免读者只记得故事，不记得观点。

② 呼应题目。在读者阅读文章之前，通常被题目吸引，结尾再呼应题目的观点，加深读者对观点的印象。

【示例】"……最好的关系，是我懂你养娃背后的不容易。"

③ 重申观点。文章的开头就提出观点，结尾再提一遍。

【示例】开头是"今天我们要说的是卖得最好的国产轿车之一，某品牌。"结尾是"毕竟车无完车。六七万就能买到一部颜值高、空间大、配置高、底子好的车，其他方面也别太苛求了。所以某品牌还是很值得购买的。"

④ 调侃。常用于严肃说理文章的结尾，通过调侃，让读者轻松。

【示例】"……所以我现在虽然穷着却甘之如饴，因为等到以后出了名，我也能像×××一样说一句'不要脸'的话：'那些贫穷时体会到的道理，是我一生最可贵的东西。'当然，撇开以上这几点，我还是想做个有钱人。"

2）引导读者行动的结尾

当正文的内容已完结，或者正文的目的就是引导读者行动时，要在结尾加引导语，引导读者行动。文章在表达观点之后，有时需要引导读者行动，具体分为以下 3 种。

（1）引导关注或购买。常用于软文的结尾处，通过找到文章内容与软文对象的共同特点，以此引导读者关注或购买。

【示例】"20××年，365 天的美好与感动，你值得拥有。倒计时的日子，美啊。有钱任性！掌柜！包两本！"文章结尾强调"时间"，日历代表了时间，所以，由"拥有时间"过渡到"购买日历"。

（2）引导评论。在正文结束之后，加一句话引导评论，提高粉丝活跃度。

【示例】"以上是今天分享的叫醒秘诀，你们又有什么绝招来叫醒自家男人呢？"

（3）呼吁行动。在讲述了观点之后，号召读者在实际生活中运用。

【示例】"所以为了更好地占他便宜，请珍惜他，就从请他吃饭开始吧。"

3）其他形式的结尾

下面3种结尾形式的结尾比较特殊。

① 为下一篇做准备。这是系列文章的常用结尾，以便吸引读者留意下一篇文章。

【示例】"好了，我要去收拾行李了。越南河粉，我来了！！请大家期待咖宝的邮轮体验吧！"几天之后，作者写了另一篇文章，讲述邮轮体验。

② 固定结尾。无论文章内容是什么，结尾的内容及其排版都不变化，目的是通过长期重复，给读者留下独特的印象，增加文章的可识别度。

【示例】"不得不说，这样的微创新还是很赞的哈"，该公众号介绍科技产品的软文，都以这句话结尾。

③ 没有结尾。常见于介绍专业信息的文章。介绍完信息就结尾，干净利落，不拖沓。

【示例】"10月份，这10款轿车卖得最火！大众占50%，国产仅1款"作者介绍完这10款轿车的信息之后直接结尾，没有结尾语句。

5. 适当植入金句

爆款文章一定会有几个金句；打动人心的文案，必然也有几个金句。适当的金句为软文锦上添花，让读者印象深刻，能使整篇软文整体升华。金句可以粗略划分为3种类型。

（1）定义型：陈述自己的观点。

【示例】"坚持热爱，就会创造光芒！""没一个梦是白做的，你总能在现实中给它找到归处。"

（2）修辞手法型：排比、比喻、押韵、对偶、对比、双关等。

【示例】"睡觉时别辜负床，跋涉时别辜负路，深爱时别辜负人，饥饿时别辜负胃。"

（3）递进句式型：后一个比前一个重要，利用递进关系来突出后者。

【示例】"虽然你没有说走就走的旅行，但是你有说胖就胖的体型。""与其在别处观望，不如在这里并肩。"

任务实训

【实训1】为学校电子商务专业招生撰写10个软文标题。

【实训2】用总分总式、清单式或故事式架构，为学校电子商务专业招生撰写一篇600~800字软文，要求图文并茂。

【实训3】编辑软文，发布在你的微信订阅号里。

任务评价

评价类目	评价内容及标准	分值（分）	自己评分	小组评分	教师评分
学习态度	全勤（5分）	10			
	遵守课堂纪律（5分）				
学习过程	能说出本次工作任务的学习目标（5分）	40			
	上课积极发言，积极回答老师提出的问题（5分）				
	概述软文与硬广、软文与新闻稿的区别；描述软文写作的4个步骤（10分）				
	能够根据企业营销需求构思、撰写软文；能够根据软文风格编辑并发布至微信订阅号（20分）				

续表

评价类目	评价内容及标准	分值（分）	自己评分	小组评分	教师评分
学习结果	"任务实训"考评（50分）	50			
	合　　计	100			
	所占比例	100%	30%	30%	40%
	综合评分				

任务 4.4　小红书笔记撰写

工作任务单

工作任务	小红书笔记撰写		教学模式	任务驱动
建议学习	4课时		教学地点	一体化实训室
任务描述	小美如果想入职电子商务公司，就必须掌握小红书笔记的撰写，包括账号定位、选题、创作、发布等内容			
学习目标	知识目标	➢ 了解小红书的平台调性 ➢ 了解小红书的热门分类和创作逻辑 ➢ 了解小红书的选题构思和写作技巧		
	技能目标	◆ 能够参照对标账号制定自己的小红书创作模板 ◆ 能够应用相关方法创作爆文		
	素养目标	✓ 具备良好的道德意识和法律意识，不盗用，不抄袭，不滥用 ✓ 具备实事求是的价值观，不夸大，不欺骗		
实训目标	成功发布一篇小红书笔记			

知识导图

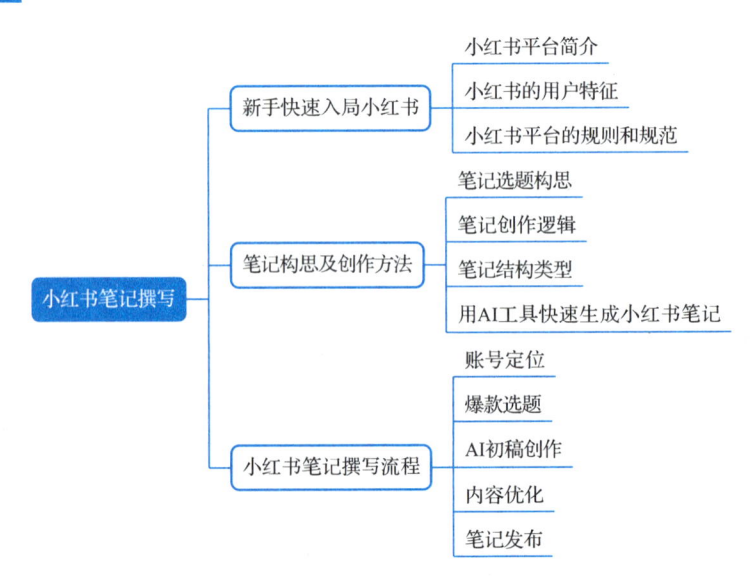

```
                            ┌─ 小红书平台简介
              ┌─ 新手快速入局小红书 ─┼─ 小红书的用户特征
              │                    └─ 小红书平台的规则和规范
              │
              │                    ┌─ 笔记选题构思
              │                    ├─ 笔记创作逻辑
小红书笔记撰写 ─┼─ 笔记构思及创作方法 ─┼─ 笔记结构类型
              │                    └─ 用AI工具快速生成小红书笔记
              │
              │                    ┌─ 账号定位
              │                    ├─ 爆款选题
              └─ 小红书笔记撰写流程 ─┼─ AI初稿创作
                                   ├─ 内容优化
                                   └─ 笔记发布
```

项目 4　编辑类文案内容规划与写作

> **任务实施**

【课前思考】小红书是一个怎样的平台？你使用小红书帮你解决过什么样的问题？

_____
_____
_____

4.4.1　新手快速入局小红书

1. 小红书平台简介

在互联网高速发展的今天，层出不穷的新媒体平台影响着我们的生活、工作和学习。其中，最令人熟知的新媒体平台是"双微一抖一红"。"双微"指的是微信、微博，"一抖"指的是抖音，"一红"指的就是小红书。

在我们正式了解小红书之前，请大家想一想，我们在生活中有没有纠结过以下这些情况：

（1）换新居了，想买个烤箱，有人说"买小烤箱方便又实惠"，有人说"烤箱买大不买小"，那么究竟该如何选择呢？有没有真实的使用体验来供我参考呢？

（2）一到春秋季节，衣柜里的衣服就不知道该怎么穿了，有没有现成的穿搭模板来供我参照呢？

（3）脸上的痘痘反反复复，生怕买错了护肤品雪上加霜，有没有同病相怜的姐妹传授一下抗痘经验？分享一些敏感时期好用的护肤品呢？

……

诸如此类的烦恼经常在我们的生活中上演。

以前，我们会通过身边的亲朋好友、电视广告、产品说明来获得有帮助的信息；而现在，尤其是对于年轻人来说，去小红书查阅才是解决问题的最佳选择。

由此可见，小红书是一个以 UGC 为主的信息分享平台，是以新媒体技术为依托的生活方式平台和 KOL 决策入口。

人们在这里不仅仅是内容的接收者，同时也是内容的生产者。通过分享真实的消费体验和生活方式，吸引兴趣相同的人进行社区互动和消费，最终形成以"内容—社交—电商"为闭环的新型商业模式。

2. 小红书的用户特征

了解了小红书的定义，我们再通过大数据了解小红书平台的用户具有的几个特征。

1）年轻、对生活充满好奇心的用户居多

小红书活跃用户以"90 后"用户居多，月活用户与分享者基数庞大。

2）女性、一二线城市用户为主

小红书的主要用户群体为女性，年龄多集中在 18～34 岁分段，且多分布于广东、上海、北京等一二线城市。小红书活跃用户性别、年龄、地域分布如图 4-24 所示。

157

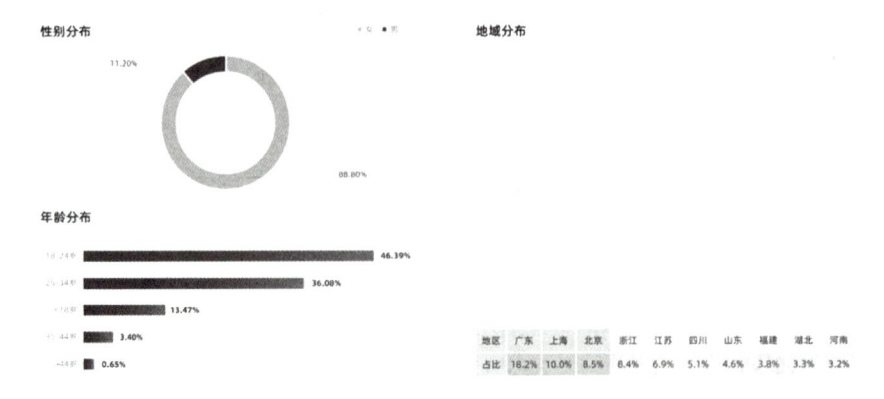

图 4-24 小红书活跃用户性别、年龄、地域分布

3）爱尝鲜、爱生活、爱分享、高消费力

根据大数据对小红书人群标签的定位，小红书用户具有爱尝鲜、爱生活、爱分享、高消费力的特点。小红书主要的 6 种人群标签如图 4-25 所示。

图 4-25 小红书主要的 6 种人群标签

小红书用户关注的焦点行业多分布在彩妆、穿搭、护肤、美食教程等领域，如图 4-26 所示。

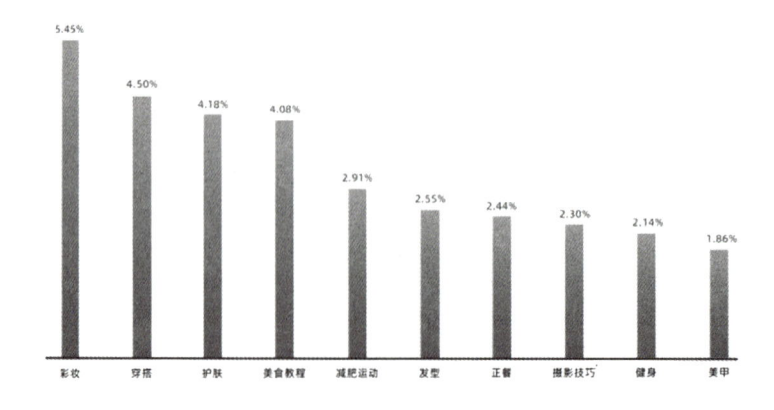

图 4-26 小红书用户关注的焦点行业分布

（以上数据来源：千瓜数据，数据统计时间为 2022 年）

综合以上 3 点，我们可以得出一个结论：

要想快速入局小红书，就必须紧跟时代潮流，从平台特点出发，找准账号的热门定位，以新鲜、有趣、有干货的内容为切入点，分享自己的真实体验。

【想一想】请简要分析如图 4-27 所示的某博主小红书笔记截图，说说这条笔记为什么会被点赞？

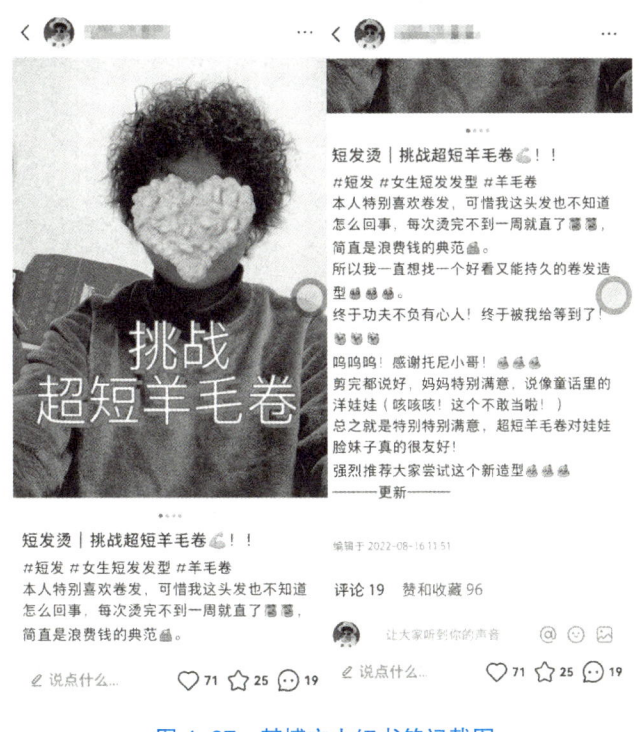

图 4-27　某博主小红书笔记截图

分析：该笔记具有以下特点。

（1）新鲜：根据人群定位，我们知道小红书用户喜欢的内容要新鲜有趣，而"挑战超短羊毛卷"里的"挑战"二字，则正好符合了这一特性。

（2）标签：在小红书的热门分类中，关于发型的话题热度较高。如果带入 # 短发 #、# 女生短发 # 等标签，则更容易被有需求的女性用户搜索到。而 # 羊毛卷 # 一直在烫发的分类中占有较高的热度，因此带入该标签，也更容易被相关的用户关注到。

3. 小红书平台的规则和规范

互联网是一把双刃剑，我们在创作内容的同时，有可能也在悄然地违反平台的规则和规范。抄袭、洗稿、引导网暴……这些行为最终只能给自己带来恶果，给他人带来伤害。因此，要想确保我们的小红书笔记合规合法，并且能顺利地进入平台的流量池，那就要在一开始了解并践行平台的规则和规范。小红书的社区公约及规则中心页面如图 4-28 所示。

图4-28　小红书的社区公约及规则中心页面

任何为了博眼球、违背公序良俗的内容都是经不起时间考验的。我们创作运营小红书账号，是为了可持续地扩大自己账号的影响力，争取成为某个领域的KOL，在为自己、企业和粉丝带来好处的同时，也能为社会做出贡献。

因此，我们在发布第一篇小红书笔记之前，最好先去平台阅读相关的社区规范。从一开始就做到良性借鉴，不抄袭、不盗用、不滥用。树立正确的价值观和道德观，具备较强的法律意识，并在创作的过程中，不断自我反省、自我提高、自我优化和原创创新。

只有做到以上几点，我们的创作内容才会变得更有态度、有温度、有担当，我们的账号也会在良性循环中实现稳步成长。

4.4.2　笔记构思及创作方法

1. 笔记选题构思

搜集大数据，获取行业信息，可以帮助我们更快地确定选题。

很多新手初出茅庐的第一个难关，就是不知道怎样构思选题。当你连创作方向、主题、形式都踌躇不决时，当然没办法做到高频率的更新。既然如此，我们不妨利用以下渠道，在数据直观的表述中，找到适合我们的类目。

① 行业研究报告网站。麦肯锡、艾瑞网、易观分析、中国互联网络信息中心、前瞻产业研究院、阿里研究院等，他们经常发布各行业的深度分析报告。

② 数据统计和分析平台。QuestMobile、易观千帆、千瓜数据、新红等，这些平台经常

提供互联网用户行为研究、行业报告、用户画像分析和市场竞争情报等。

③ 政府和学术机构资源。国家统计局、世界银行集团、联合国等官方机构发布的数据报告，具有权威性；中国知网等学术资源共享平台，可以找到最新的研究成果。

④ 新闻媒体和行业资讯。新浪财经、FT中文网等经济新闻网站，可以了解最新的商业动态。36氪等科技媒体，适合追踪新兴技术和创业公司动态。

⑤ 社交媒体和内容平台。小红书、微博、知乎、豆瓣等社交平台的话题热搜榜，可以洞察网民的关注点。Bilibili等视频平台的热门内容和趋势等也值得参考。

⑥ 专业市场调研公司。尼尔森、汇调研、零点调查、艾瑞咨询等市场调研公司提供专业的消费者行为和市场分析报告。

⑦ 电商平台和消费趋势。天猫、京东等大型电商平台的行业报告和消费者购买数据分析。

小红书本身的热门标签和话题排行榜也是获取灵感的好地方。

需要注意的是，在搜集这些数据时，要特别注意验证信息的时效性和可靠性，同时结合小红书的用户特性和内容偏好来进行选题策划。

2. 笔记创作逻辑

"以不变应万变，敌变我不变，万变不离其宗。"——老子《道德经》

我们将这个观点引申到文案创作上来，请大家结合实际情况进行思考：

- 为什么有的人7天都写不出1篇笔记？
- 为什么有的人每天都有新内容？
- 为什么有的人1周更新3篇优质笔记？
- 为什么有的人写脚本就要花半个月时间？

以上这些问题，是每一个初入小红书的"菜鸟"都会面临的困境。但如果我们将上文提到的观点引入创作中去，那一切看起来就简单多了。

事件的发生一般离不开3个阶段，即"开始—过程—结束"。在剧本创作中，我们称之为"三幕式"结构，用老祖宗的话说，就是"起承转合"。

而小红书笔记，本质上讲就是讲故事，逻辑上符合"开始—过程—结束"三步。

一旦我们掌握了这个创作内核，那么无论是什么类型的文章或视频，我们都可以用三步填空的方法，将他们一步一步串联起来。

这里总结了6个小红书的热门标签分类，分别为护肤、家居、穿搭、美食、美妆、日常Vlog。乍一看这些分类似乎各不相同，但如果对各类标签下的文案逐一进行分析就不难看出，这6类爆文其实都共用着一套模板，那就是"三幕式"或者"起承转合"。

如图4-29所示是小红书某护肤博主发布的一篇笔记。

我们将该笔记分割成3大块：

- 开始：开场白、点明主题、自我介绍。
- 过程：对标题、主题的详细解释，并进行分步说明和演示。
- 结束：对内容进行高度总结，强调重点，引导关注。

有了这个模板，我们再来看看其他类型的图文笔记是不是也是如此。热门分类的小红书笔记示例如图4-30所示。

图 4-29　小红书某护肤博主发布的一篇笔记

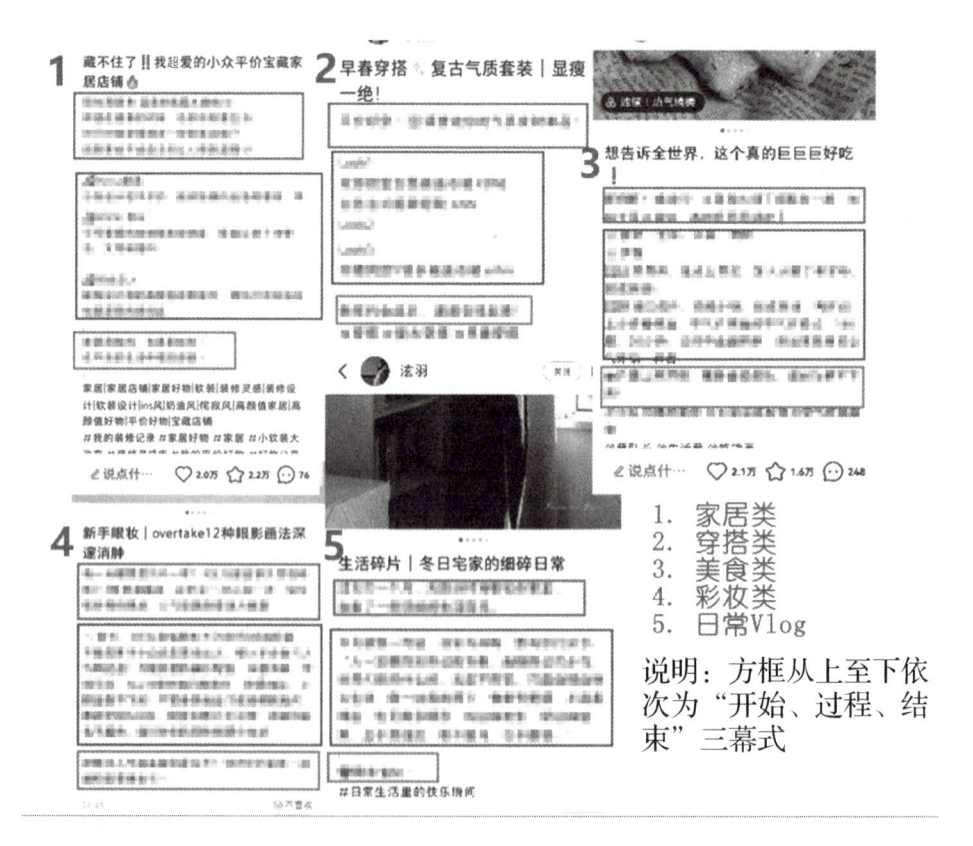

图 4-30　热门分类的小红书笔记示例

由此可见，不管是什么类型的笔记，都可以应用"开始—过程—结束"的逻辑进行创作。

3. 笔记结构类型

如图 4-31 所示是小红书某种草博主发布的一篇零食种草笔记。

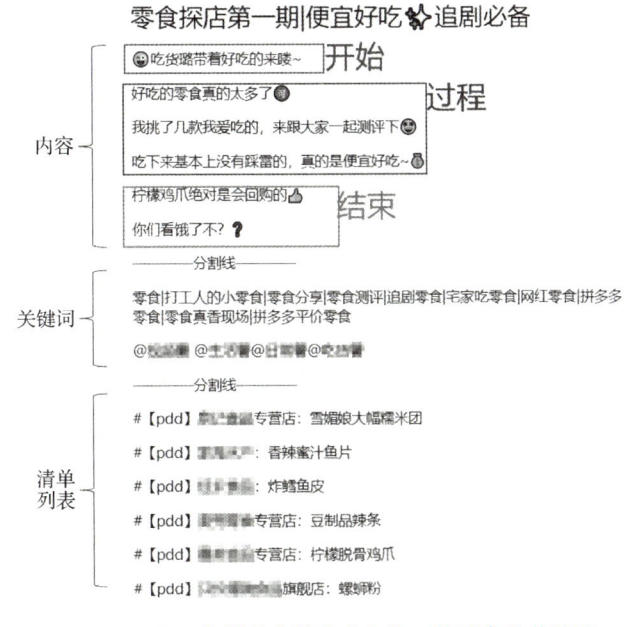

图 4-31　小红书某种草博主发布的一篇零食种草笔记

可以看到，图中"零食探店合集"的笔记一共被划分为三大模块，分别是"内容""关键词"和"清单列表"，而"内容"里依然用的是"开始—过程—结束"的三步逻辑。三大模块中，"关键词"和"清单列表"的顺序是可以互换的，但是"内容"却必须放在第一的位置，这是因为：

（1）按照现代人的阅读习惯，大多数是"从上到下""从左至右"进行浏览的，因此，需要把最重要的内容放在第一的位置。

（2）小红书的笔记结构类型无外乎 3 种。三者择一、三者择二、三者皆备，都是根据账号定位自行搭配的，但其中"内容"这一项是必不可少的。

小红书笔记的热门标签分类、创作形式及创作逻辑如表 4-12 所示。

表 4-12　小红书笔记的热门标签分类、创作形式及创作逻辑

分　　类	具 体 内 容
热门标签分类	护肤、家居、穿搭、美食、美妆、生活 Vlog
创作形式	单品（内容，内容+关键词）
	合集（内容，内容+清单，内容+关键词，内容+清单+关键词）
创作逻辑	内容三步法：开始—过程—结束（起承转合） 开始：简短开场白，点明主题，自我介绍，内容预告…… 过程：对标题、主题的详细解释，分步说明和演示，列表清单，体验感受，使用心得…… 结束：建议总结，强调重点，引导关注……
	结构三分法：内容—关键词—清单列表 内容：核心创意，正文（可读性、干货性、学习性、趣味性） 关键词：提炼核心词汇，在精不在多，善用组合关键词 清单列表：产品罗列清楚，视频进度条分时段介绍

163

4. 用 AI 工具快速生成小红书笔记

在人工智能时代，类似 ChatGPT、讯飞星火、文心一言、豆包等 AI 聊天创作工具层出不穷。他们的存在，除了方便了人们日常的生活学习，也大大提高了运营人员的工作效率。

例如，我们可以利用 AI 工具来快速生成小红书笔记的内容草稿。这些 AI 工具通常具备强大的自然语言处理能力，能够根据我们提供的几个关键词或者一个主题，生成连贯、有趣且符合用户喜好的文本内容，这对于内容创作者来说带来了极大的便利。

在使用 AI 工具时，我们可以按照以下步骤操作。

（1）确定目标主题：首先，我们需要明确要创作的小红书笔记的主题，这个主题应该符合我们目标受众的兴趣和需求。

（2）关键词提取：根据主题，提取一些相关的关键词。这些关键词将作为 AI 工具生成内容的依据。

（3）设定内容风格：不同的 AI 工具可能有不同的风格选项，我们可以根据个人品牌和小红书的社区文化，选择合适的风格，如幽默、正式、轻松等。讯飞星火 AI 对话截图如图 4-32 所示。

图 4-32　讯飞星火 AI 对话截图

（4）生成内容草稿：将关键词输入到 AI 工具中，让工具生成草稿内容。这个过程可能需要多次尝试，以达到最满意的效果。讯飞星火 AI 生成小红书笔记截图如图 4-33 所示。

图 4-33　讯飞星火 AI 生成小红书笔记截图

项目 4　编辑类文案内容规划与写作

在小红书平台中，不管你是创作图文还是视频，核心的一点就是要掌握内在的逻辑结构，学会把握故事的节奏。只有这样，才能在今后的创作中做到高效、高质、高频，才能在众多小红书的竞争者中脱颖而出，圈得自己的一席之地。

4.4.3　小红书笔记撰写流程

创作都有一套完整的产出流程，小红书笔记也一样。

作为一个零基础、刚入行的"小白"，难免会走很多弯路，但只要按照这里总结的5个步骤进行创作，很快你就会发现，创作一篇小红书笔记并没有想象中的那么难。小红书笔记撰写流程如图4-34所示。

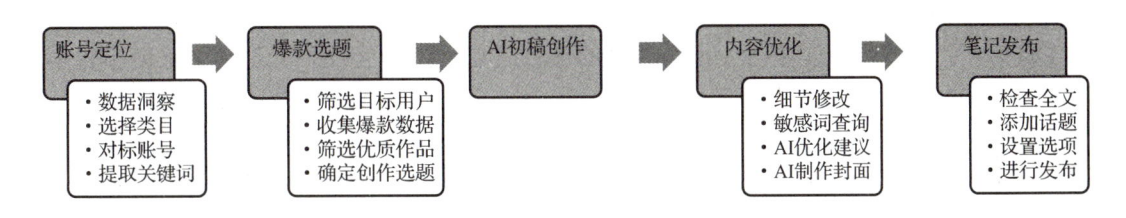

账号定位	→	爆款选题	→	AI初稿创作	→	内容优化	→	笔记发布
·数据洞察 ·选择类目 ·对标账号 ·提取关键词		·筛选目标用户 ·收集爆款数据 ·筛选优质作品 ·确定创作选题				·细节修改 ·敏感词查询 ·AI优化建议 ·AI制作封面		·检查全文 ·添加话题 ·设置选项 ·进行发布

图 4-34　小红书笔记撰写流程

1. 账号定位

在小红书平台上，千人千面的推荐机制意味着每个用户都会得到个性化的推荐内容，这也要求我们在运营和创作时必须做到账号、标签、内容的高度垂直化。只有这样，我们的内容才能更准确地推送给目标用户，提高用户的阅读率和互动率。

因此，在注册了平台账号后，我们第一时间要做的不是发布内容，而是先确定自己的账号定位。关于这一点，我们可以从4个方面入手。

（1）数据洞察。数据洞察包括对自身的数据和对平台内的数据进行分析。了解我们自身的优势或产品，了解哪些类型的内容更受欢迎，哪些标签更容易被推荐，哪些主题能引起更多的讨论等。这些数据可以帮助我们更好地理解平台的用户群体和内容趋势，为我们的创作提供指导。

假设小美所在的公司主营业务是女性运动户外装备，主张"健康舒适的灵动生活"。首先，我们先要进行与行业相关的数据分析，可以去查看服饰潮流、运动户外、健康行业等相关的数据。

【阅读材料】小红书种草学行业资料

通过洞察相关数据我们得出结论：随着人们对健康意识的提高，越来越多的女性开始关注自己的身体健康和体能训练。并且，随着时尚潮流的变化，越来越多的女性开始关注户外运动装备的外观设计、功能和品牌价值。一些知名的户外运动品牌，推出了许多时尚、高品质的产品，吸引了众多女性的关注和购买。除此之外，还受近几年旅游文化的影响，越来越多的人开始选择户外运动作为旅行的方式。女性也逐渐成为旅游市场的主力军之一。因此，对户外运动装备的需求也随之增加。最后，社交需求也是不可忽视的重要因素之一，户外运动装备也可以成为女性社交的一种方式。许多女性会通过参加户外运动来结识新朋友，拓展社交圈。

那么，小美的小红书账号就有了4个定位方向：健康、潮流、旅游和社交。

（2）选择类目。在小红书平台上，正确选择类目是至关重要的。这不仅决定了你能否吸引目标受众的兴趣，还影响个人或品牌长期发展的潜力和市场竞争力，主要体现在以下7个方面。

① 匹配目标受众：小红书的用户群体以年轻女性为主，对生活方式、美妆、时尚等领域有较高的关注度。选择一个与平台用户兴趣相符的类目，有助于内容更容易被目标受众接受和喜爱。

② 发挥个人优势：根据自己的兴趣和专业背景选择类目，可以更好地发挥个人特长和知识优势。如果对某个领域有深入的了解和热情，那么在这个领域内创作内容会更有优势，也更容易建立起个人品牌。

③ 市场潜力：选择具有巨大市场潜力的类目，如时尚、美妆，可以吸引更多年轻用户的注意。但同时也要注意，这些热门类目通常竞争激烈，需要不断创新才能突出重围。

④ 内容方向参考：了解小红书上的热门类目，如美妆、护肤、数码、穿搭、旅行等，可以为内容创作提供方向上的参考。这些热门类目往往有更多的用户关注和品牌广告投放，在这些领域内创作内容可能会获得更多的曝光机会。

⑤ 长期发展：选择一个适合自己并且具有发展潜力的类目，对于在小红书平台上长期发展至关重要。一个好的类目可以帮助您建立起稳定的粉丝基础，为未来的商业合作和品牌推广打下坚实的基础。

⑥ 资源投入效率：选择合适的类目可以提高资源投入的效率。在内容创作和营销时，如果能够精准定位到高兴趣度和高参与度的类目，那么每一份投入都有可能获得更高的回报。

⑦ 社区影响力：在小红书平台上，选择正确的类目还能够帮助建立社区影响力。通过在特定领域内提供有价值的内容，可以逐渐在用户中建立起专家形象，从而增强社区内的影响力。

由此可见，选择类目对于在小红书平台上成功开展内容创作和营销活动具有重要意义，因此，在选择类目时，需要综合考虑平台特性、个人优势、市场潜力以及内容方向等因素，做出明智的决策。

【阅读材料】小红书主流类目创作方向及内容关键词

小美已经对账号进行了初步定位，接下来，就要选择一个垂直类目作为内容的骨架。她结合自己的个人能力、兴趣、擅长领域、知识储备、平台热门类目，以及行业数据及市场预测，选择了"健康—健身博主—健身打卡"作为今后创作的类目。

（3）对标账号。确定了账号定位，选定了创作领域，我们就可以开始创作了吗？不，我们还要在小红书的江湖里找个"师父"，即"对标账号"。

作为初入小红书的新手，我们最好是找一个对标账号进行模仿和学习。注意，这里的模仿并不是抄袭，我们要做的是良性借鉴，然后结合自身情况进行优化和原创。

那么，我们该如何寻找对标账号呢？其实可以从4个维度入手。

① 发现页刷号。打开小红书App，在首页的"发现"标签栏，我们可以看到许多基于我们兴趣标签推荐的内容。小红书"发现"页面如图4-35所示。

图 4-35 小红书"发现"页面

② 搜索领域关键词。单击首页右上角的 🔍 图标，打开"搜索"页面，输入和你定位相同的关键词，会得到许多该分类下的博主创作的笔记。如搜索"零食"，会得到如图 4-36 所示的页面。

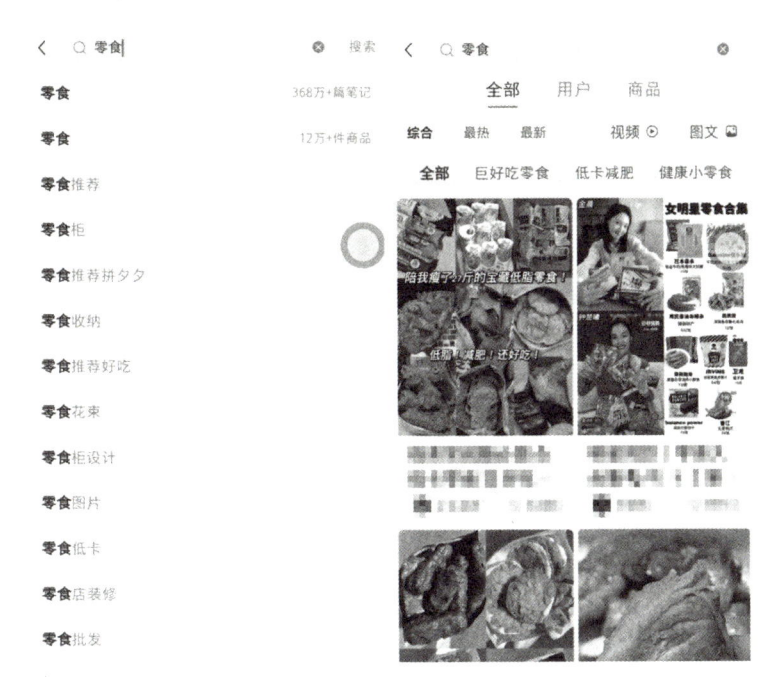

图 4-36 小红书"搜索"页面

（说明：不同的小红书 App 版本，显示的界面会稍有不同，这里的图片仅作参考说明用，下同。）

③ 优质博主关注页。找到与你同领域的优质博主，浏览该博主的关注页，能找到更多

同类标签的账号。某博主的关注页截图如图4-37所示。

④ "薯队长"每月榜单。"薯队长"是小红书的官方客服，在小红书遇到问题都可以@"薯队长"，并且有一定概率能帮助你上热门。除此之外，我们还要经常关注该官方号发布的数据榜单，在这些榜单里，我们能知道各领域优秀的账号都有哪些。小红书"12月时尚新人榜"页面如图4-38所示。

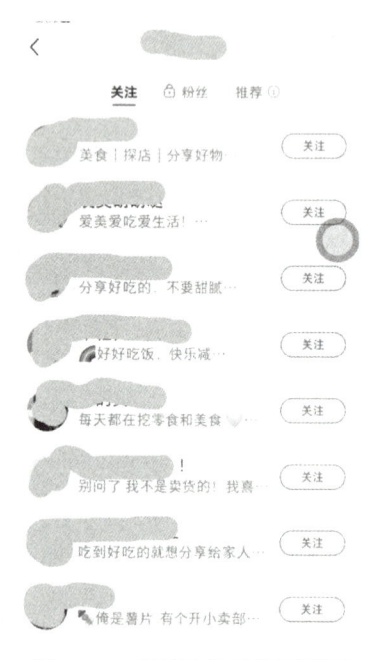

图4-37　某博主的关注页截图　　　　图4-38　小红书"12月时尚新人榜"页面

最后需要注意的一点是，我们寻找对标账号的标准并不是粉丝量、互动量越多越好。我们需要先做好账号的阶段性规划。例如，先定一个小目标，在3个月内做到6 000粉丝量，接着半年内做到10 000粉丝量，两年内做到100 000粉丝量。然后根据这个计划，去找同分段优秀的博主作为我们的对标账号。如果我们一开始就找2 000万粉丝的账号对标，就很容易打击我们的自信心，造成"望山跑死马""半途而废"的结局。

小美一边养号，一边收集和自己同定位、同领域的博主信息，并将他们按照粉丝量、用户参与度、内容质量、发布频率、成长趋势、变现能力、搜索排名等指标进行排序，作为自己每个阶段的对标账号。

（4）提取关键词。即便我们已经在小红书上确定了账号定位和垂直类目，找到相关的创作关键词依然至关重要。这是因为关键词在内容营销和平台算法推荐中扮演着核心角色，具体作用有如下几点。

① 提高内容被发现的概率：用户在小红书上搜索信息时会使用关键词。拥有与内容强相关的关键词可以提高笔记被目标受众搜索到的可能性。

② 增强内容相关性：围绕特定关键词创作内容能够确保笔记与用户查询意图保持一致，这有助于提升用户体验，并增加互动和转化率。

③ 优化平台算法推荐：小红书和其他社交媒体平台一样，都有自己的算法，它通过关键词等信息来决定哪些内容显示给特定的用户。关键词的合理使用可以帮助内容获得更多的曝光量。

④ 建立品牌权威性：针对一组相关关键词进行持续的内容创作可以在该领域内建立起专业形象，加强品牌的权威性和信任度。

⑤ 促进内容策略的聚焦：明确的创作关键词有助于内容创建过程中保持焦点，避免偏离核心主题，确保内容的一致性和深度。

⑥ 分析竞争对手：通过分析使用的关键词，可以了解同类目中的竞争对手是如何定位自己的，从而找到差异化的角度或者未被充分开发的关键词领域。

⑦ 适应变化和趋势：随着市场的变化和用户兴趣的演变，关键词的使用可以帮助内容创作者迅速适应新的搜索趋势和话题。

⑧ 精准营销：如果计划进行付费推广或与其他品牌合作，关键词可以帮助更精准地定位目标受众，提高营销效率。

⑨ 提升搜索引擎排名：搜索引擎友好的关键词同样可以提升自己内容在平台内搜索结果中的排名。

因此，即使已有账号定位和垂直类目，挖掘与应用相关的创作关键词也是细化内容战略、增强内容可见性和互动性的重要步骤。一般情况下，在账号运营初期，我们会罗列9个关键词作为备用选题。

小美根据自己"健康—健身博主—健身打卡"的定位，罗列出了燃脂、瘦腰、瘦腿、小肚子、装备、挑战、居家、健身房、体型9个关键词作为选题备选。

2. 爆款选题

到了策划选题这一步，很多新手大多会出现两种情况：一种是手足无措，不知道要干什么；另一种是兴奋过头，不经思考就盲目瞎干。正确的做法有以下几点。

（1）筛选目标用户。结合对标账户和第三方数据，对该领域内粉丝的性别、年龄、地域、兴趣爱好、决策行为等进行调研，再根据个人的产品、服务特点、理念等进一步确认更精准的用户群体。

（2）收集爆款数据。我们可以使用小红书内置的创作中心，查找笔记灵感。在相关类目和专题下，寻找具有参考价值的作品；我们也可以点击搜索，查看小红书热点榜单，关注平台上的热门话题和流行趋势，记录哪些类型的内容能够获得高浏览量和高互动率；我们还可以跟踪对标账号的爆款内容，分析它们的成功要素，比如笔记的内容形式、发布时间、互动策略等；也可以参考百度指数等工具，了解整个网络环境中的流行趋势。

（3）筛选优质作品。要注意不是每一个数据漂亮的作品都具有参考价值，在这个"内容为王"的时代，作品本身的优劣决定了一个账号能否走得更远。所以，在进行对标作品筛选的时候，需要评估内容的质量，比如检查其原创性、精良度、价值和实用性。除此之外，我们还要考虑作品的用户互动情况，考察用户对类似内容的反应，包括点赞、评论、收藏、转发等。我们还要具备差异化竞争的意识，比如同一个话题换一个角度切入，找出与众不同的点，使内容避免同质化，在创意上脱颖而出，就更容易成为爆款。我还可以征求社区意见，比如通过发起投票或讨论，获取粉丝对于不同内容的直接反馈，然后"主打一个听劝"。

（4）确定创作选题。结合前面几步，我们就可以开始头脑风暴，确定今后创作的选题了。

首先，罗列出收集的选题，进行团队内部创意的头脑风暴，拓展和细化每个选题的方向；其次，选择几个最有潜力的选题，快速制作成内容，小规模发布测试反应；再次，根据测试的效果，以及预期的投入产出比，最终确定最有可能成为爆款的选题；最后，制订详细的内容创作、发布和推广计划，确保选题得到充分的曝光量并尽可能地转化为爆款。

在整个过程中，我们需要不断地进行市场调研和数据分析，以便及时调整策略。另外，也要保持敏锐的市场洞察力,抓住时机,迅速响应市场变化。

在这个阶段,小美一共找了 60 个爆款选题,并将它们总结为"她关心的""她有用的""她好奇的"3 类。然后,将 3 类作品进行拆解发现:"她关心的"往往与热点相关,例如,"3•15"期间,用户关心贴身运动装备的布料是否含有荧光剂、甲醛,是否对皮肤有害;而"她有用的"往往与内容深度有关,例如,瘦身的技巧步骤,有没有方便的打卡跟练视频等;"她好奇的"往往和封面标题有关,例如,"你一定想不到裸感健身的快乐"等。

【阅读材料】对标账号笔记分析

3. AI 初稿创作

随着人工智能技术的不断发展,AI 工具的应用已经普及到我们生活、学习、工作的方方面面。尤其是在内容创作领域,AI 工具的使用更是如虎添翼,它可以让我们的创作过程变得更加高效、便捷和丰富。

当前市面上有很多创作工具,除了比较知名的 ChatGPT、讯飞星火、文心一言,还有一些垂直性比较强,功能简便好用的 AI 工具,如图 4-39 所示。

图 4-39 AI 创作工具

智能箱 AI:这是一个能够一键生成小红书笔记的工具,它可以帮助用户快速产生创意笔记,节省创作时间。

AI 创意生成家:专为创意内容而生,可以帮助用户在创作小红书笔记时获得灵感。

笔灵 AI:这个工具也专注于创意内容生成,适用于需要大量创新点子和文案的创作者。

多种草 AI:这是一个为自媒体博主、市场运营设计的 AI 智能创作平台,支持抖音、小红书、微信等平台文案及图文撰写。

自媒 AI:提供 AI 改写、生成文章、小红书笔记生成、标题优化等功能,旨在帮助创作者轻松提升内容质量。

小红书生成器-ChatGPT:这款工具画面简洁,速度快,专门针对小红书风格进行内容生成。

当我们有了这些工具,自媒体创作的门槛将会大大降低,即便是新手也能轻松制作出新鲜、有趣、有吸引力的小红书内容。不过,在使用这些工具时,我们仍需要注意内容的原创性和个性化,最好是在生成文案的基础上,再结合自身人设进行优化,以确保内容能够真实地反映自己的风格和观点。

终于进入到创作阶段,小美没有像以前一样,坐在电脑前苦思冥想一整天,而是利用收集到的关键词、选题、用户画像结合自己的人设、风格,将这些信息输入到"多种草 AI"工具中,然后生成了一篇完整的小红书笔记初稿,如图 4-40 所示。

项目 4　编辑类文案内容规划与写作

> **小红书文案**
> \>\>点击法给文案添加表情

> 晨跑or夜跑，哪种更适合你? 用户为20~35岁女性，一二线城市，上班族，内容专业但语气要更亲切触戳！

一、5个可选标题（每个标题前加一个换行符）：

1. 🏃晨跑OR夜跑？20~35岁女性上班族怎么选？😊
2. 🌙夜跑VS🌅晨跑，哪种更适合你？专业分析，幽默解读！😉
3. 🏙️一二线城市上班族，晨跑OR夜跑，你选对了吗？🏃
4. 🏃晨跑提神醒脑，夜跑释放压力，哪个更适合你？专业指南来啦！💡
5. 🏃晨跑OR夜跑？专业分析，让你不再纠结！🎯

二、正文内容（300字~500字）

🌞嗨，亲爱的20~35岁女性上班族们！是不是常常纠结于晨跑还是夜跑呢？其实，选择哪种跑步方式，真的要看你的个人情况和需求哦！😊

🌅如果你是个早起的鸟儿，那么晨跑绝对是你的不二之选！晨跑可以让你在清新的空气中迎接新的一天，提神醒脑，开启一天的工作模式。而且，晨跑还有助于消耗早餐前的热量，让你的身材更加苗条哦！

🌙然而，如果你是个夜猫子，那么夜跑或许更适合你。夜跑可以让你在忙碌的工作后释放压力，享受夜晚的宁静和美景。而且，夜跑还可以帮助你消耗晚餐后的热量，避免脂肪堆积。💪

🎯当然，选择晨跑还是夜跑，还要考虑你的身体状况、时间安排和个人喜好等因素。总之，无论你选择哪种方式，都要记得坚持哦！💪💪

标签：#晨跑 #夜跑 #上班族 #运动选择 #健康生活

图 4-40　多种草 AI 笔记生成页面

4. 内容优化

AI 生成的小红书笔记虽然节省了创作时间并提供了初步框架，但真正的优质内容还是需要通过细致的人工优化来完成。从细节修饰到遵守法规，再到视觉呈现和 AI 的进一步优化，每一步都至关重要。一套"组合拳"打下来，才能保证最终呈现出的小红书笔记既符合平台规则，又能吸引目标受众，提高内容的曝光率和用户的参与度。

（1）细节修改。

① 账号人设的契合度：AI 生成的笔记可能与创作者设定的账号风格和人设不完全一致。创作者需要根据自己账号的特色和用户群体的期望对文案进行调整，以保持品牌形象的一致性和吸引力。

② AI 语言僵化问题：AI 生成的笔记可能缺乏丰富的情感和灵活的创意。笔记优化包括赋予笔记更多人性化的表达，增加故事性、情感联系元素以及一些具有特色的用语，让内容更有吸引力。

（2）敏感词查询。根据《广告法》的规定，自媒体发布的内容中不能含有虚假或夸大宣传的内容，必须遵循真实、合法的原则。因此，创作者需要审查 AI 生成的笔记，确保没有触犯相关法律条款。各个社交媒体平台也都有自己的内容发布规则，比如小红书就不允许出现明显引流其他平台的词汇，如"淘宝""京东""今日头条""微信""微博"等，因此，在 AI 生成一篇笔记之后，我们还需要对其进行检查，去除这些可能触发平台审核违规的内容。

（3）AI 优化建议。当把一篇小红书笔记放进 AI 工具中进行优化时，首先应该明确优化目标，比如提高用户互动率、增加阅读量等。然后根据 AI 工具提供的反馈，如关键词优化、句子结构改进等，适当调整笔记。

(4) AI 制作封面。

① 小红书封面风格特色：小红书的封面通常倾向于简洁、美观且能够快速吸引注意力的设计。优化时需要考虑所选图片与笔记主题的契合度、图片质量，以及是否吸引人点击。

② 封面文案特色：封面上的文案应简洁有力，能够概括笔记的核心内容或引起好奇心。优化时要确保封面文案不仅吸引人，而且与内文内容高度相关。

AI 工具能够基于大数据分析提供更符合用户喜好的写作风格和内容布局建议，但最终还是需要创作者结合自己的理解和经验去判断采纳哪些建议。

得到小红书笔记后，小美利用多种草 AI 的敏感词/违禁词查询功能进行检测，发现其中有 1 个通用敏感词、3 个广告违规词、1 个小红书官方违规词等。于是她仔细进行了校对，发现这些词汇并没有问题，决定不再修改。多种草 AI 敏感词/违禁词检测页面如图 4-41 所示。

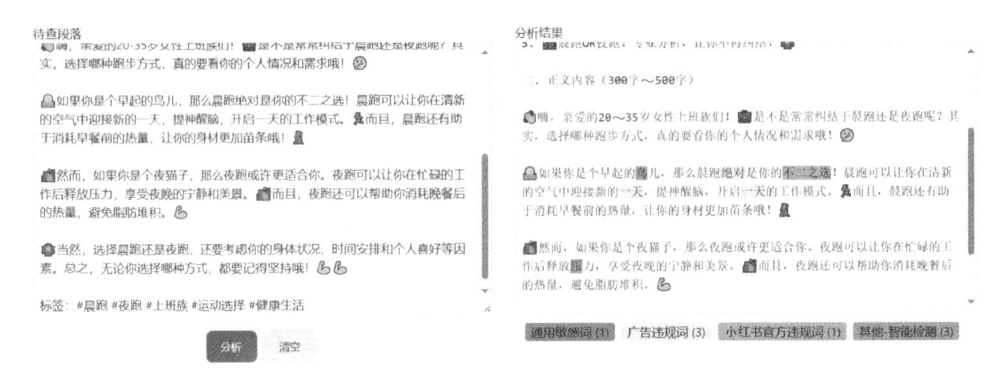

图 4-41　多种草 AI 敏感词检测页面

接着，小美用讯飞星火工具进行提问，她希望这篇笔记能提升互动性和收藏量，于是期待 AI 能给出一些有用的建议。讯飞星火对话页面（1）如图 4-42 所示。

图 4-42　讯飞星火对话页面（1）

项目 4　编辑类文案内容规划与写作

接下来，小美就要制作小红书笔记的封面了，她将文案粘贴进讯飞星火输入框，然后询问 AI 制作封面的相关描述，讯飞星火对话页面（2）如图 4-43 所示。

> 我想给这篇小红书笔记配个封面，应该从哪些关键词入手呢？

为了给这篇小红书笔记配一个吸引人的封面，你应该从以下关键词入手：

1. **晨跑与夜跑**：这是笔记的主题，封面应该体现出内容的核心，即讨论晨跑和夜跑的利弊。
2. **女性上班族**：目标受众是20~35岁的女性上班族，封面可以设计成符合这个群体审美和兴趣的风格。
3. **健康生活**：跑步是一种健康的生活方式，封面可以包含健康、活力、健身等相关元素。
4. **清新空气/夜晚宁静**：根据文案内容，封面可以展现清晨的新鲜空气或夜晚的宁静美景。
5. **动力与放松**：晨跑提神醒脑，夜跑释放压力，封面可以传达这两种不同的情绪和状态。
6. **身材苗条**：既然提到了晨跑有助于保持身材，封面可以暗示这一点，比如使用体型健美的轮廓图。
7. **选择与建议**：封面可以提出问题或提供建议的形式，激发用户的好奇心。
8. **坚持与动力**：文案最后强调了坚持的重要性，封面可以传递积极向上、坚持不懈的信息。

结合这些关键词，你可以设计一个既符合主题又能吸引目标受众注意的封面。例如，你可以选择一个分割为两个部分的图片，一半展示清晨的阳光和新一天的开始，另一半展示夜晚的星空和宁静的街道。图片中可以有一位女性上班族的形象，穿着运动装备，展现出活力和健康的生活方式。记得封面的设计要简洁明了，颜色和字体的选择都应该符合整体风格和信息传递。

图 4-43　讯飞星火对话页面（2）

AI 虽然给出了框架建议，但依然不够具体。于是小美继续提问，希望 AI 给出一个具体的描述段落。讯飞星火对话页面（3）如图 4-44 所示。

> 如果要用AI生成图片，结合以上的关键词信息，请给出具体的描述

综合描述示例：
"请生成一张分割为两半的图片，左半边展示一个女性上班族在清晨的阳光下跑步，背景是新一天的开始，阳光温暖，天空橙黄，她身着运动服，面带微笑，充满活力。右半边则是同一个女性在夜晚的路灯下慢跑，周围是宁静的街道和闪烁的星光，她的表情放松，享受着夜晚的平静。两部分中间可以用一条模糊的过渡带来分隔，上方或下方加上鼓励坚持跑步的励志口号。"

图 4-44　讯飞星火对话页面（3）

小美得到这段 AI 绘画的描述文案后，继续提问，让 AI 以此为基础画出两张配图，如图 4-45 所示。

图 4-45　AI 生成的封面配图

有了素材，小美立刻用美图秀秀、醒图等工具进行封面制作。完成的小红书笔记封面如图 4-46 所示。

173

图 4-46　小红书笔记封面

5. 笔记发布

新手发布第一篇小红书笔记，总是伴随着诸多不自信和忐忑，尤其是在发布页面，看到各种填空和选项，会感到手足无措。那么，我们首先要做的就是将封面、标题、正文、关键词等已有的内容先填写上去，然后再考虑缺少的内容。小红书"发布笔记"页面如图 4-47 所示。

图 4-47　小红书"发布笔记"页面

（1）检查全文。在点击"发布笔记"按钮之前，务必仔细审阅你的笔记。首先，检查是否有错别字或语法错误，这会影响读者对你专业性的看法。例如，如果你的笔记是关于护肤的，确保所有产品名称都正确无误，避免因为拼写错误而失去信任度；其次，确认标题是否

项目 4　编辑类文案内容规划与写作

足够吸引人并且能准确反映笔记的核心内容,例如,"10 分钟快速美白技巧"会比"如何变白"更加具体和有吸引力；最后,审视封面图是否与内容匹配,清晰且引人注目。如果封面是你自己制作的效果图,确保图像质量高。

（2）添加话题。为了让你的笔记能够被更多人发现,添加话题标签是一个关键步骤。选择与你内容相关的话题,如 #护肤心得 #美白秘诀 #等,但不要过度堆砌标签。假设你写了一篇关于健康饮食的笔记,你可以添加 #健康生活 #减肥食谱 #等话题。这样当其他用户搜索这些话题时,你的笔记就有机会出现在他们的搜索结果中。

（3）设置选项。在小红书笔记发布页面,从上到下分别是图片或视频、标题、正文、话题互动、地点位置、可见选项、高级选项、草稿和发布等。其中标题嵌入了小红书自有的智能 AI,可以根据我们的内容自动生成标题。我们可以对照自己的标题,进一步进行优化和修改。在话题互动部分,关键词可以让我们的笔记迅速打上标签,便于分发给精准用户。因此,在这一步,除了 AI 生成的关键词,我们还可以在"#"号的后面输入你的领域关键词,比如健身,那么系统就会出现一串备选词汇,并且标注出相关热度,这样我们可以选择 1 个最热门的大类,再选择若干个垂直的小类,这样我们的关键词部分就完成了。

在高级选项中有允许合拍按钮、自主声明、直播预告和定时发布等选项。其中,定时发布功能,可以根据我们的用户活跃时间灵活进行发布。自主声明功能中,"虚构演绎"大多服务于剧情类的小红书笔记,其他两个"内容由算法生成"和"内容来源声明"则主要是区分我们的内容溯源及版权保护。

此外,地点位置信息设置也是重要的一环,如果我们希望自己的笔记能带来区域引流的效果,那么可以选择位置,可以吸引同城用户的兴趣,增加本地曝光量。

（4）进行发布。再次确认所有信息填写无误后,就可以点击"发布笔记"按钮了。发布后,我们可以在自己的主页上查看该篇笔记是否显示正常,图片和文字是否排版合理。同时观察用户反馈,如评论数和点赞数量,根据用户的互动情况调整以后的内容策略。

以上步骤虽然基础,但却是成功发布高质量内容的关键。我们始终要记住,内容的质量和原创性是吸引和保持粉丝的根本,而细节处理和互动则是提升影响力的重要手段。

小美结合公司的情况,希望达到高互动、线上线下相互引流的效果,所以在添加了正文后,又加入了投票 PK 以及地点位置等信息,在确认无误后,成功发布了一篇小红书笔记,如图 4-48 所示。

图 4-48　成功发布的小红书笔记

任务实训

【实训1】注册自己的小红书账号,确定自己的账号定位,寻找5～10个对标账号,并将自己的小红书个人主页和对标账号的主页一一截图。

对标账号建议:

(1)内容符合自己所选的类目(美食、穿搭、护肤……);

(2)内容是自己可模仿、可实现的(比如某账号的场景十分精致,都是在商场、创意园区、高级酒店等,就不适合在校学生模仿);

(3)对标账号数据表现较好(点赞数、评论数、收藏量等数据都较高)。

【实训2】根据自己的类目创作领域进行爆款选题,然后利用AI工具生成小红书笔记,利用AI工具生成封面配图。

【实训3】对AI工具生成的内容进一步优化,然后在发布页面设置相关功能后进行发布,并将发布后的笔记进行截图提交。

任务评价

评价类目	评价内容及标准	分值(分)	自己评分	小组评分	教师评分
学习态度	全勤(5分)	10			
	遵守课堂纪律(5分)				
学习过程	能说出本次工作任务的学习目标(5分)	40			
	上课积极发言,积极回答老师提出的问题(5分)				
	了解小红书的平台调性;了解小红书的热门分类和创作逻辑;了解小红书的选题构思和写作技巧(10分)				
	能够参照对标账号制定自己的小红书创作模板;能够应用相关方法创作爆文(20分)				
学习结果	"任务实训"考评(50分)	50			
合计		100			
所占比例		100%	30%	30%	40%
综合评分					

项目 5

活动类文案撰写

任务 5.1 活动策划案撰写

工作任务单

工作任务	活动策划案撰写		教学模式	任务驱动
建议学习	2 课时		教学地点	一体化实训室
任务描述	小美所在的学院要举办一场线上线下联动的创业周活动，要求她撰写一份活动策划案			
学习目标	知识目标	➢ 能够分辨策划、计划与总结的区别 ➢ 能够说出促销与活动的异同 ➢ 能够解释策划案写作的 4 个原则		
	技能目标	◆ 能够使用"5W2H 法"撰写 PPT 版活动策划案 ◆ 能够根据策划案写作要素，撰写 Word 版活动策划案		
	素养目标	✓ 通过不同类型策划案的学习，培养精益求精的工匠精神 ✓ 通过活动分工与进度规划的实施，培养团队意识与团队合作精神		
实训目标	活动策划案的撰写及其可操作性、全面性			

知识导图

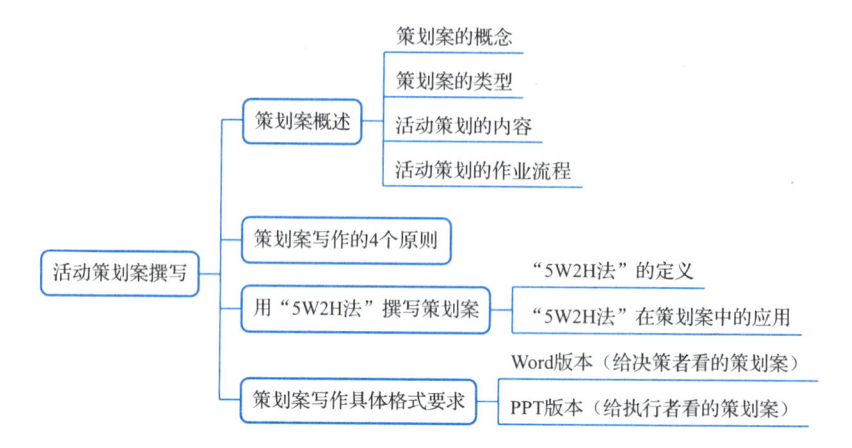

```
                        ┌─ 策划案的概念
                        ├─ 策划案的类型
          ┌─ 策划案概述 ─┤
          │             ├─ 活动策划的内容
          │             └─ 活动策划的作业流程
          │
          ├─ 策划案写作的4个原则
活动策划案撰写┤                      ┌─ "5W2H法"的定义
          ├─ 用"5W2H法"撰写策划案 ─┤
          │                      └─ "5W2H法"在策划案中的应用
          │
          │                        ┌─ Word版本（给决策者看的策划案）
          └─ 策划案写作具体格式要求 ─┤
                                   └─ PPT版本（给执行者看的策划案）
```

任务实施

【课前思考】什么是策划案？策划案有哪些类型？

_____

_____

5.1.1 策划案概述

1. 策划案的概念

策划，指积极主动地想办法，订计划。它是一种策略、筹划、谋划或计划、打算，是个人、企业、组织结构为了达到一定的目的，在充分调查市场环境的基础之上，遵循一定的方法或者规则，对未来即将发生的事情进行系统、周密、科学的预测并制定科学的可行性的方案。在现代生活中，常用于形容做一件事的计划，或是一种职位的名称。

简单来说，策划就是在整合企业现有资源的基础上，以多快好省的方式来实现营销目标的一种活动。在企业中，每个与营销相关的人员，都需要撰写策划案。策划工作需要营销人员具备逻辑思维能力和创造力。逻辑思维能力方面，需要营销人员知道策划需要做什么，怎么做；而创造力体现在怎样做得更好。

策划案也称策划书，即对某个未来的活动或者事件进行策划，并展现给读者的文本。策划案有4个要点。

（1）策划案与总结、计划有区别。策划案是针对未来的事件或活动，是对未来可能发生的行为的规划。它与总结、计划是有区别的，策划、计划、总结之间的关系如图5-1所示。

策划的含义接近英文 Strategy 加 Plan 的意思，而计划的英文是 Plan。策划是研究"去做什么"，是一种围绕已定目标而开展的具有崭新创意的设计，计划是研究"怎样去做"，是一种围绕已定设计而组织实施的具体安排。我们说营销策划时侧重于创新性，需要从外部环境和内部环境、人财物的角度系统思考和进行战略布局；而说营销计划时侧重可实操性，需要按时间节点将任务细分到每个部门和人员。

项目 5　活动类文案撰写

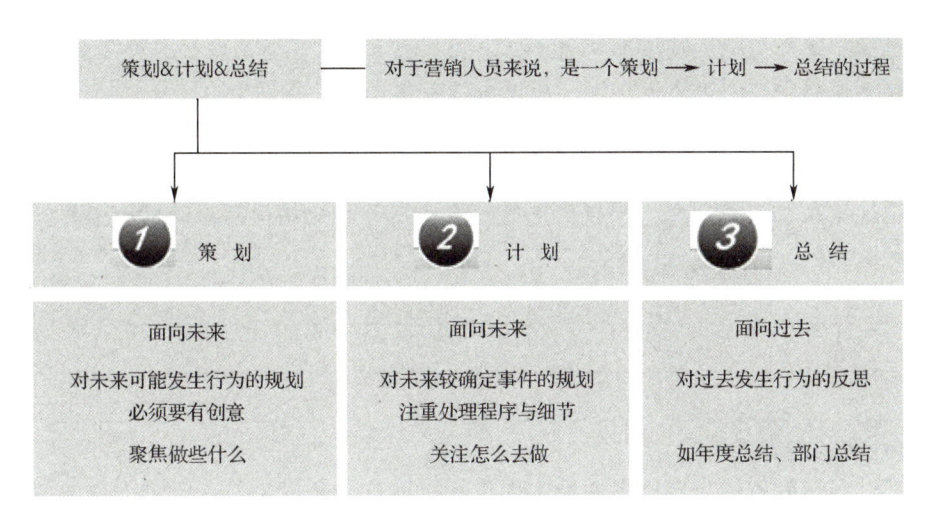

```
策划&计划&总结 ── 对于营销人员来说，是一个策划 → 计划 → 总结的过程
```

1 策划	2 计划	3 总结
面向未来	面向未来	面向过去
对未来可能发生行为的规划	对未来较确定事件的规划	对过去发生行为的反思
必须要有创意	注重处理程序与细节	
聚焦做些什么	关注怎么去做	如年度总结、部门总结

图 5-1　策划、计划、总结之间的关系

（2）策划案需要用文字来固化或表现。策划案的目的不同，呈现的格式也会不一样，它的要求也是不同的。一般都会有 Word 和 PPT 两个版本。

（3）策划案要有清晰的目标导向。本次活动的目标是什么？活动目标设定可使用 SMART 目标管理原则：

- 目标指标必须是具体的（Specific）；
- 目标指标必须是可以衡量的（Measurable）；
- 目标指标必须是可以达到的（Attainable）；
- 目标指标必须是实实在在的、可以证明和观察的（Realistic）；
- 目标指标必须是具有明确截止期限的（Time-bound）。

模糊目标与清晰目标的对比如表 5-1 所示。

表 5-1　模糊目标与清晰目标的对比

模糊目标	清晰目标
提升公众号粉丝基数	活动期间新增 3 000 粉丝
提升商城产品销售量	7 天达到 2 万元商城产品销售量
增强客户关系与互动	活动参与率达到 43%

（4）策划案需要整合现有资源。策划是在整合现有资源的基础上，以多快好省的方式来实现目标。

【想一想】分析葛优和徐帆在《不见不散》电影里的一段对话，说说"如果我们把喜马拉雅山炸开一道 50 千米的口子，世界屋脊还留着，把印度洋的暖风引到我们这里来……"是策划案吗？

徐："我三年前见你什么样，现在还什么样。"

葛："我不像你似的挣钱没够，我觉得享受生活的每一分钟才是最重要的，这才是我十年美国生活的最大收获。"

徐："这不是钱不钱的事，你就是没有大志向。"

葛："这是喜马拉雅山脉，这是中国的青藏高原，这是尼泊尔，山脉的南坡缓缓伸向印度洋，受印度洋暖湿气流的影响，尼泊尔王国气候湿润，四季如春，而山脉的北麓陡降，终年积雪，再加上深陷大陆的中部，远离太平洋，所以自然气候十分恶劣。"

徐："你这又扯哪去了？"

葛："如果我们把喜马拉雅山炸开一道50千米的口子，世界屋脊还留着，把印度洋的暖风引到我们这里来，试想一想，那我们美丽的青藏高原从此摘掉落后的帽子不算，还得变出多少个鱼米之乡！"

_____

_____

2. 策划案的类型

策划是以多快好省的方式创造性地实现目标，从这个角度来看，策划无处不在：上至国家及各个行政部门（"十四五"规划、各部门行动规划等），下至团体或个人（班会活动策划案、社团活动策划案、企业赞助策划案、职业生涯规划书等），都会制作不同类型策划案。商业企业策划案的分类如表5-2所示。

表5-2 商业企业策划案的分类

分 类	细分类别		名　　称
部门层面	公司整体层面		创业策划案、商业计划书、企业5年规划书、年度计划书等
	人事行政部		人力资源规划书、企业文化建设计划书等
	财务部		财务策划案、税务策划案、融资策划案、财务年度计划书等
	仓储物流部		物流规划案、仓储规划案、部门年度计划书等
营销层面	产品		产品策划案、新产品上市策划案等
	价格		（较少）
	渠道		渠道拓展策划案、区域拓展策划案、渠道推广年度计划书、电商运营策划案、新媒体运营年度计划书等
	促销	广告	市场调研策划案、广告投放策划案、淘宝直通车投放策划案等
		公共关系	媒体投放策划案、公益活动策划案、捐赠活动策划案、慈善活动策划案、公关活动策划案、开业庆典策划案等
		人员推销	促销活动策划案、社区促销活动策划案、商场促销活动策划案等
		销售促销	会议营销策划案、订货会策划案、展会策划案、主题策划案、促销策划案、销售活动策划案等

不同的策划案，撰写的人员级别是不一样的。比如创业策划案、商业计划书、企业5年规划书、年度计划书等，一般由营销总监级人员来规划制定。而部门级策划案，比如渠道拓展策划案、产品策划案、广告投放策划案、渠道推广年度计划书、新媒体运营年度计划书等，则由部门负责人（如部门经理或总监）依据公司年度计划书来制定。公司年度计划书下面不同的策划案，比如某一个节日大促策划案、某一款新产品上市策划案、某一场公关路演策划案、某一个订货展览会策划案、微信公众号运营策划案、信息流广告投放策划案等，则可能由具体责任人（如营销推广策划专员或主管）来制定。营销策划案按层级的分类如图5-2所示。

```
┌─ 1  战略级策划案
│      比如商业计划书、创业计划书、企业五年规划、年度计划等，一
│      般由营销总监级人员来规划制定。
营销策划案
的分类   ── 2  策略级策划案
(按层级分类)    比如渠道拓展策划案、产品年度规划、广告投放年度规划、网
│      络推广年度计划、新媒体运营年度计划等，由部门负责人比如
│      部门经理或总监，依据公司整体年度规划来制定。
│
└─ 3  战术级策划案
       某一个节日大促策划案、某一款新产品上市策划案、某一场公关路
       演策划案、某一个订货会展览会策划案、微信公众号运营策划案、
       信息流广告投放策划案、网站（商城）策划案，由具体责任人比如
       营销推广策划专员或主管来制定。
```

图 5-2 营销策划案按层级的分类

下面就我们在工作中常见的几类策划案及所需要做的策划工作进行简单介绍。

1）商业策划案

商业策划起源于近代商业制度出现之后，其形成和广泛应用是在当代，发展至今已越来越专业化。商业策划的主体是策划人或策划机构，客体是策划指向或策划标的。商业策划的要素包括策划过程、策划力和策划经费。商业策划的载体是策划方案。

商业策划案的内容非常广泛，大到城市商业空间的布局调整、现代化商业街区的建设，小到一个店铺的促销活动。成功的商业策划不仅可以赢得顾客的认可，也可以给商家带来可观的效益。

2）创业策划案

创业策划案是创业者叩响投资者大门的"敲门砖"，一份优秀的创业策划案往往会使创业者达到事半功倍的效果。创业策划案是创业者计划创立的业务的书面摘要。它用以描述与拟创办企业相关的内外部环境条件和要素特点，为业务的发展提供指示图和衡量业务进展情况的标准，通常创业策划案是市场营销、财务、生产、人力资源等职能计划的综合。

3）营销策划案

营销策划案，有时也称整合营销策划案，是根据企业的营销目标，通过系统地设计和规划企业产品、服务、创意、价格、渠道、促销等各个方面，从而实现个人和组织的交换过程的行为方案。它以满足顾客需求和欲望为核心，旨在通过科学的策划和有效的执行，提升品牌形象，促进商品销售，最终实现企业的市场目标。

4）广告策划案

广告策划案就是对提出、实施、检验广告决策全过程进行预先的考虑与设想，是对广告的整体战略与策略的运筹规划的方案。广告策划案不是具体的广告业务，而是广告决策的形成过程。

5）活动策划案

活动策划案是提高市场占有率的有效行为。一份可执行、可操作、创意突出的活动策划案，可有效提升企业的知名度及品牌的美誉度。活动策划是相对于市场策划而言的，严格说它们同属市场策划的分支。活动策划、市场策划是相辅相成、相互联系的。市场策划和活动策划都从属于企业的整体营销规划，只有在此前提下做出的市场策划案和活动策划案才兼具整体

性和延续性，也只有这样，才能够有效地使受众认同一个品牌的文化内涵。

6）网站策划案

网站策划案是网站平台建设成败的关键因素之一。网站策划案重点阐述解决方案能给客户带来什么价值，以及通过何种方法去实现这种价值，从而帮助业务员赢取订单。网站策划从业者要求知识面较广阔，必须具备市场和销售意识，具备较强的沟通能力和文字表达能力，熟悉商业情报收集和信息分析的方法，熟悉网络广告投放和搜索引擎优化等方法。网站策划人员要做的工作不仅仅是一份策划方案书的撰写，而是涵盖了从对客户需求的了解到与美工人员、技术开发人员的工作协调，再到网站发布、宣传与推广等多项工作内容。

7）公关策划案

公关策划即公共关系策划，是公共关系人员根据组织形象的现状和目标要求，分析现有条件，谋划并设计公关战略、专题活动的最佳行动方案的过程。公关策划的目标是通过公共关系策划和实施，达到组织理想的形象状态和标准。

公关策划案的核心是解决以下3个问题：一是如何寻求传播沟通的内容和公众易于接受的方式；二是如何提高传播沟通的效果；三是如何完备公关体系。

8）促销活动策划

【练一练】在回答"如何实现销售？"这个问题时，很多人的答案就是搞活动、做促销。"促销活动""活动促销"是营销人员耳熟能详的字眼。搞活动就是做促销，做促销就是搞活动吗？

_____

_____

从营销4P理论的角度来讲，广义的促销是与产品、价格、渠道相并列的一种营销策略。促销组合分为5种：广告、公共关系、人员推销、销售促进和直复营销。

狭义的促销是指销售促进（Sales Promotion，简称SP），它是指企业运用各种短期诱因鼓励顾客和中间商购买、经销企业产品和服务的促销活动。狭义的促销分为8种方式，如表5-3所示。

表5-3 狭义的促销的分类

促销方式	内　　容
无偿SP	针对目标顾客不收取任何费用的一种促销手段，如无偿附赠、无偿试用、免费抽奖等
惠赠SP	对目标顾客在购买产品时给予一种优惠待遇的促销手段，如买赠（买1赠1，买5赠2）、换赠（以旧换新）、退赠（顾客累计消费返利）等
折价SP	在目标顾客购买产品时，给予不同形式的价格折扣的促销手段，如折价优惠券、折价优惠卡、现价折扣、减价特卖、减价竞争、大拍卖及大甩卖等
竞赛SP	利用人们的好胜和好奇心理，通过举办趣味性和智力性竞赛活动，吸引目标顾客参与的一种促销手段，如征集与答奖竞赛、竞猜比赛、优胜选拔比赛、印花积点竞赛等
活动SP	通过举办与产品销售有关的活动，来达到吸引顾客注意与参与的促销手段，如新闻发布会、产品展示会、抽奖与摸奖、娱乐与游戏等
双赢SP	两个以上市场主体通过联合促销方式来达到互为利益的促销手段，换言之，两个以上的企业为了共同谋利而联合举办的促销，即为双赢SP促销，如目标顾客相同的商家举办联合促销活动等

续表

促销方式	内　容
直效SP	具有一定的直接效果的促销手段，直效SP具有现场性和亲临性的特点，通过这两大特点，能够营造出强烈的销售氛围，如售点广告（POP）、直邮导购、产品演示、产品展示、报纸宣传、营业佣金、名人助售等
服务SP	为了维护顾客利益，为顾客提供某种优惠服务，方便顾客购买和消费的促销手段，如送货上门、免费培训、保修三年、分期付款、延期付款、会员特权等

从上面分类可以看出，活动促销只是多种促销方式之一。也就是说，活动促销属于促销的一种方式，但不是促销全部。

活动促销亦称为事件促销，是指企业借助特定的活动来传播产品和品牌形象，从而吸引顾客购买的实效促销策略。

3. 活动策划的内容

活动是由共同目的联合起来并完成一定社会职能的动作的总和。活动由目的、动机和动作构成，具有完整的结构系统。我们常提及的活动包括了教育活动、科技活动、公益活动、组织活动、文娱活动、体育活动等，这些活动都给企业或企业文案策划人员提供了创意和介入的机会。

企业经常举办的活动主要包括新闻发布会、商品展示会、抽奖活动、娱乐与游戏活动、事件营销活动等。企业举办的活动名称、内容及举例如表5-4所示。

表5-4　企业举办的活动名称、内容及举例

活动名称	内　容	举　例
新闻发布会	活动举办者以召开新闻发布的方式来达到传递信息、塑造品牌形象、促进销售的目的	手机、汽车等新产品上市发布会，房地产奠基典礼、线下门店开业剪彩活动，慈善捐赠活动等
商品展示会	活动举办者通过参加展销会、订货会或自己召开商品展示会等方式来达到营销目的	培训机构会议营销活动、家居建材五金设备展会营销活动、服装订货会等
抽奖活动	顾客或经销商在购买商品时，对其给予若干次奖励机会的促销方式	刮卡兑奖、摇号兑奖、拉环兑奖、包装内藏奖等
娱乐与游戏活动	通过举办娱乐活动或游戏，以趣味性和娱乐性吸引顾客并达到营销目的	支付宝等电商平台春节红包、商场刮刮乐转盘活动、"双十一"晚会、赞助体育竞赛、综艺节目冠名等
事件营销活动	借助节假日或现有热点的势传播企业信息，或通过主动制造有传播价值的事件获得关注、促进销售	母亲节活动、国庆活动、"6·18"大促、"双十一"大促、奥运会等

4. 活动策划的作业流程

按照活动实施的时间轴，我们将活动策划的作业流程分为活动前、活动中和活动后，如图5-3所示。

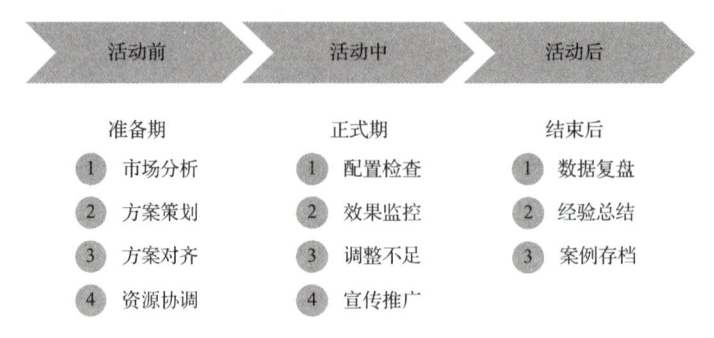

```
活动前          活动中          活动后

准备期          正式期          结束后
① 市场分析      ① 配置检查      ① 数据复盘
② 方案策划      ② 效果监控      ② 经验总结
③ 方案对齐      ③ 调整不足      ③ 案例存档
④ 资源协调      ④ 宣传推广
```

图 5-3　活动策划的作业流程

每个阶段下面都有对应需要做的工作，其中核心的 4 个重点是方案策划、资源协调、宣传推广和数据复盘。

5.1.2　策划案写作的 4 个原则

【想一想】下面是北京某商场的周年庆营销计划：
（1）以"周年大促"为核心构思创意，吸引目标顾客到来；
（2）线下传播：地铁、公交、楼宇等地方，目标覆盖人群 500 万人，吸引数万客流量；
（3）线上传播：制作病毒营销视频、H5 互动页面、公众号文章等，通过微信、微博扩散，并且联系 100 个 KOL，形成千万级传播；
（4）媒体公关：××××等多家媒体，全方位覆盖报道；
（5）微信粉丝量提升 5 万人以上。
这是不是一个好的策划案，为什么？

_____

_____

_____

在策划案写作中，我们需要遵循如图 5-4 所示的 4 个原则。

```
                    ┌── 原则一：明确你要解决的问题
                    │
策划案写作的 ───────┤── 原则二：更加注重过程，而不是目标
4 个原则            │
                    ├── 原则三：针对用户设计行动，而不是自己
                    │
                    └── 原则四：符合经济性原则
```

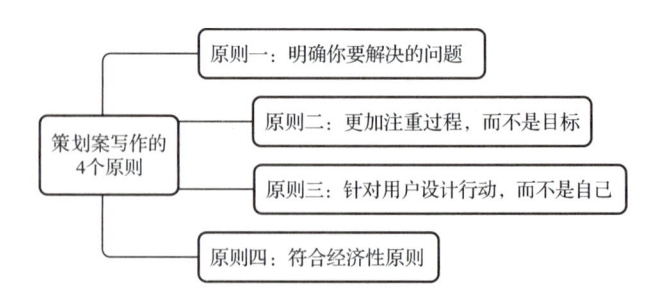

图 5-4　策划案写作需要遵循的 4 个原则

1）明确你要解决的问题

策划案必须说明到底要解决什么问题以及如何解决问题，如果问题不明确，那么任何策划案都毫无意义。

【示例】一家经营装修的企业看到大家都在运营微信社群，自己也想要运营，但苦于不

得其法。"我的微信群,经常活跃了一段时间后就不再活跃了,怎么做可以延长生命周期?"

既然需要一个社群运营的策划案,要先看看为什么你需要运营社群。"当然想让更多人买我的装修服务。"

既然想获取更多顾客,那么存在的关键问题是什么?为什么很多顾客没有买你的服务?是因为他们缺乏一个有持续生命力的社群吗?

当然不是。一般情况而言,装修本身是十几年才遇到的一件事,大部分人只会在装修时密集关注此类话题,一旦装修好了,就不再关心。

既然这样,关键问题应该是如何让目标顾客在想要装修的时候想到我?而"持续生命力的社群"这个计划显然对这个问题没有帮助——等大家房子装修好了,根本不会再关注装修的话题了,这个时候你拼老命让别人在一个装修群里聊天,有什么意义?

策划案必须在开头说明现在面临的关键问题是什么,为什么这个策划案能够有效帮助解决这个问题。

2)更加注重过程,而不是目标

很多时候,翻开一个策划案,发现绝大部分是目标的罗列——H5 传播、引爆全网、病毒营销视频。不可否认目标和愿望的存在非常重要,但最重要的是实现目标的方式,而不是目标本身。

比如病毒营销视频,它的重点不是视频的制作方式,而是视频要实现的目标——传播量大的视频自然就是病毒营销视频,传播量不大的视频,即使以"病毒营销视频"作为命名,也不是真正的病毒营销视频。把"病毒营销视频"当作传播的计划方案,就跟把"做一道好吃的菜"写进厨师菜谱一样,是句废话和无用——"做一道好吃的菜"无法为厨师提供任何实质性指导,还不如简单说一句"多加盐"。

所以,策划案应该更加注重过程,应该是对"我们该如何解决问题"的描述,而不是简单描绘美好的愿望。毕竟,当一个人说"他缺一个营销策划方案"时,并不是"不知道营销的目标可以有多好",而是"不知道到底应该怎么做"。

同样,我们需要一个策划方案,也不是因为担心"大家目标和愿望不够大",而是担心"大家接下来的行动,缺乏一个明确的指导方针"。

3)针对用户设计行动,而不是自己

大部分策划案是针对用户设计行动的,而不是针对自己的营销计划。但有些企业做不到这一点,它们往往是从企业自身行动出发(比如我要做海报、我要做 H5),而不是从用户的行动出发(我想让用户产生什么想法)。而实际上,就像战场上的作战计划,需要包含"敌人的行动"而不是"自己军队的行动",市场营销策划案应该更多包含的是用户的想法和行动。

【阅读材料】 营销大纲与营销计划

我们要做的是解决问题的方案,而非描绘理想前景的蓝图。我们需要的是方案式计划,而非大纲式计划。

为了做到这一点,营销方案需要回答以下问题:

(1)用户怎么想,情况会对我更有利?

(2)给用户施加什么信息刺激,会让他们产生这种想法?

(3)这种信息应该如何最有效地传达到目标用户?

4）符合经济性原则

什么叫作"经济性原则"？就是你做这件事比其他人做这件事更合适。就是几个策划案中，用最少的投入达到最好效果的那一个。

比如你是一个卖智能水杯的商家，那么日常微博活动的作用可能就很低（智能水杯是耐用品，不像纸巾是日常消耗品，不能依靠每天互动来刺激重复性购买，微博活动效果肯定不如纸巾的微博活动效果。）因此，对智能水杯集中精力进行一次性大范围传播，效果可能会更好。

5.1.3 用"5W2H法"撰写策划案

【想一想】你认为，一份完整的策划案，需要包括哪些内容？

_____
_____
_____

1."5W2H法"的定义

"5W2H法"又叫7问分析法，用5个以W开头的英语单词和2个以H开头的英语单词进行设问，发现解决问题的线索，寻找发明思路，进行设计构思，从而分析出新的方案，这就叫作"5W2H法"，如图5-5所示。

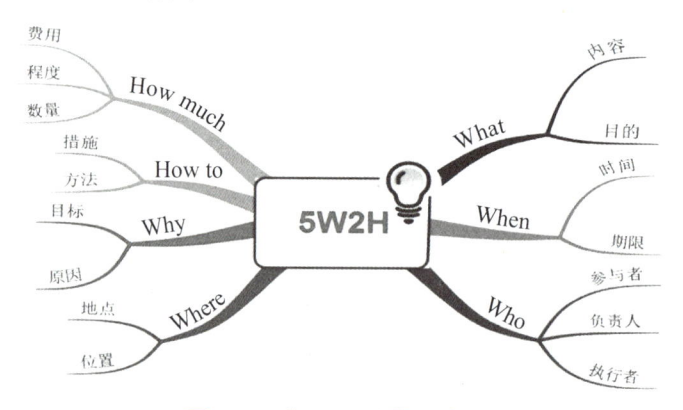

图5-5 "5W2H法"示意图

2."5W2H法"在策划案中的应用

"5W2H法"在策划案中的应用如表5-5所示。

表5-5 "5W2H法"在策划案中的应用

5W2H	策划案中思考内容	最终输出
What	你到底要做一件什么事情？创意点在哪里	活动目标
Why	你为什么要做这件事情？优势、劣势、机会、挑战在哪里	活动主题
When	你打算什么时间做？要做多久	活动时间
Where	你打算在哪里做？线上、线下？什么渠道、什么地点	活动地点
Who	你打算请谁帮你背书？谁会参与这个项目	责任人
How to	你打算怎么做？具体的步骤想好了吗	活动流程
How much	预算是不是匹配你的想法？需要多少天，多少人力	活动预算

1）活动目标（What）

活动目标如何设置？设置活动目标的 4 种方法如表 5-6 所示。

表 5-6　设置活动目标的 4 种方法

方　　法	说　　明
根据上级拟定的目标进行反推	领导已经拟定了明确目标，只需根据此目标进行反推，推算达成目标需要的资源和投入
参考历史数据	翻阅过往的活动记录，参考其设定的目标数据及达成情况来确定活动目标
估算现有资源	在策划活动前，统计公众号资源现状（粉丝数、阅读量、转发量等）和其他可争取资源的情况（活动预算、其他渠道接入情况等）来设置活动目标
按从低级目标到高级目标的方法设置	为了维系期望值（上司对你的期望大小），建议在设定目标时，将该期望值分解到不同的活动中。可以先设置低级目标（即保持最低增量），目标达成以后再根据此次活动结果设置新目标（新目标从低到高设定）

活动目标需要符合 SMART 原则，并且目标的大小与现有资源、投入大小相关。

从用户增长模型来看，电子商务企业活动的目的主要有拉新、促活、唤醒、召回、促单和品牌宣传 6 类。

2）活动主题（Why）

活动主题是策划过程中最让人头疼的内容，它一般由一个绝妙的创意与一篇出色的短文案组成。除了可以先构思出活动主题再完成活动方案，还可以先完成活动方案再构思活动主题。活动主题建议编写两个，一个针对用户，另一个针对企业内部（即活动的动机和背景）。

活动主题分为 4 种类型，如图 5-6 所示。

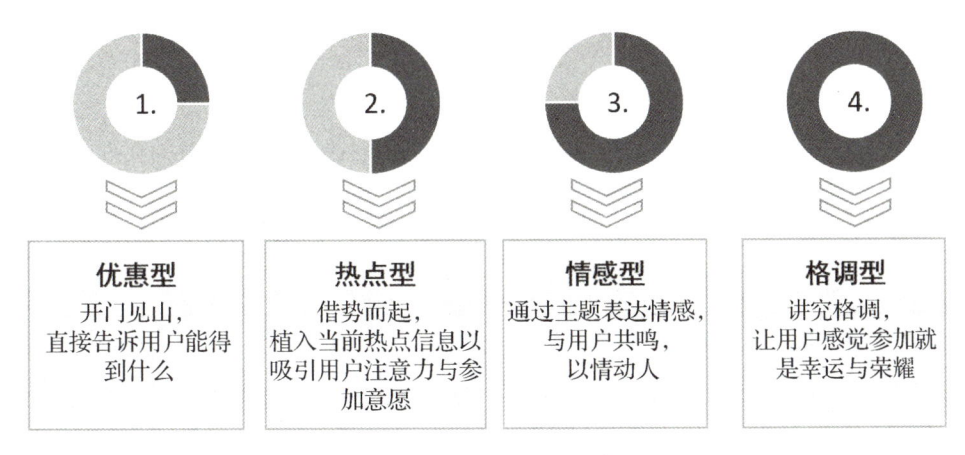

1. **优惠型**　开门见山，直接告诉用户能得到什么

2. **热点型**　借势而起，植入当前热点信息以吸引用户注意力与参加意愿

3. **情感型**　通过主题表达情感，与用户共鸣，以情动人

4. **格调型**　讲究格调，让用户感觉参加就是幸运与荣耀

图 5-6　活动主题的 4 种类型

3）活动时间（When）

策划案中，需要明确活动起止时间，持续时长。活动时间节点一般分为筹备期、预热期、引爆期和长尾期 4 个阶段，如图 5-7 所示。

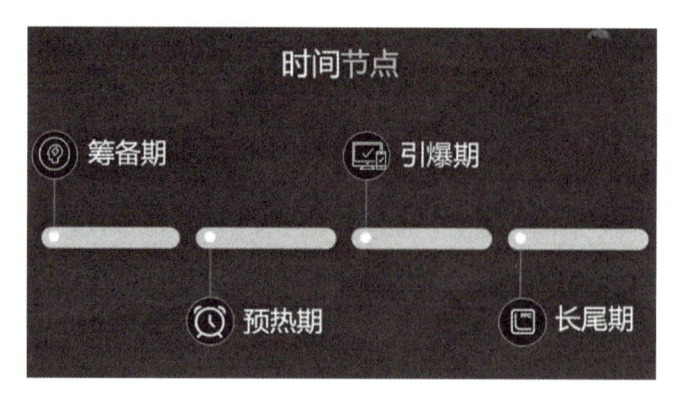

图 5-7　活动时间节点的 4 个阶段

【想一想】"双十一"活动时间分别有多长？是怎样进行规划的？

_____
_____

"双十一"大促刚开始时，淘宝网是一天时间，京东前后持续约 20 天时间。现在各大电商平台大促基本都是 20 天左右。

【阅读材料】主要电商平台"双十一"活动时间进度

4）活动地点（Where）

举办的活动是线上还是线下？或者是线上线下相结合？当我们做线下活动时，一般需要提前踩点，根据现场规划活动流程，准备相关物料指引；当我们做线上活动时，也需要提前规划好活动页面，电商平台活动页面和"双微一抖一红"如何规划？哪些渠道是免费的？哪些是付费的？

5）责任人（Who）

"谁来做"即设置组织机构，确定有关的人员和机构来保证核心创意的实现。

制定活动职责表将整个活动流程中的工作分解到不同的岗位职责中，并指定负责人。做到职责包干到位，让每个人都清楚各自职责，活动流程分工示例如表 5-7 所示。

表 5-7　活动流程分工示例

职　责	负　责　人	职　责	负　责　人
项目管理	—	渠道对接	—
系统设置操作	—	渠道支持	—
美工设计	—	订单处理	—
文案策划	—	财务结算划款	—
线上客服	—	项目咨询	—
技术支持	—	资料输出	—
运营支持	—	—	—

6）活动流程（How to）

"怎么做"和"做到什么程度"是指活动过程规划和效果预测。

在电商行业中，活动策划根据活动目的主要有两类活动，商品或品牌推广、销售促进。不同类别的活动，采用的活动形式也是不同的。活动类别及活动名称如表 5-8 所示。

表 5-8　活动类别及活动名称

活动类别	活动名称			
商品或品牌推广	众筹	大转盘	砸金蛋	现金红包
	记忆翻翻看	投票	公益	话题讨论
销售促进	秒杀	拼团	满减包邮	卡券
	积分	商场红包	收款码满减送	—

活动进度是指活动中各项目的进度和完成的时间点，一般根据岗位职责表与活动执行前后顺序来编写进度表，通常用甘特图来表示简易的活动进度。甘特图示例如图 5-8 所示。

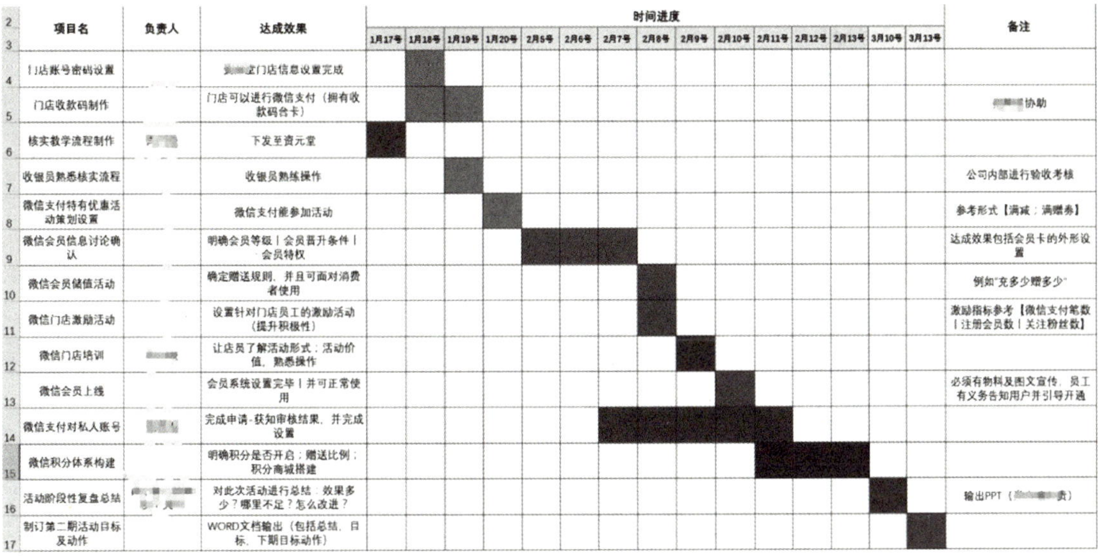

图 5-8　甘特图示例

7）活动预算（How Much）

活动预算是指计算活动的投入与产出比，预测可能产生的利益和风险。在活动方案中必须将活动成本明细罗列出来，以方便他人查阅和审核，也让自己清楚此次活动的投资回报率。策划人员必须要有成本意识。

5.1.4　策划案写作具体格式要求

一般策划案包含的要素如表 5-9 所示。

表 5-9　一般策划案包含的要素

策划案要素		
活动主题	活动目的	时间地点
活动对象	活动形式	宣传渠道
活动物料	职责分工	活动进度
活动成本	活动效果	应急预案

【想一想】我们在召集部门会议时，重点介绍哪几个方面的内容？我们在向企业负责人汇报时，哪几个方面的问题是企业负责人最关心的？

假设我们要将策划案给合作伙伴看，他们更关心哪些内容？

_____

_____

_____

企业中的活动策划案，根据汇报对象、实施目的不同，一般分为 Word 版和 PPT 版两种形式，如图 5-9 所示。

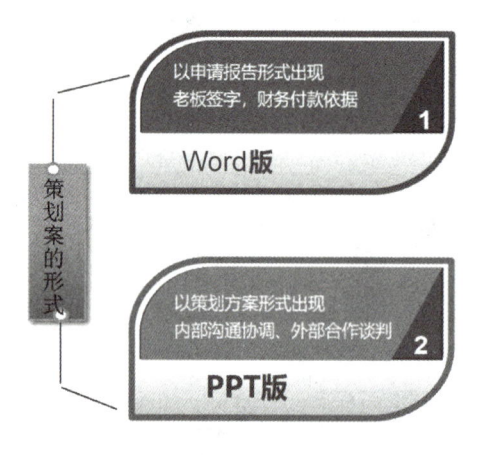

策划案的形式：

Word 版：以申请报告形式出现，老板签字，财务付款依据
1. 架构清晰
2. 言简意赅
3. 留有足够空白
4. 层级汇报
5. 抄送各部门
6. 不能忘记财务部门

PPT 版：以策划方案形式出现，内部沟通协调、外部合作谈判
1. 分为对内和对外两个版本
2. 对内版本，获得认可，成员愿意配合，分工明确
3. 对外版本，讲明给对方的好处，获得支持
4. 需要提供给对方的PPT，转成PDF后再发送

图 5-9　策划案的形式

1. Word 版本（给决策者看的策划案）

Word 版本的策划案，以申请报告的形式出现，它既是给决策者审核并签字确认的书面文件，也是作为费用支出、人员调配、活动实施、费用报销的依据。活动策划案申请报告（Word版）要素如图 5-10 所示。

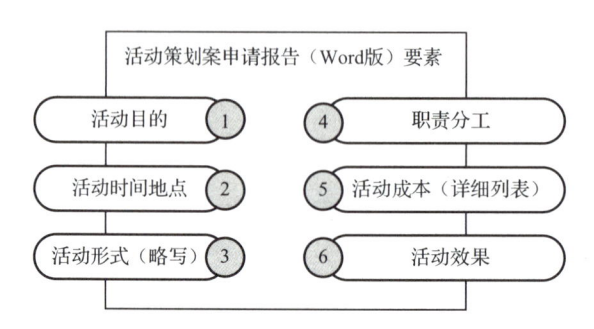

活动策划案申请报告（Word版）要素：
1. 活动目的
2. 活动时间地点
3. 活动形式（略写）
4. 职责分工
5. 活动成本（详细列表）
6. 活动效果

图 5-10　活动策划案申请报告（Word 版）要素

撰写 Word 版本的策划案时，需要注意如下几点。

（1）架构清晰。该类策划案一般遵循的逻辑结构为：要做一件什么事情（比如广告投放、节日大促、小区活动、商场路演等）、怎么做（主题、时间、地点）、谁来做（责任部门、人员分工）、成本预算（费用预估、费用明细）、效果评估（能达到什么样的效果）。这些内容就是你策划案写作思考的精华。

（2）言简意赅。决策者的时间和精力是有限的，策划案必须注重实用性，忌海阔天空、夸夸其谈。申请报告形式的策划案，篇幅控制在两页 A4 纸以内，其他必须要解释说明的内容，可另外附文。

（3）留有足够空白。策划案是需要决策者签名表达意见的。策划案的结尾至少需要预留 3～4 行的空间（A4 纸），给决策者签名确认。

（4）层级汇报。策划案除了在结尾署名策划人员的姓名，策划部门上级主管也需要在上面签字确认，然后再逐级递交，并非由策划人员直接递交给最终的决策者。

（5）抄送各部门。策划案中提到的各个部门，由于需要他们进行工作配合，所以决策者签名确认的策划案，需要复印几份抄送相关部门（走 OA 流程的情况除外）。

（6）不能忘记财务部门。凡是涉及费用支出的，需要在活动之前将决策者签字确认的文件递交财务（有的需要原件），以便财务准备相应的费用。一般在请款或报销时，该文件也需作为附件放在请款单或报销单的后面。

2. PPT 版本（给执行者看的策划案）

这里讲的执行者，既包括公司内部需要参与该活动或事件的工作人员，也包括外部供应商及服务商（如物料制作单位、路演舞台搭建机构、服务公司）和配合组织机构（如商场路演的商场相关管理部门、订货会的酒店物业管理部门等）。

PPT 版策划案制作出来后，大部分是可以共用的，少数 PPT 版策划案是需要略讲甚至不宜对外公开的。因此，PPT 版策划案又可分为对内和对外两个版本。

对内版本主要突出的是活动创意（获得内部人员的认可）、活动目标及效果评估方法、人员具体分工、目标分解、时间节点安排、危机应对方式、常见问题及解决办法等，考虑得越细致周到，各部门对自己要做的工作越了解，才有可能实现预期的效果。

对外版本主要突出的是活动创意（获得协作单位的认可，愿意积极配合）、公司的大力支持和投入、能给合作方带来的好处、需要合作方配合事宜等。需要提供给对方的 PPT，转成 PDF 文件格式后再发送。

【阅读材料】策划案写作模板

任务实训

【实训 1】扫描二维码，阅读材料"案例实操——我是怎么做到奶茶店开业第一天客人爆满的？"，运用"5W2H 法"将其转换成策划案格式。

【阅读材料】案例实操——我是怎么做到奶茶店开业第一天客人爆满的？

【实训 2】根据你们学校举办"创业周"线上线下的活动内容，撰写一份"创业周"线上线下联动策划案。

【实训3】扫描二维码,阅读"活动申请报告示例(电商O2O创业大赛)",按申请报告写作的要求,为你们学校的创业周活动撰写一份活动申请报告。

【阅读材料】活动申请报告示例(电商O2O创业大赛)

任务评价

评价类目	评价内容及标准	分值(分)	自己评分	小组评分	教师评分
学习态度	全勤(5分)	10			
	遵守课堂纪律(5分)				
学习过程	能说出本次工作任务的学习目标(5分)	40			
	上课积极发言,积极回答老师提出的问题(5分)				
	能够分辨策划、计划与总结的区别;能够说出促销与活动的异同;能够解释策划案写作的4个原则(10分)				
	能够使用"5W2H法"撰写PPT版活动策划案;能够根据策划案写作要素,撰写Word版活动策划案(20分)				
学习结果	"任务实训"考评(50分)	50			
合　　计		100			
所占比例		100%	30%	30%	40%
综合评分					

任务5.2　创业策划案与商业计划书的撰写

工作任务单

工作任务	创业策划案与商业计划书的撰写		教学模式	任务驱动
建议学习	2课时		教学地点	一体化实训室
任务描述	小美想参加学校举办的"互联网+"大学生创新创业大赛,需要撰写一份创业策划案。同时,小美也想了解创业的融资途径,以及如何撰写有说服力的商业计划书,以赢得创投公司的青睐			
学习目标	知识目标	➢ 了解创业策划案与商业计划书的区别 ➢ 熟悉创业策划案撰写的思路 ➢ 了解融资市场情况		
	技能目标	◆ 掌握创业策划案的主要内容并能够撰写创业策划案 ◆ 熟悉商业计划书的撰写要求并能够撰写商业计划书		
	素养目标	✓ 通过组建创业团队,培养团队意识与团队合作精神 ✓ 通过学习商业计划书撰写的注意事项,形成精益求精的工匠精神		
实训目标	按照创业策划案5步法的撰写思路,撰写创业策划案			

项目 5　活动类文案撰写

知识导图

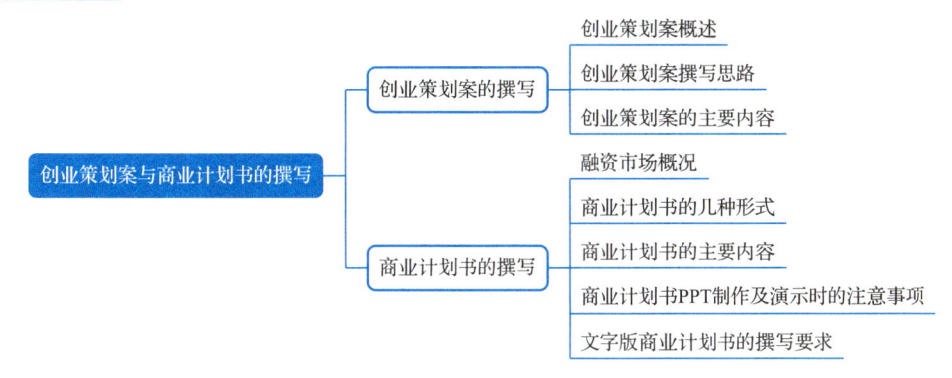

创业策划案与商业计划书的撰写
- 创业策划案的撰写
  - 创业策划案概述
  - 创业策划案撰写思路
  - 创业策划案的主要内容
- 商业计划书的撰写
  - 融资市场概况
  - 商业计划书的几种形式
  - 商业计划书的主要内容
  - 商业计划书PPT制作及演示时的注意事项
  - 文字版商业计划书的撰写要求

任务实施

【课前思考】你想创业吗？你觉得自己适合哪个方向的创业，为什么？

_____

_____

5.2.1　创业策划案的撰写

1. 创业策划案概述

创业策划案和商业计划书都是用于描述和规划企业或项目的书面材料，但它们在目的、内容、使用场景等方面有所不同。

创业策划案是创业者或创业团队为了厘清创业思路、明确创业目标和方向而编写的文件。它主要记录创业者的想法、构思、目标、策略、资源配置以及财务规划等内容。创业策划案主要用于内部讨论和初期行动计划的指导，帮助创业团队更好地理解和规划创业项目。

商业计划书更为全面和详细，主要用于对外融资或合作。它是对企业或项目的运营现状及商业计划进行系统性的描述和分析，几乎包括反映投资商所有感兴趣的内容，如企业成长经历、产品服务、市场营销、管理团队、股权结构、组织人事、财务、运营、融资方案等。商业计划书的主要目的是递交给潜在投资者或合作伙伴，以展示企业或项目的潜力和价值，并争取获得投资或合作机会。

总的来说，创业策划案更侧重于创业者内部的理解和规划，而商业计划书则更注重对外展示和融资合作。二者在内容和目标上有所不同，但都是创业者或企业在创业和发展过程中不可或缺的重要工具。

2. 创业策划案撰写思路

在撰写创业策划案之前，我们先要对自己的项目进行系统的梳理，有了清晰的思路后，再按创业策划案的具体格式和要求撰写，这样能达到事半功倍的效果。

如何梳理创业项目？如何寻找新的创业项目？我们可以用5个词概括：发现—找到—证明—制定—规划。5个步骤对应目标为发现市场需求和痛点、找到解决办法、证明市场规模的存在、制定营销策略、规划项目未来。创业策划案撰写思路5步法如图5-11所示。

图 5-11　创业策划案撰写思路 5 步法

1）发现市场需求和痛点

在创业的征途中，精准地识别市场需求和痛点是项目成功的基石。这一过程不仅需要敏锐的市场洞察力，还需要系统的调研方法和深入的用户理解。

（1）明确目标与定位。

① 确定创业领域。首先，你需要明确自己的创业领域。这可以是基于你的个人兴趣、专业技能或行业趋势的选择。例如，你可能对健康科技、金融科技或教育科技等领域充满热情。

② 细分目标市场。在选定的领域内，进一步细分目标市场。这有助于你更精确地定位潜在用户群体，并理解他们的具体需求和痛点。例如，在健康科技领域，你可以将目标市场细分为老年人健康管理、运动健身爱好者或慢性病患者等。

（2）深入市场调研。

① 收集二手资料。利用互联网、行业报告、学术论文等渠道收集二手资料，了解整个行业的市场规模、增长趋势、竞争格局等。这些资料将为你提供宏观的市场背景，帮助你把握行业脉搏。

② 进行一手调研。通过问卷调查、访谈、焦点小组讨论等方式收集一手资料。直接与目标用户沟通，了解他们的真实需求和痛点。例如，你可以设计一份问卷，询问运动健身爱好者在锻炼过程中遇到的主要问题和不满。

③ 竞品分析。深入分析竞争对手的产品或服务，了解他们的市场定位、功能特点、用户评价等。通过竞品分析，你可以发现市场上尚未被满足的需求或未被充分解决的痛点。

（3）观察与分析用户行为。

① 构建用户画像。基于市场调研结果，构建详细的用户画像。这包括用户的年龄、性别、职业、兴趣、消费习惯等特征，以及他们在使用现有产品或服务时的行为模式和偏好。

② 场景模拟与体验。设想用户在不同场景下的使用场景，并尝试亲身体验或模拟这些场景。这有助于你更直观地理解用户的需求和痛点。例如，你可以尝试在健身房中体验各种健身设备，观察并记录用户在使用过程中的不便之处。

③ 倾听用户声音。通过社交媒体、在线论坛、客户支持渠道等渠道倾听用户的声音。关注用户的讨论和反馈，特别是那些对现有产品或服务表示不满的声音。这些声音往往蕴含着潜在的市场需求和痛点。

（4）创新思维与验证假设。

① 跨界融合与逆向思维。尝试将不同行业或领域的元素进行跨界融合，创造新的市场

需求或解决方案。同时，运用逆向思维，从用户不满意的地方入手，思考如何通过创新的方式解决这些问题。

② 验证假设与快速迭代。基于市场调研和用户分析的结果，提出关于市场需求和痛点的假设。然后，通过小范围的市场测试或原型验证来验证这些假设。根据测试结果和用户反馈进行快速迭代和优化，确保你的产品或服务能够真正满足市场需求并解决痛点。

【示例】健身 App 的市场需求与痛点发现

市场背景：随着人们健康意识的提高和健身文化的普及，健身 App 市场逐渐兴起。然而，市场上的健身 App 种类繁多，功能各异，但普遍存在用户体验不佳、内容同质化严重等问题。

用户画像：目标用户主要是年轻的城市白领和健身爱好者。他们追求高效、便捷的健身方式，同时注重个性化和社交互动。

市场调研：通过问卷调查和访谈发现，用户普遍认为现有健身 App 存在以下问题。

- 课程内容单一，缺乏个性化推荐；
- 界面设计复杂，操作不便捷；
- 缺乏有效的社区互动和激励机制；
- 健身数据追踪不准确，无法有效评估健身效果。

竞品分析：对比市场上主流的健身 App，发现它们大多注重课程内容的丰富性和多样性，但在个性化推荐、用户体验和社区互动方面仍有待提升。

创新点与解决方案：基于以上调研结果，提出以下创新点和解决方案。

- 利用 AI 算法进行个性化内容推荐；
- 简化界面设计，提升操作便捷性；
- 建立活跃的社区平台，增加用户互动和分享；
- 引入智能穿戴设备，实现精准的数据追踪和评估。

验证与迭代：通过小范围的市场测试和用户反馈收集，对 App 进行快速迭代和优化。根据用户反馈调整推荐算法、界面设计和社区功能等方面的问题，确保 App 能够真正满足用户需求并解决痛点。

【想一想】在校大学生有哪些需求和痛点？

_____

_____

2）找到解决办法

一切发明、创造，以及新兴的行业，其实都是伴随着人们的痛点而来的。比如人们抱怨豪华酒店太贵，而普通小旅店不安全、不卫生，所以就有了如家、汉庭；人们抱怨下班打不到车，所以有了滴滴出行；人们抱怨开车太累，所以有了汽车的自动驾驶技术。

发现需求、痛点后，如何找到解决方案？我们可以从 4 个角度切入：帮用户省钱；帮用户省时间；帮用户"省脑细胞"；帮用户省力气。

我们在创业时要考虑的第一个痛点：怎样帮用户省钱。如果你的创业项目能够满足这一点，那么对你的用户来说，就是福音；很多免费工具和服务的推出，比如电子商务、沟通工具、在线教育培训等，都在帮用户省钱。

能帮用户节省时间，消除用户等候时的痛苦，一定是今后创业的一个方向。网上贷款、社区团购、滴滴出行等，都在帮用户节省时间。

有时候用户根本不知道自己要什么，你帮他做决策，用你的专业性去帮他做精选，他反而会很高兴。这也是很多网红、KOL 的推荐深受大家欢迎的原因。小红书、网易云音乐、得到 App、十点读书、凯叔讲故事等，都在帮用户"省脑细胞"。

"懒人经济"能够创造市场商机，促进社会经济发展，如保姆家政、各类代跑腿业务、机器人等智能电子设备。

创业团队如何找到解决方案？一般来说有 3 种方法：

（1）头脑风暴法。头脑风暴往往是定义用户痛点和解决方案的基本起点。初创小组带着强烈的同理心去进行头脑风暴，将自己代入用户的角色，从而定义用户痛点和解决方案。

（2）深度访谈和参与式观察。即真正地、面对面地去接触客户，把自己变成用户之一去获得用户痛点假设和解决方案假设。

（3）从别人的失败中总结经验。即在获取认知的过程中，不但自己亲身拓展认知，同时也积极地总结别人的失败教训，以低成本的方式来获取认知。

【想一想】针对在校大学生的需求和痛点，你能找到哪些解决办法？

_____
_____
_____

3）证明市场规模存在

市场分析中的市场，包括行业市场、竞争市场、供应商市场、消费者市场。

我们在考察一个项目是否值得投入，一个新产品是否有发展前景，一家公司是否值得加入时，可以从 5 个角度来考量，叫项目五看。这项目五看也是我们做营销调研的内容和方向。

项目五看从宏观到微观，从抽象到具体，分别是一看政府、二看行业、三看竞争对手、四看消费者、五看自身，如图 5-12 所示。

图 5-12 项目五看

一看政府。指的是我们做的事情，政府是鼓励支持的，还是禁止反对的，比如你现在去做 P2P 金融，政策风险就会很大。二看行业，指的是我们做的事情，处于行业生命周期的哪个阶段，是导入期？成长期？成熟期？还是衰退期？一般来说，做成长期和成熟期的事情，成功的概率比较高。三看竞争对手，我们要看这个项目，竞争对手多不多，强不强大。比如我们现在去做搜索网站，成功的概率就不会太高。四看消费者，在消费者心目中，有没有强势品牌？你的产品品牌，挤进他心中的概率大不大？五看自身，我们做一件事情，当政府支持、行业前景很好、竞争对手不多，消费者又有可能接受你时，就是蓝海市场吗？不一定，还得看你的人、财、物是否能跟得上。

市场规模到底有多大？当然，在创业策划案中，我们倾向于向风投展现的是其广阔的市场前景，充满想象的市场空间。我们可以用行业数据、市场调研、百度/百度指数、同行或竞争对手，来证明市场规模足够庞大。营销调研五步法如图 5-13 所示。

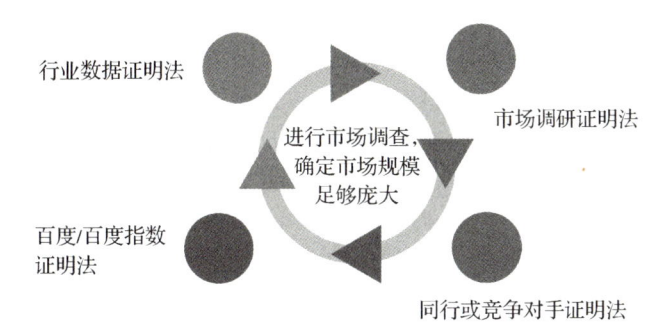

图 5-13　营销调研五步法

竞争对手是谁？要列举的竞争对手包括直接竞争对手、间接竞争对手和潜在竞争对手。把竞争对手列出来，把各自的侧重点和业务方向描述清楚，让投资人了解在这样一个竞争环境里，为什么你还能有立足点，这也有助于分析产品的差异性。

4）制定营销策略

制定营销策略，我们通常按照 STP+4P 来考虑。

STP 是指市场细分、确定细分市场和进行定位。

（1）市场细分：对于初创企业来说，找准切入点很关键。

（2）确定细分市场：即谁在使用产品，使用的目的是什么，为何购买。列出产品的前三大顾客类型，以及他们的购买力。

（3）进行定位：针对潜在顾客的心理进行营销设计，创立产品、品牌或企业在目标顾客心目中的某种形象或某种个性特征，保留深刻的印象和独特的位置，从而取得竞争优势。

4P 是指产品、价格、渠道和促销。

（1）产品：主要说明你的企业是怎样赚钱的。主要包括你向谁提供产品或服务，你的产品或服务主要内容是什么，你怎样收钱，以及你的产品或服务是如何制作与提供的。

（2）价格：即盈利模式。这一部分最好简单明了，让人一看就知道你是怎样赚钱的。

（3）渠道：在哪个节点与目标人群接触，是将潜在买家变成带来利润的顾客？是批发、零售，还是加盟？是线下渠道、线上渠道，还是线上和线下相融合的渠道？

（4）促销：这个产品做出来以后，怎样推广，打算用多长时间做到多少用户量？公司会怎样去扩展，希望占有多少的市场份额？这一步做好以后，下一步会怎么做？

5）规划项目未来

（1）未来发展计划。项目近期目标和长期目标是什么。制定出一个 3～5 年规划，可以给风险投资者"既志存高远，又脚踏实地"的感觉。比如，项目如何从个别试点市场到区域市场，再到全国市场，从单个主营产品到多元化发展，既有未来远景规划，又有近期行动计划。

（2）融资计划。分析自己一段时间内需要用的钱，将在接下来的 3～6 个月时间里做哪些事。如团队如何组建、产品如何开发、营销推广如何开展、各个方面的费用开销大概是怎么样的，以及你希望融资的金额和出让的股份比例。

（3）风险及对策。创业中可能遇到的政策风险、研发风险、市场开拓风险、运营风险、财务风险、对公司关键人员依赖的风险，以及如何应对这些风险。

（4）团队介绍。突出团队项目的经历和经验，以及与当前项目的匹配程度。如果你没有合伙人，这种情况是很难融资的，先去扩充团队吧。能不能得到团队成员的信任，让他们愿意一起跟着你做事，也是对创始人的能力和魅力的考验。

3. 创业策划案的主要内容

创业策划案是一份详细阐述创业项目或企业的文件，其主要内容通常包括以下几个方面。

（1）封面和目录：封面应包含项目名称、创业者姓名、联系方式等基本信息，目录则列出计划书的主要内容及页码，方便阅读者查找。

（2）执行摘要：简要概述整个创业策划案的核心内容，包括企业简介、产品或服务、市场定位、营销策略、财务预测等，以便读者快速了解整个项目的概貌。

（3）公司描述：详细介绍公司的背景、愿景、使命、核心价值观以及发展规划等。这部分内容有助于展示公司的独特性和发展潜力。

（4）产品或服务：详细描述所提供的产品或服务的概念、性能、功能及结构等内容。同时，可以附上产品原型、样品照片或相关证明材料。

① 产品或服务的主要内容：产品或服务的概念、性能、功能及结构；产品或服务的市场竞争力和价值；产品或服务的研究和开发过程；发展新产品或服务的计划；产品或服务的市场前景预测；产品或服务的品牌和专利；产品或服务的服务地区；产品或服务销售或服务平台；产品或服务的购买或使用流程。

② 该部分需要描述清楚的问题：本项目的商业模式基础是什么？产品的基本形态是什么？项目目前的进展如何？产品或服务正处于哪个发展阶段？是否拥有专利权或许可证？本项目的产品或服务的承诺是什么？

（5）市场分析：对目标市场进行深入分析，包括市场预测、市场竞品分析、市场定位等。这部分内容有助于评估项目的市场潜力和风险。

① 市场预测、市场现状综述：该行业发展程度和发展动态；该行业的典型回报率和发展趋势；经济发展对该行业的影响程度；政府对该行业的影响；未来几年的总需求预测。

② 市场竞品分析：行业竞争的本质；行业进入和退出壁垒；本项目的竞争战略；竞争厂商情况；主要竞争对手的特点和影响力；本项目的竞争策略和优势；产品的价格、性能、质量在市场竞争中所具备的优势；本项目的核心技术、产品研发的进展情况和现实物质基础；本项目的抗压能力。

③ 市场定位：目标顾客和目标市场；本项目的市场地位；本项目的目标市场份额；本项目所针对的市场、营销战略；本项目已获取的各类资源。

④ 该部分需要描述清楚的问题：如何细分市场；每个细分市场将能达到什么样的规模；在每个细分市场中所占有的市场份额能达到多少；有哪些竞争者提供类似产品或服务；本项目的竞争优势能维持多久；将采用哪些竞争战略；市场进入障碍是什么；如何克服这些障碍；综合比较与主要竞争对手之间的优势和劣势。

（6）营销策略：阐述公司的营销策略，营销策略的制定应紧密结合市场分析和目标顾客群体的特点。

① 营销策略的主要内容：长期营销规划；阶段目标和预计成果；营销机构和营销体系；

营销思路和导入点；营销渠道的选择；营销区域的选择；营销网络的建设；促销策略和推广方式；产品策略；价格策略；市场渗透与开拓计划；市场营销中意外情况的应急对策。

② 该部分需要描述清楚的问题：将从哪些细分点着手进入市场；如何从立足点出发将业务范围扩大；制定的目标销售量是多少；描述销售产品或服务的典型流程是什么；如何让目标顾客注意到你的产品或服务；利用何种推广方式来吸引顾客；制定项目营销规划，标出要完成的重要事件；要有效地实施市场营销战略，公司运营中需要哪些资源。

（7）组织结构和团队：介绍公司的组织架构、核心团队成员及其职责，以及团队的技能和经验。这部分内容有助于展示公司的管理能力和团队实力。

① 团队情况主要包括以下内容：项目目前或未来的组织结构以及员工数量；主要创业成员（投资者非常看重创始团队的背景和能力，如果创始团队背景深厚或者创始人特别有能力，相对而言也会比较容易得到投资者的青睐）；关键的雇员岗位及相关薪金、劳工协议等情况；项目团队文化的独特性、与众不同的凝聚力及团结战斗精神；人才战略与激励制度；外部支持（如外聘法律顾问、投资顾问、会计审计等中介机构或人员的名称）。

② 该部分需要描述清楚的问题：主要创业者的特征和能力描述；创业者是否已经就他们以后在项目中的角色达成共识；团队的合作程度如何；创业团队成员分别是些什么样的人，他们有什么杰出的地方（如教育背景、行业经验等）。

（8）运营计划：详细描述公司的生产、供应链、物流、人力资源等方面的规划。运营计划的制定应确保公司能够高效、稳定地运营。

（9）财务预测与资金需求：提供公司的财务分析，包括收入、成本、利润等。同时，说明项目的资金需求、使用计划以及回报预期，以便吸引潜在投资者。

① 财务分析的主要内容包括以下内容。

➤ 盈利点分析：项目的具体盈利途径；盈利方式；利润率；盈利预测。

➤ 财务数据：预计融资需求及团队出资情况；筹资资本结构；投资者权益；资金需求的时间性；投资收益和再投资的安排；投资者投资后双方股权的比例安排；资金详细用途；资金其他来源；达到盈亏平衡的时间；项目实施的计划进度；相应的资金配置、进度表；项目退出机制。

② 该部分需要描述清楚的问题：项目的盈利渠道是什么；要达到预期目标需要投入多少实际资本；列出预期的投资项目；提供必要的资金数据支撑；收入和支出发展趋势如何；向潜在投资者提出的是什么样的交易条件；投资者可以预期的投资回报是多少；投资者将如何实现盈利。

（10）风险评估与应对策略：分析项目可能面临的风险和挑战，并提出相应的应对策略。这有助于增强投资者对项目的信心。

① 风险评估与应对策略主要包括以下内容：项目在市场、竞争和技术方面都存在哪些预知风险（包括技术风险、市场风险、管理风险、财务风险及其他不可预见的风险）；风险预估的误差范围到底有多大；准备怎样应对这些风险；这些风险的存在是否会引入新的附加机会；在最好和最坏情形下，项目将会走向何方；如何对此进行有效控制。

② 该部分需要描述清楚的问题：项目所面临的机会及风险有哪些；对于这些机会如何把握；对于这些风险如何控制；如何体现创业团队对整体项目的把控能力。

（11）附录：附上相关的支持材料，如市场调研报告、产品图纸、合同协议等。

当然，不同行业和项目的创业策划案可能会有所差异，具体内容应根据实际情况进行调整和完善。在编写创业策划案时，应注重逻辑清晰、内容翔实、数据准确，以便更好地展示项目的潜力和价值。

【阅读材料】奶茶店创业策划案模板

5.2.2 商业计划书的撰写

1. 融资市场概况

1）融资类型

一般来说,创业型企业成功上市前,需要经历天使投资、风险投资、私募股权投资等几轮融资。

天使投资（Angle）是指由个人出资协助具有专门技术或独特概念的原创项目、小型初创企业进行一次性的不超过 500 万元的前期投资。

风险投资（Venture Capital，VC）又称风投、创业投资,主要是为初创企业提供资金支持并取得该公司股份的一种融资方式。风险投资的投资对象为处于创业期的中小型企业,而且多为高新技术企业。

私募股权投资（Private Equity，PE）,是指投资非上市股权,或者上市公司非公开交易股权的一种投资方式。PE 是通过私募基金对处于成长与扩张阶段非上市公司进行的权益性投资。创业型企业不同成长时期的融资方式如图 5-14 所示。

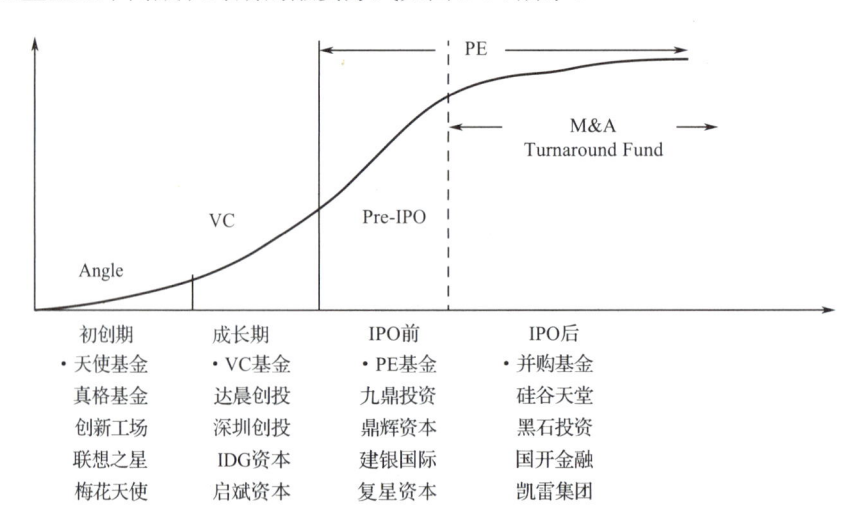

图 5-14 创业型企业不同成长时期的融资方式

2）企业获得融资的流程

一个典型的风险投资公司会收到许多项目建议书。例如,美国新企业协进公司每年收到 2 000～3 000 份项目建议书,经过初审筛选出 200～300 份后,再经过严格审查,最终挑出 20～30 个项目进行投资,可谓百里挑一。这些项目最终每 10 个平均有 5 个会以失败告终,3 个不赔不赚,2 个能够成功。成功的项目为风险资本家赚取年均不低于 35% 的回报（按复利计算）。换句话说,这家风险投资公司接到的每一个项目,平均只有 1% 的可能性能得到认可,最终成功机会只有 0.2%。

从创业公司角度来看，要想获得风险投资，一般会经历以下 6 个步骤，如图 5-15 所示。

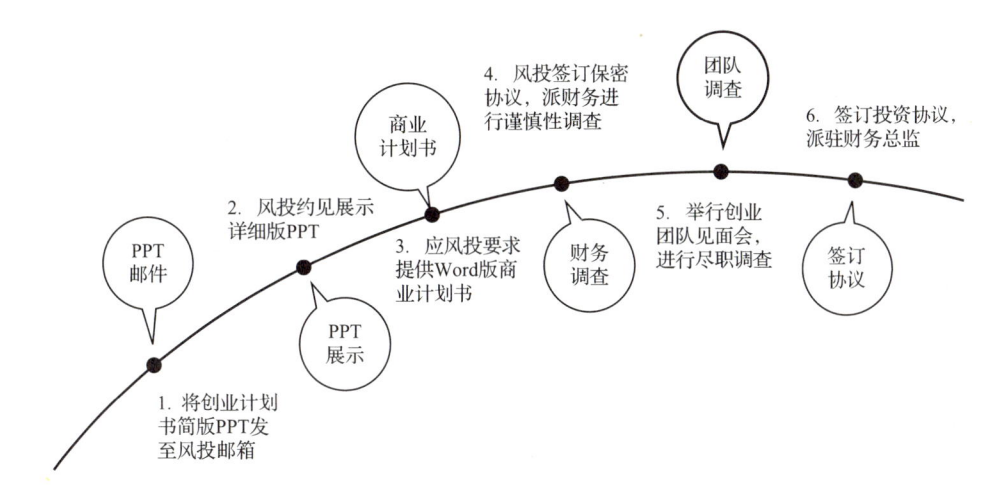

图 5-15　取得风险投资的 6 个步骤

2. 商业计划书的几种形式

1）商业计划书简版 PPT

一个风险投资公司每月都要收到数以百计的商业计划书，一位风险投资家每天都要阅读几份甚至几十份商业计划书，而其中仅仅有几份能够引起他的阅读兴趣。所以，为了确保你的商业计划书能够引起风险投资家足够的注意力，你的商业计划书 PPT 需要足够精简和具有吸引力。重点告诉他"我这里有个好的商业模式"。简版 PPT 不能将所有核心信息通盘展示，最好留有一些悬念，为单独面谈创造机会。一般而言，PPT 页面在 15 页以内为佳。

当然，也可以通过毛遂自荐或熟人介绍等方式将融资商业计划书递送到投资人手中，也有的初创企业或创始团队会参加某些知名的早期投资机构举办的"创业大赛"或"融资路演"活动，借此展示与推介自己的产品与团队。

2）商业计划书详细版 PPT

风投对你的项目感兴趣，愿意进一步了解，那么他们会主动约见你，给你一至两个小时，让你详细讲解项目内容。此时，有机会解答风险投资公司的疑问。详细版 PPT 可以做到 40～60 页。

如果说简版商业计划书是为了告诉风投"我这里有个好的商业模式"，那么详细版商业计划书 PPT 是为了告诉风投"这个商业模式是靠谱的，是有巨大发展前景的，是可以由我们团队来完成的"。

3）Word 版商业计划书

风投通过面谈对创业项目有了详细了解后，如果仍然对项目感兴趣，才要求提供 Word 版商业计划书。Word 版商业计划书，除商业模式介绍、市场前景分析外，更应该侧重告诉风投为什么这是个好的商业模式，以及公司发展历程、团队成员介绍、企业财务数据等详细情况。

假设我们把项目看作是一个销售给风投的商品，按照客户对商品的接受过程 AIDA 模型来分析，简版 PPT、详细版 PPT、Word 版商业计划书各自承担的责任、实现的目标和要求如图 5-16 所示。

图 5-16　不同形式的商业计划书承担的责任、实现的目标和要求

3. 商业计划书的主要内容

在红杉网站上，给出了商业计划书所包含内容的建议目录，共 10 个方面的内容，包括公司目标、问题、解决方案、时机、市场份额、竞争情况、产品、商业模型、团队、资本。

（1）公司目标。用一句话描述公司是做什么的，既可以是项目介绍，也可以是公司目标或愿景。一般放在首页，让人对项目有个大致的了解。

（2）问题。描述客户的痛点，列出现阶段客户是如何解决此类问题的。清楚阐明要解决的现存痛点。用图片或图解来展示痛点，展示时用讲故事的形式说明痛点更有效。

（3）解决方案。展示你们的创业项目是如何为客户提供更好的服务、创造价值的；提供产品定位和使用案例。用一句话描述你的产品。关键功能是什么？是怎样解决痛点的？

（4）时机。表明近期的发展可以使你的方案获得市场接受。展示公司与机遇正好合拍，要清楚阐明这部分内容，不仅对今天有意义，而且在未来 3 到 5 年里仍然有意义。

（5）市场份额。确定你的目标客户群，潜在市场范围（自上而下），可服务市场范围（自下而上），以及可获得的市场范围。

（6）竞争情况。列出竞争对手和你的竞争优势。行业里现有或潜在的竞争对手是谁？他们的优劣势是什么？你和他们相比，有哪些竞争力和核心优势？

（7）产品。产品/方案介绍（形成因素、功能、特点、产品结构、知识产权）、发展路径等。你准备提供什么样的产品或服务来满足需求，你是怎么解决的？

（8）商业模型。包括盈利模型、定价、平均的客户数量/生命周期、销售和分销渠道、客户/潜在客户列表等。

（9）团队。包括创始人/管理层、董事会/顾问委员会。一个团队要有 3～4 人，这是一个比较理想的团队。展示团队成员、经验及为什么值得给项目投资。展示曾任职过的知名公司和就读学校的标识；展示关键成员名字及其大头照，过往职业背景，重点突出担任角色的能力匹配度即可。

（10）资本。包括损益表、资产负债表、现金流量表、资产构成、交易等。未来公司的盈利状况如何？是否需要融资？需要多少资金？如何用？财务计划往往需要另外一个更重要的文档支持，通常需要进行 3～5 年的财务分析。

【阅读材料】八个模块，掌握撰写一流商业计划书的技巧

4. 商业计划书 PPT 制作及演示时的注意事项

1）清晰、简洁

想要把一个项目的要点讲清楚，就要尽可能多用图表，少用文字，少用很大的图片；颜

色尽可能简单朴素、不要花哨。不必在乎排版、美术设计，正事交代清楚为重；"花里胡哨"的商业计划书，可能会使创始人造成误判，是不是这个团队也是这样的状态？

2）重点突出

"溪不在深，有鱼则清。"一份商业计划书写得好坏不在文字的多或少，即便每一个章节都写得面面俱到，但关键内容含糊其词，恐怕到头来还是白忙活。字里行间，风投一眼就能看出你是否诚心诚意、认认真真，是否功夫做尽、佐料加足。

3）观点要客观，不要套用模板

我们学习模板的目的，是了解风投思路、关注重点，但并不鼓励完全套用模板。因为每个项目都有差异之处，核心还是要展现差异化的地方。不用太在意具体用什么样的格式或什么样的模板，少用描述性语言，多提要点和关键词。千万不能带有过多的感情色彩！

4）要自信、有说服力

一个良好的态度不仅是对自己创业的肯定，也更应该是对风投的一种尊重，尽量别用"平台""唯一""全球领先"这些"高大上"的词。

5）回归原点法

抛开商业计划书，下面是投资人喜欢问的8个问题。当你写不出商业计划书时，把这8个问题的答案写在纸上，说不定就能找到思路了。

- 验明正身，你到底是谁（一句话介绍你的项目）？
- 你的产品或服务到底有什么价值？
- 你为什么要做这件事情？
- 这件事情为什么重要？
- 你是不是有执行能力和成功的把握？
- 为什么你能做好这件事情（技术、团队、市场营销、销售、竞争、里程碑）？
- 公司的股权架构是什么样的？
- 你自己在项目中投入了多少？
- 什么时候公司能达到盈亏平衡？

5. 文字版商业计划书的撰写要求

相比PPT版的简洁商业计划书，文字版需要详尽地介绍一个公司的产品和服务、生产工艺、市场和客户、营销策略、人力资源、组织架构、对基础设施和供给的需求、财务数据、融资需求，以及资源和资金的利用。需要特别说明以下几点：

（1）封面和目录。商业计划书封面既要看起来专业，又可提供联系信息，如果向投资人递交，最好能够美观、漂亮，并附上保密说明。而准确的目录索引能够让读者迅速找到他们想看的内容。

（2）概括性总结。这是一个非常重要的纲领性前言，主要是概括性地介绍企业的来源、性质、目标和策略、产品和服务的特点、市场潜力和竞争优势、管理队伍的业绩和其他资源，以及企业预期的财政状况及融资需求等信息。

（3）内容要求。文字版商业计划书的内容要求如下：

① 完整性与翔实性：商业计划书应包含公司或项目的各个方面，从市场分析、产品描述、营销策略、组织结构到财务预测等，确保内容完整。同时，各部分内容要翔实具体，避免空洞的套话和模棱两可的表述。

② 逻辑性与条理性：商业计划书的内容应有清晰的逻辑顺序，各部分内容之间要相互衔接，形成一个完整的故事线。同时，要注意使用标题、段落和列表等方式，使内容条理分明，

便于阅读者理解和把握。

③ 数据支持与市场分析：在商业计划书中，应提供充分的市场数据和调研分析，以支持项目或企业的市场潜力和可行性。这包括市场规模、增长趋势、竞争对手分析、目标客户群体等方面的数据和信息。

④ 创新性与独特性：商业计划书应突出项目或企业的创新点和独特性，说明其在市场上的竞争优势和差异化特点。这有助于吸引投资者的关注，提升项目的吸引力。

⑤ 合理性与可行性：商业计划书中的营销策略、运营计划、财务预测等内容应合理可行，符合市场实际情况和企业自身条件。避免过于乐观或不切实际的预测和计划，以确保商业计划书的可信度和实用性。

⑥ 专业性与规范性：商业计划书应体现专业性和规范性，使用专业术语和格式，遵循商业计划书编写的规范和标准。同时，要注意语言表达的准确性和清晰性，避免出现错别字、语法错误等问题。

（4）结尾附录部分应附上关键人员的履历、职位，组织机构图表，预期市场信息，财务报表及商业计划书中陈述的其他数据资源等。

任务实训

【实训1】列出10个校园大学生的需求痛点以及你观察到或想到的解决方法。

【实训2】"懒人经济"时代，列出10个"懒人"们的需求和痛点，以及现有市场或你想到的解决办法。

【实训3】人口老龄化时代，列出10个老年人的需要和痛点，以及现有市场或你想到的解决办法。

【实训4】你要参加"中国国际'互联网+'大学生创新创业大赛"或"大学生电子商务三创赛"，请按照比赛要求，为你自己的创业项目制作创业策划案PPT，并在班级进行演示。

任务评价

评价类目	评价内容及标准	分值（分）	自己评分	小组评分	教师评分
学习态度	全勤（5分）	10			
	遵守课堂纪律（5分）				
学习过程	能说出本次工作任务的学习目标（5分）	40			
	上课积极发言，积极回答老师提出的问题（5分）				
	了解创业策划案与商业计划书的区别；熟悉创业策划案撰写的思路；了解融资市场情况（10分）				
	掌握创业策划案的主要内容并能够撰写创业策划案；熟悉商业计划书的撰写要求并能够撰写商业计划书（20分）				
学习结果	"任务实训"考评（50分）	50			
合　计		100			
所占比例		100%	30%	30%	40%
综合评分					

任务 5.3　直播带货策划案撰写

工作任务单

工作任务	直播带货策划案撰写	教学模式	任务驱动
建议学习	2 课时	教学地点	一体化实训室
任务描述	小美所在的公司，承接了某品牌成立一周年的直播专场活动，为期 3 天的直播活动将在 1 个月后进行，她必须尽快拿出一份令品牌方满意的直播带货策划案		
学习目标	知识目标：➤ 了解直播策划案包含的主要内容　➤ 熟悉直播策划案的写作逻辑		
	技能目标：◆ 能够概述直播策划案的 3 个策划内容　◆ 能够撰写逻辑清晰的直播策划案		
	素养目标：✓ 具备耐心、细心、恒心等良好的意志品质　✓ 激发学生的探究精神，培养学生的实践与创新能力		
实训目标	能够撰写一份要素齐全、可操作性强的直播带货策划案		

知识导图

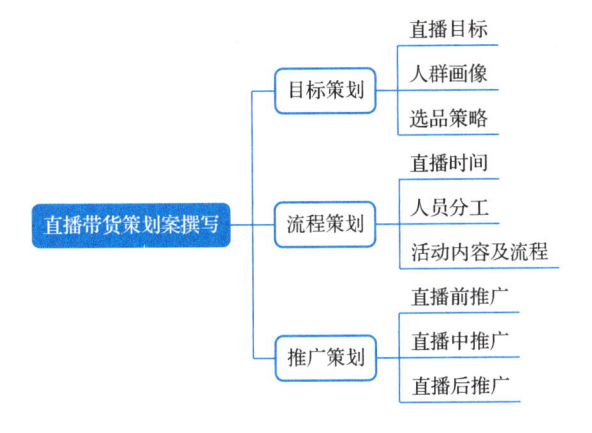

直播带货策划案撰写
- 目标策划
  - 直播目标
  - 人群画像
  - 选品策略
- 流程策划
  - 直播时间
  - 人员分工
  - 活动内容及流程
- 推广策划
  - 直播前推广
  - 直播中推广
  - 直播后推广

任务实施

【课前思考】直播策划案一般包括哪些要素？

　　直播策划案包括目标策划、流程策划和推广策划 3 个部分，如图 5-17 所示。

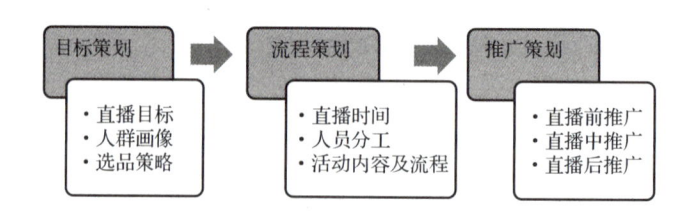

图 5-17　直播策划案的内容

5.3.1　目标策划

直播活动是为了达成既定目标而进行的。因此，直播策划案就是围绕直播目标、结合目标人群情况、产品情况，对直播前、直播中、直播后 3 个流程的活动和策略进行详细策划，使直播前能充分准备、有效预热，直播中能有章可循、有条不紊，直播后能二次发酵、持续传播。

1. 直播目标

我们做事情一般都需要事先明确一个目标。目标不同，策划的方案也不同。对于电商直播活动来说，直播目标一般有以下 3 个：

（1）提升产品品牌知名度。成功的直播活动，可以使用户加深品牌印象，使品牌知名度获得迅速提升。因此，在直播活动策划中，在品牌和产品的知名度提升方面，需要达成哪些目标？品牌知名度的量化目标通常包括渠道覆盖面、活动参与者人数、活动曝光量等。

（2）实现粉丝的可持续运营。直播提供了用户与品牌对话的平台，能够拉近品牌与粉丝的距离，既能巩固已有粉丝，又能吸引新粉丝，从而实现粉丝的可持续运营。所以，直播策划中需要明确本次直播在粉丝活跃度、粉丝增长率等方面要达到什么目标。

（3）直接销售转化。销售转化是直播活动的直接目标，直播策划案需制定合理的销售目标，以便团队进行目标拆解，应用于每场直播的每个节点。

2. 人群画像

艾媒咨询的数据显示，在电商直播用户购买频率调查中，仅有 4.5% 的用户从不购买，只是观看，有超过 5 成的用户偶尔购买，而有超过 3 成的用户经常购买；对电商直播用户影响购买因素的调查中，价格优惠有 79% 的用户选择，其次是种类丰富和购买便捷，分别有 60% 和 59% 的用户，2021 年中国电商直播用户行为调研如图 5-18 所示。

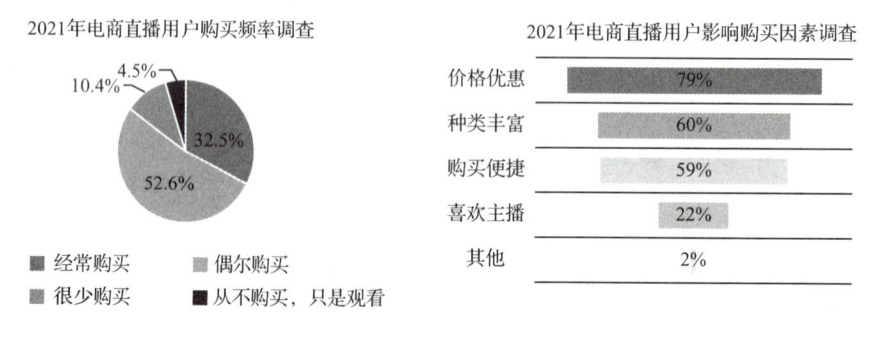

图 5-18　2021 年中国电商直播用户行为调研

但根据艾媒咨询 2021—2023 年的数据，可以发现直播电商的用户画像有所变化。在 2023 年，抖音和快手两大内容平台的直播电商总观看次数达到了 5635.3 亿人次，且有 4.8% 的观众转化为买家。这显示了"内容种草"即通过内容推广产品的方式，已经成为消费者做出购买选择的关键因素之一。随着以往简单的叫卖式直播电商逐渐失宠，现在的消费者更加关注对产品的深入了解和知识性介绍。根据艾瑞咨询的调查，有 78.1% 的消费者表示对直播中的产品知识介绍感兴趣。直播电商相关数据如图 5-19 所示。

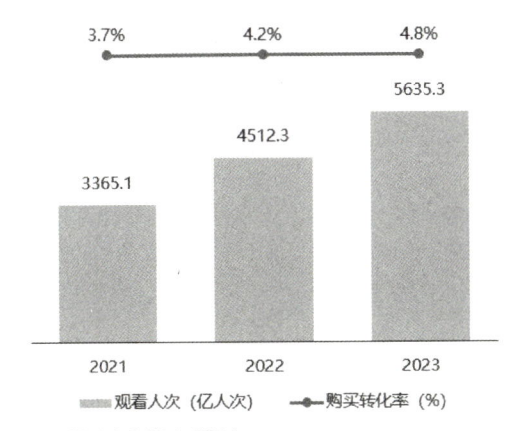

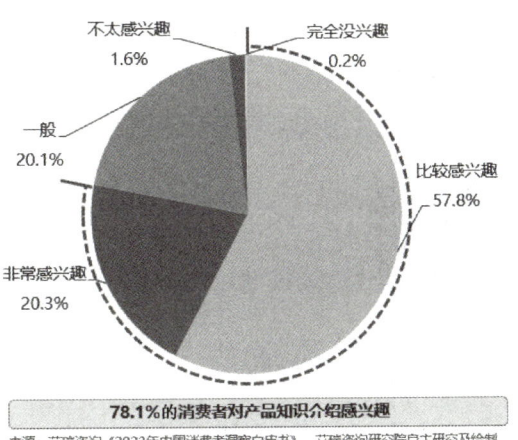

图 5-19　直播电商相关数据

因此，为了适应这种趋势，直播间需要提供更详尽的产品信息，包括产品的细节、来源、适用人群、使用场景等。同时，直播间还应该制作与产品特性紧密相关的营销文案，以此优化产品介绍，从而提升消费者的观看体验，并增加直播间的购买转化率。

电商直播行业规模基本成熟，用户消费逐渐理性化。用户更注重商品性价比而不是仅凭对主播的喜爱去购买产品。结合这样的用户行为画像，在策划方案中，可考虑以下策略：

（1）强调优惠的价格。价格一直是影响用户购买意愿的第一因素，比如，某主播在直播开播前放出"一线大牌半价"的话题，参与人数较前一场提升了 21.2%。

（2）真实展示商品特点。随着电商直播的普及和深入，用户的消费行为趋于理性化，尤其年轻一代，更是在网络环境中长大的，对一些商业推广模式和直播间套路都十分了解，他们更加注重商品的真实属性。因此，在策划案中，要客观地展示商品的真实面貌，真诚推荐，不要一味夸大效果。

（3）减少操作步骤。直播中，要有购买操作展示环节，指导用户领券和下单，步骤不清晰或流程太复杂，很容易使用户放弃下单。

总之，直播策划案需要结合大方向的用户行为画像，以及目标人群画像的分析，给出合理的策略建议，包括直播间布置、选品策略，以及直播内容和直播推广等方面。

3. 选品策略

策划案中需要对待上播的产品进行分析。

（1）基本策略。好卖的产品具有性价比高、和主播匹配度高、能满足粉丝需求、特点鲜明、印象深刻等共同特征。

（2）配比策略。除了调整直播节奏的基础款，直播间的产品还要有高性价比、能激活流量和活跃度的引流款，于直播开始前 20 分钟进行热场活动，以配合直播期间的 Feed 流投放；也要有品质较高，或者产品卖点独特、价格敏感度低的利润款，在直播人气较高时上架，为直播获取盈利。

（3）产品价格策略。同一场直播的产品价格不要相差太大，否则容易干扰用户的购买决策。但也有例外，比如直播间同时上架 800 元和 200 元的破壁机，通过对比，突出前者静音、细腻、功能齐全的优势，也强调后者性价比高，功能能满足日常需要等卖点，用户可以根据自身特点进行选择，无论买哪个，都达到了直播效果。

【阅读材料】大型线上线下同步直播活动策划

【阅读材料】直播活动注意事项

5.3.2 流程策划

在策划案中，要对直播前的准备工作和直播当天的流程，以及直播后的工作进行大致梳理，为详细的直播脚本撰写提供方向，某校园直播活动操盘规划表如表 5-10 所示。

表 5-10 某校园直播活动操盘规划表

负责项目	负责人	前期筹备					直播执行			后期发酵传播
		4月10—20日	4月21—23日	4月24日	4月25—26日	4月27日	4月28日	4月29日	4月30日	4月30日
场地	主播A	线下直播间布置	完成线下直播间场地布置	线上店铺装修完成	线下场地布置完成	最后测试场地	晚上直播	晚上直播	晚上直播	场地清理、下载回放视频、下载数据
	场控C	线上直播间装修		直播间设计素材	线上直播间完成					
	教师E	校道摆摊申请		海报传单印刷	校道摊位确定	校道摊位宣传	校道摊位宣传	校道摊位宣传	校道摊位宣传	
直播硬件	运营D	直播灯具	测试	测试	测试	灯光确定	硬件维护与检修	硬件维护与检修	硬件维护与检修	归还道具
	主播A	直播间背景挑选	测试	测试	测试	背景确定				
	主播A 副播B	直播间道具挑选	促销牌、后方屏幕、货架产品、评测道具	筹备道具	道具就位	道具确认无误				

续表

负责项目	负责人	前期筹备					直播执行			后期发酵传播
		4月10—20日	4月21—23日	4月24日	4月25—26日	4月27日	4月28日	4月29日	4月30日	4月30日
宣传	场控C	产品图/视频拍摄	产品图海报	直播间封面图	朋友圈引流	朋友圈引流	朋友圈引流	朋友圈引流	朋友圈引流	推文、朋友圈、结束语
	场控C	主播试用产品拍摄	主播图海报	小程序分享图	推文引流	推文引流	推文引流	推文引流	推文引流	
	运营D	文案构思	文案确定	线下海报传单	微信群运营	微信群运营	微信群运营	微信群运营	微信群运营	
产品	主播A	定价	—	—	—	核对价格	—	价格调整	价格调整	核对销售额
	主播A	优惠券设置	—	—	—	核对优惠券	—	优惠调整	价格调整	核对利润数据

直播流程需包含以下3个要素。

1. 直播时间

这里的直播时间不仅要明确直播当天的日期和各种活动的时间点，还要明确直播前预热活动的时间、直播间布置的时间、直播后各项工作的时间。

2. 人员分工

要明确直播活动工作人员的分工，如果有必要，还要注明参与直播活动的受邀嘉宾及其团队的分工，以便双方人员顺利对接。

3. 活动内容及流程

活动内容及流程是整场直播的重点，在策划案里需要进行较为详细的阐述，相当于直播脚本的简洁版，以便参与者快速了解直播活动内容和流程。注意，不仅要依据直播间以往的数据对产品的上架顺序进行调整，也要设计福利活动，调节直播间气氛。某直播间数据趋势图如图5-20所示。

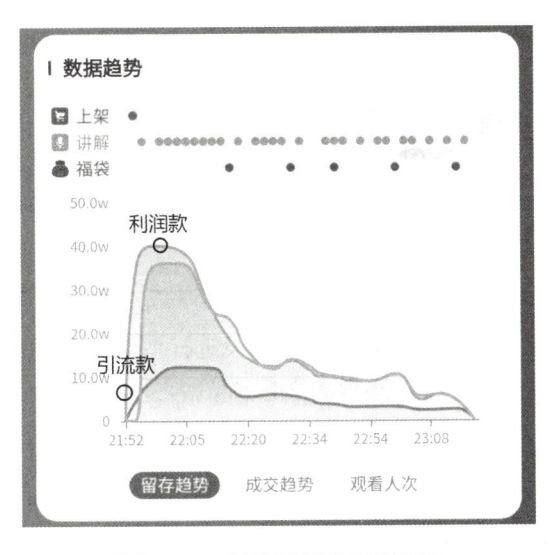

图5-20 某直播间数据趋势图

5.3.3 推广策划

1. 直播前推广

在直播前推广策划部分,需要将预热推广的时间、推广的渠道、推广的主题和内容进行较为详细的介绍。预热推广计划表如表 5-11 所示。

表 5-11 预热推广计划表

时间	预热文案	渠道及形式
20××年5月29-31日	30+ 的你怎么过"六一"?宅家撸猫?加班赚钱?抱团取暖(按此文案匹配一组成年人过"六一"的图片)	根据预热文案,创作图文及短视频,在微博话题、抖音短视频、微信朋友圈等渠道进行发布
20××年6月1日	成年人也要过"六一"!××直播间来宠你!关注+转发/在这条文章下留言,抽1人送××品牌运动相机一台,今晚8点,来直播间抽免单	

2. 直播中推广

在直播中既可以通过发布短视频进行免费引流,也可以为直播间投放 Dou+,或者用其他付费工具,助力直播间人气。某直播推广文案如图 5-21 所示。

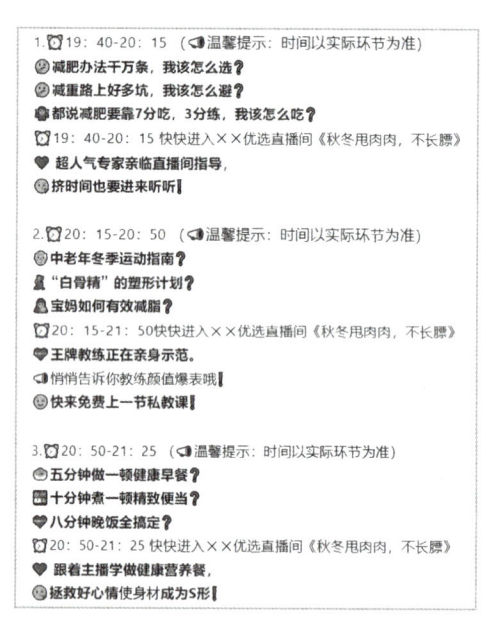

图 5-21 某直播推广文案

3. 直播后推广

直播后,可以下载直播回放,对直播精彩片段进行剪辑加工,形成直播切片的视频,分发到抖音、小红书等新媒体矩阵中,实现二次传播。

任务实训

【实训1】设计一个为期3天的线上线下联动的"红歌会"直播活动目标,分别设定直播推广目标(线上线下渠道数量、活动曝光量)、粉丝可持续运营目标(增粉目标、粉丝回访目标)、以及直接销售转化的目标（销售额）。

【实训 2】设计"红歌会"直播活动的准备工作流程及分工，包含时间、责任人、具体职责等内容。

【实训 3】设计 3 个"红歌会"直播活动的朋友圈预热推广文案。

任务评价

评价类目	评价内容及标准	分值（分）	自己评分	小组评分	教师评分
学习态度	全勤（5分）	10			
	遵守课堂纪律（5分）				
学习过程	能说出本次工作任务的学习目标（5分）	40			
	上课积极发言，积极回答老师提出的问题（5分）				
	了解直播策划案包含的主要内容；熟悉直播策划案的写作逻辑（10分）				
	能够概述直播策划案的 3 个策划内容；能够撰写逻辑清晰的直播策划案（20分）				
学习结果	"任务实训"考评（50分）	50			
合　　计		100			
所占比例		100%	30%	30%	40%
综合评分					

参考文献

[1] 丰信东. 小丰现代汉语广告语法辞典 [M]. 北京：中国青年出版社，2004.

[2] 〔美〕克劳德·霍普金斯. 文案圣经如何写出有销售力的文案 [M]. 北京：中国友谊出版公司，2017.

[3] 〔美〕罗伯特·布莱. 文案创作完全手册 [M]. 北京：北京联合出版公司，2017.

[4] 〔美〕艾·里斯，〔美〕杰克·特劳特. 定位 [M]. 北京：机械工业出版社，2017.

[5] 〔美〕菲律普·科特勒，〔美〕凯文·莱恩·凯勒. 营销管理 [M]. 15版. 上海：上海人民出版社，2016.

[6] 李业. 营销管理 [M]. 广州：华南理工大学出版社，2003.

[7] 关健明. 爆款文案 [M]. 北京：北京联合出版公司，2017.

[8] 空手. 传神文案 [M]. 北京：机械工业出版社，2021.